DE LA NATURE JURIDIQUE
et du nantissement
DES
FONDS DE COMMERCE

THÈSE POUR LE DOCTORAT

L'ACTE PUBLIC SUR LES MATIÈRES CI-APRÈS :

Sera soutenu le Mardi 24 Mars 1903, à 2 heures de l'après-midi

PAR

PAUL AZAMBRE

JURY : *Président :*   MM. LACOUR, Professeur.

Suffragants } LEVY-ULLMANN, Agrégé.

PILON, Agrégé.

LILLE

IMPRIMERIE & LIBRAIRIE CAMILLE ROBBE, ÉDITEUR

209, Rue Léon-Gambetta, 209

1903

FACULTÉ DE DROIT DE LILLE

ENSEIGNEMENT

MM. WAHL (A. ✪), Doyen, Professeur de Procédure civile.
GARÇON (I. ✪), Professeur de Droit criminel,
Professeur adjoint à la Faculté de Paris.
VALLAS (I. ✪), Professeur de Droit civil.
LACOUR (I. ✪), Professeur de Droit commercial.
MOUCHET (I. ✪), Professeur de Droit romain.
JACQUEY (I. ✪), Professeur de Droit civil.
PELTIER (A. ✪), Professeur d'Histoire du Droit.
COLLINET (A. ✪), Professeur de Droit romain.
GUERNIER, ✪, Agrégé, chargé de cours.
LÉVY-ULLMANN, Agrégé, chargé de cours.
AFTALION, Agrégé, chargé de cours.
JÈZE, Agrégé, chargé de cours.
PILON, Agrégé, chargé de cours.
DEMOGUE, chargé de cours.

ADMINISTRATION

MM. WAHL (I. ✪), Doyen.
LACOUR (I. ✪), Assesseur.
SANSON (I. ✪), Secrétaire.

DOYENS HONORAIRES

MM. DE FOLLEVILLE (I. ✪).
VALLAS (I. ✪).

SECRÉTAIRE HONORAIRE

M. PROVANSAL (I. ✪).

INTRODUCTION HISTORIQUE

Le développement de la notion fonds de commerce.

L'existence du commerce n'implique pas nécessairement celle de ce qu'on appelle aujourd'hui fonds de commerce. Ce mot éveille l'idée d'une entreprise commerciale réunissant certaines conditions de fixité, de permanence ; de plus, le fonds de commerce est avant tout un élément du patrimoine sur lequel le commerçant a une sorte de droit de propriété, ce qui suppose, non seulement une activité commerciale assez développée, mais aussi un régime de liberté où le négociant puisse diriger son exploitation, l'engager ou la céder comme il l'entend, la fixer où il veut. Or, il faut arriver aux temps modernes pour trouver un pareil état économique. Dans l'antiquité, l'exercice du commerce était presqu'entièrement réservé aux esclaves, et même lorsqu'il était entrepris par des hommes libres, il était entouré d'entraves provenant soit de l'intervention des pouvoirs publics, soit du régime corporatif. Dans ces conditions, le titulaire d'un établissement commercial n'en étant guère en réalité que le gérant ou l'usufruitier, il ne saurait être question, à proprement parler, de fonds de commerce. En outre, le caractère abstrait et complexe de cette notion devait en retarder la formation (1).

Cependant si elle n'a jamais été précisée avec netteté, on peut relever dans les législations anciennes quelques données intéressantes qui ont exercé une influence sur le droit ultérieur et sur lesquelles il n'est pas sans intérêt de jeter un coup d'œil rapide (2).

M. Eug. Révillout (3) a trouvé chez les Chaldéens l'existence d'un véritable fonds de commerce, ayant une situation fixe, une clientèle et faisant l'objet de conventions. Il signale aussi dans la même législation l'existence de la forme servile du fonds de commerce, c'est-à-dire une institution analogue au pécule romain. L'établissement géré par un esclave est érigé en patrimoine indépendant, comportant ses créances, ses dettes propres, et séparé du patrimoine du maître. C'est la première manifestation de l'idée d'universalité de droit qui, comme nous

---

(1) V. GOMBEAUX *La notion juridique du fonds de commerce*, thèse Caen, 1901, p. 114-115.

(2) Pour plus de détails sur l'historique du fonds de commerce, v. l'*Introduction historique au Traité pratique et théorique des fonds de commerce*, de M. G. LÈBRE, Paris, 1887, par M. G. HARTMANN. — GOMBEAUX, op. cit., 2ᵉ partie, et les auteurs cités dans cet ouvrage.

(3) REVILLOUT. *La créance et le droit commercial dans l'antiquité*, p. 137 et suiv. — GOMBEAUX, op. cit., p. 119 à 123.

le verrons, occupe une place si importante dans les conceptions modernes.

En Grèce, malgré l'existence du régime corporatif, la liberté conserve une assez large place et le droit grec sanctionne des contrats ayant pour objet cet ensemble de biens qui constitue le fonds de commerce moderne. On y trouve même la notion de l'achalandage et des dispositions analogues à celles qui aujourd'hui ont pour but de réprimer la concurrence déloyale (1). L'ensemble des éléments du fonds est traité comme une universalité nettement individualisée. Un plaidoyer d'Hypéride contre Athénogène, étudié par MM. Revillout, Th. Reinach et H. Weil (2), roule sur une cession d'établissement commercial envisagé comme universalité de droit et comprenant, outre les divers éléments de l'exploitation, les créances et les dettes qui en dépendent (3).

En droit romain les documents sont plus abondants, mais on ne trouve aucune solution générale relative à la condition juridique du fonds de commerce (4). La formation de sa notion juridique a été d'ailleurs retardée par des raisons d'ordre économique : le régime corporatif et

---

(1) Gombeaux. Op. cit., p. 124, 125, 126.

(2) Gombeaux. Op. cit., p. 127.

(3) M. Th. Reinach fait cependant observer qu'il s'agit d'un fonds dirigé par un esclave et cédé avec lui. Il pourrait donc y avoir l'influence des règles spéciales au pécule (Gombeaux, op. cit , p. 129).

(4) V. Clos. *De l'hypothèque des choses incorporelles*, thèse Paris, 1886, p. XXIV, XV. — Moulin, *De l'hypothèque des choses incorporelles*, th. Paris, 1892, p. 15. — Gombeaux, op. cit., p. 131 et suiv.

les lois restrictives (1). L'entreprise commerciale est
désignée sous les noms de : *taberna, merx, mensa, negotium, negotiatio;* mais quelle que soit sa forme économique, elle semble ne comporter que ce qu'on appelle
aujourd'hui les éléments matériels du fonds de commerce
et on ne trouve dans les textes aucune théorie des éléments incorporels. L'enseigne existait bien, mais seulement dans son acception matérielle et il ne semble pas
qu'on lui ait reconnu aucune importance juridique; on ne
trouve pas non plus de nom commercial susceptible d'être
transmis. La *taberna* de petit commerçant libre n'a pas
une grande notoriété, et les exploitations dirigées par des
esclaves dépassent de beaucoup la personnalité de leur
gérant (2). Enfin, les textes ne soupçonnent même pas
l'existence de la notion de l'achalandage. Les deux éléments auxquels ils font le plus souvent allusion sont la
merx, au sens étroit du mot, c'est-à-dire l'ensemble des
marchandises, et *l'instrumentum,* c'est-à-dire le matériel.
En somme, les jurisconsultes romains ont précisément
négligé les valeurs qui constituent l'essence même du
fonds de commerce moderne et le role prépondérant est
attribué aux marchandises et au matériel.

La forme économique qui semble avoir dominé est la
merx peculiaris, c'est-à-dire le fonds de commerce géré
par un esclave. Cette institution se rattache à la théorie

---

(1) C. IV, 63, § 3 ; V, 27, § 1.
(2) Dig. XXXIII, 7, 9 et 13, Gombeaux, op. cit., p. 143 à 147.

générale du pécule, dont elle est la forme commerciale. La *merx* constitue un véritable patrimoine indépendant (1); les créanciers de l'entreprise ont sur elle un droit de préférence et le maître seul peut concourir avec eux à raison des créances qu'il a contre l'esclave (2). Elle est même séparée du reste du pécule : les valeurs commerciales d'abord réparties entre les *creditores merci* ne servent que subsidiairement à désintéresser les autres créanciers du pécule. Enfin, si le même esclave est préposé à plusieurs exploitations, chacune d'elles constitue une universalité autonome (3).

Les textes sont moins nets en ce qui concerne le fonds de commerce libre. Il faut distinguer entre la *mensa*, c'est-à-dire la maison de banque, et la *taberna*, ou entreprise portant plus spécialement sur des marchandises (4).

La *mensa* semble bien avoir été considérée comme une masse de biens indépendante, transmissible avec les obligations actives et passives qui y sont inhérentes; elle constitue une véritable universalité de droit. Cette solution résulte nettement d'un texte de Papinien relatif au legs d'une *mensa*, qui décide que l'ensemble des dettes et des

---

(1) Dig. XV, I, *De Peculio*, 40 : *Peculium nascitur, crescit, moritur, e ideo eleganter Papirius Fronto dicebat peculium simile esse homini.*

(2) Dig. XXXIII, 8, *de pec. legato*, 18; XV, 3, *de in rem verso*, 19, XV, I, *de peculio*, 47 § 6, XIV, 4, *de trib act*, 4 à 7. — Accarias *Précis de droit romain*, t. II, 4e éd., p. 1031-32, No 880.

(3) Dig. XIV, 4, 6, 19, 15. — V. aussi Gombeaux, op. cit , p. 147 à 153.

(4) Le mot *mensa* est souvent suivi des épithètes : *nummularia* ou *argentaria*. V. Dig , L. 16 *de verb. signif.* 182; XIV, 3, *de instit. act.* 11, § 3, 14, 16, 20. Gombeaux, op. cit., p. 140, 141.

créances forme avec la *mensa* un tout inséparable qui doit passer intégralement au légataire (1).

Quant à la *taberna* exploitée par un homme libre, c'est-à-dire au fonds de commerce proprement dit, les textes sont presque muets. On ne peut citer qu'un fragment de Scævola relatif à l'hypothèque d'une *taberna* et qui semble ne voir dans l'ensemble des marchandises qu'une simple *universitas rerum*, analogue à un troupeau ou à une bibliothèque (2). Bien que l'interprétation à donner à ce texte soit discutée, il semble qu'il s'occupe d'une hypothèque portant sur le local lui-même et que les marchandises ne sont atteintes qu'à titre d'accessoire. Il laisse donc intacte la question de la nature juridique du fonds lui-même et il est difficile de dire si les dettes et les créances commerciales y restent attachées.

En somme, la notion juridique du fonds de commerce est restée à Rome très imparfaite. Il est possible que des jurisconsultes aient vu dans la *taberna* autre chose qu'un stock de marchandises ; les théories de la *merx* et de la

----

(1) Dig., XXXI, *de leg. et fid.* 77, § 16 : *et ideo non erit quaerendum an plus in aere alieno sit quam in questu.*

(2) Dig. XX, I, *de pign. et hyp.*, 34 : *Cum tabernam, debitor, creditori, pignori dederit, quaesitum est, utrum eo facto nihil egerit, an tabernae, appellatione merces quae in ea erant obligasse videtur ? et si eas merces per tempora distraxerit, et alias comparaverit ; easque in eam tabernam intulerit, et decesserit, an omnia quae ibi deprehenduntur creditor hypothecaria actione petere possit, cum et mercium species mutatae sint et res aliae illatae ? Respondit : « Ea quæ mortis tempore debitoris in tabernam inventa sunt, pignori obligata esse videntur. »*

mensa rendent cette hypothèse vraisemblable, ainsi que l'emploi des termes généraux *negotium, negotiatio*, qui ont une signification juridique plus marquée (1). En particulier, le texte de Scævola cité plus haut montre que le lien qui unit les marchandises au lieu où le commerce est exercé ne leur a pas complètement échappé, mais on ne peut dire que la notion du fonds de commerce ait jamais été nettement dégagée et analysée en droit romain.

Dans l'ancien droit, le milieu économique était également peu favorable au développement de cette notion. Les impôts seigneuriaux de toutes sortes qui pèsent sur les commerçants, la concurrence des monastères, des communautés religieuses et même des seigneurs entravent le mouvement commercial (2). L'exercice d'un métier est non pas un droit naturel, mais une faveur concédée par le seigneur. Plus tard, la royauté, utilisant ce pouvoir de concession, crée une institution déjà plus voisine du fonds de commerce : celle des *offices*, qui, par suite de l'hérédité, prennent le caractère de valeurs patrimoniales. Mais la réglementation excessive du commerce, l'existence des corporations empêcha toujours le développement de maisons industrielles, pouvant avoir par elles-mêmes une valeur particulière et distincte. Les commerçants ne sont

---

(1) Dig. XXIII, 7, *De instr. vel instr. Legato*, 13.

(2) V. GLASSON. *Hist. du dr. et des inst. de la France*, p. 519 et suiv. — VIOLLET. *Hist. des inst polit. et administr. de la France*, p. 325 et suiv. — GOMBEAUX, op. cit., p. 160-163.

pas des concurrents, mais des confrères; la clientèle appartient plus à la corporation qu'au marchand (1)

Comme en droit romain, l'attention des juristes semble s'être portée plus particulièrement sur les éléments matériels de l'exploitation : Celle-ci comporte généralement un local, simple boutique de peu d'importance et à laquelle on ne pouvait reconnaître une valeur quelconque comme moyen d'attirer ou de retenir la clientèle. Les boutiques consacrées à un même commerce sont souvent cantonnées dans la même rue et leur importance est encore diminuée par le rôle important que jouent alors les marchés et les foires. Il faut cependant mettre à part certaines boutiques ou *étaux*, concédées en fief par la royauté, avec obligation pour les gens du métier de les louer (2). Le local devient alors un élément important de l'exploitation, analogue au droit au bail moderne.

A côté du local, il faut mentionner, parmi les éléments matériels, l'outillage et les marchandises.

Si ces éléments ont déjà une certaine importance, les éléments incorporels restent au contraire à peu près dans l'ombre. La notion de l'achalandage est presque ignorée, et dans les cas où il a une certaine valeur, cette valeur est confondue, en cas de cession, avec celle des éléments matériels. Il faut cependant signaler, dans une matière voisine, l'existence d'un droit fondé sur la clientèle. Dans la

---

(1) Sur les autres influences, v. GOMBEAUX, op cit, p. 164 à 171.
(2) GOMBEAUX. Op. cit., p, 173-174.

théorie des *offices*, on était arrivé à distinguer la *finance*,
ou valeur du titre conféré par l'autorité, et la *pratique*,
c'est-à-dire la valeur de la clientèle, la plus-value donnée
au titre par le cédant. Cette notion a exercé une certaine
influence en matière commerciale dans la mesure où
certains commerces ont été érigés en offices par la royauté,
comme les charges de perruquiers et de barbiers (1).

Ce n'est qu'en Italie que les juristes ont dégagé nettement l'existence d'un lien entre le fonds de commerce et
les clients qui le fréquentent. C'est l'achalandage (*avia-
mentum, aviamento, entratura*) qu'on considère comme
un élément important du fonds ; mais cette notion est
restée ignorée en dehors de l'Italie (2).

La théorie du nom commercial, inconnue en France
jusqu'au droit intermédiaire, a pris au contraire un développement important en Italie et en Allemagne.

Au XIIIe siècle, le nom commercial se confond avec le
cachet du commerçant, les marques de fabrique ou de
commerce, réunis sous la dénomination commune de
signum. Le sort du *signum* est souvent lié à celui du
fonds et passe à l'acquéreur en cas d'aliénation. C'est un
des premiers éléments incorporels de l'entreprise reconnus
comme partie intégrante du fonds de commerce (3).

---

(1) V. Pothier. *Traité de la Communauté*, N° 92; *Coutumes*, N° 57;
Denissart, *Collection de jurisprudence*, III, p. 666; Gombeaux, op. cit., p. 176.
(2) Gombeaux. Op. cit., p. 177.
(3) Gombeaux. Op. cit., p. 178-179.

Après le XVIe siècle, l'institution du *signum* disparaît; les commerçants prennent l'habitude de signer leur nom ; C'est en Allemagne la *Firma* (de *firmare*, affirmer et par extension conclure un contrat), et en Italie la *ditta*. La marque a été de bonne heure un élément du fonds de commerce intimement lié à lui. Elle était notifiée et enregistrée au bureau de la corporation et protégée contre les usurpations et les contrefaçons. Au XVIIIe siècle apparaissent à Lyon les modèles. L'enseigne aussi existe de bonne heure. Un arrêt du conseil du 30 juillet 1689 la déclare obligatoire pour certaines professions et un arrêté du Parlement de Paris du 12 août 1648 décide que deux commerçants ne peuvent prendre la même euseigne dans la même rue ; mais on s'attache plus à son côté matériel qu'à sa signification juridique (1).

Enfin, il faut encore citer le *privilège*, monopole limité, conféré par l'autorité publique ou la corporation qu'il était nécessaire d'acquérir pour l'exercice de certaines professions. Généralement personnel et viager, il était quelquefois susceptible de passer au fils ou à la veuve. Tels sont les éléments du fonds de commerce dans l'ancien droit. Peu à peu, on a reconnu le lien qui les attachait à l'entreprise, mais sans chercher à les grouper en un tout individualisé.

---

(1) V. RENOUARD, Art. *Marques* ; *Dict. universel du commerce et de la navigation*, de GUILLAUMIN, II, p. 562, col. 2. — POUILLET. *Traité des marques de fabrique et de la concurrence déloyale*, No 1, 3. — GOMBEAUX. Op. cit., p. 181-182.

On trouve cependant dans la doctrine quelques ébauches de théories, inspirées surtout par le souvenir des théories romaines de la *merx peculiaris*, de la *mensa* et de la *taberna*. Les documents les plus anciens sont les écrits des glossateurs et des postglossateurs qui ne font que reproduire les principes posés par les textes romains. Ils distinguent la *mensa*, c'est-à-dire l'entreprise envisagée comme entité juridique, de la *statio*, ou local qui en est le siège (i). Quant à sa nature juridique interne, Bartole, tout en comparant la *taberna* au troupeau, semble bien lui reconnaître la consistance d'un patrimoine comportant ses créances et ses dettes propres (2).

Le jurisconsulte hollandais Jean Voët lui assigne encore une indépendance plus large et va presque jusqu'à la personnification de l'entreprise en faisant au fonds de commerce exploité par un homme libre l'application des solutions admises par le droit romain pour le pécule, notamment dans l'hypothèse où un commerçant exploite plusieurs établissements distincts (3).

Ce sont des notions analogues qu'on rencontre dans la doctrine italienne et dans la jurisprudence des Rotes de Rome et de Florence : L'entreprise commerciale est considérée comme une universalité de droit, un *nomen juris*

(i) Sur la terminologie, v. GOMBEAUX. Op. cit., p. 184 à 188.

(2) *Hæc appellatio tabernæ... est nomen universitatis, sicut grex pecudum,* ad. libr. XXXI, Dig., § *mensæ* (77, 16), N° 5. — GOMBEAUX. Op. cit., p. 189.

(3) *Commentarius ad Pandectas,* sur Dig., XIX, 1, *de act. empti et vendeti,* N° 7, sur Dig., XIV, 4, *de trib. act.,* § 6, 7, 8.

ayant une vie spéciale et indépendante. Il en résulte qu'elle peut faire l'objet d'un contrat de louage et qu'en cas de pluralité d'établissements chacun d'eux jouit d'une autonomie complète. En outre, les anciens auteurs italiens s'accordent pour reconnaître à la *mercantia* le caractère immobilier et décider par suite qu'elle est susceptible d'hypothèque et doit être transmise par les modes solennels d'aliénation (1).

En dehors du droit italien, les théories sont loin d'être aussi nettes : en Allemagne, où l'existence des privilèges rendent la cession du fonds impossible ou difficile en l'entourant de restrictions et de formalités qui en altèrent le caractère, il est difficile d'en déterminer la nature. Les jurisconsultes allemands s'écartent cependant de la conception des italiens et des romanistes et ne comprennent pas dans le fonds de commerce les créances et les dettes relatives à l'exploitation. Mais la théorie de la *Firma*, qui commence à se former au XVIIIe siècle, en attribuant au fonds un nom distinct de celui du négociant, tendra plus tard à modifier cette conception et à faire reconnaître à l'entreprise une individualité juridique (2).

Le droit anglais, qui a échappé à l'influence du droit romain, admet une conception toute spéciale et particulièrement intéressante. Contrairement à ce qui a lieu sur le continent, l'élément du fonds qui apparait le premier

---

(1) V. GOMBEAUX. Op. cit., p. 194 à 203.
(2) V. GOMBEAUX. Op. cit., p. 205 à 207.

et domine toute la théorie est le *goodwill, goodwill of a connection*, c'est à dire le lien qui unit la clientèle à un établissement donné. La notion du *goodwill* semble être connue dès le XVIIe siècle, et elle est complètement dégagée au milieu du XVIIIe. L'achalandage est alors considéré comme un *asset*, une valeur économique appréciable en argent et devient l'élément caractéristique du *business*. Mais c'est le seul point que la doctrine et la jurisprudence des *Courts* aient dégagé (1).

L'ancien droit français nous fournit moins de renseignements encore Le terme fonds de commerce n'existe même pas encore. Jusqu'au commencement du XIXe siècle on parle seulement de *fonds de boutique* ou de *magasin* (2), et la notion juridique en est à peine ébauchée, ce qui s'explique par suite des circonstances économiques rappelées plus haut.

Sauf dans les cas où le fonds de boutique est érigé en office (3) la cession entre vifs immédiate et contre un prix d'argent, telle qu'elle est pratiquée aujourd'hui n'existe pour ainsi dire pas (4). Il ne semble pas qu'en dehors de

---

(1) V. la jurisprudence et les auteurs cités par GOMBEAUX. Op. cit., p. 207 à 209.

(2) Sur l'histoire du terme *fonds de commerce*, V. les citations de HARTMANN, op. cit., p. XIV et s., et de GOMBEAUX, op cit., p. 210 et 211.

(3) La cession des charges de barbiers-perruquiers est permise par un édit de novembre 1691.

(4) MAGNIN *Essai sur le nantissement des fonds de commerce. Ann. de dr. comm.*, 1899, p. 386. — P. Ch SIMOND. *Le fonds de commerce*, Thèse, Paris, 1898, p. 8. — GOMBEAUX. Op. cit., p. 211 à 214.

l'hypothèse d'une entreprise exploitée par une société on ait jamais reconnu au fonds de boutique la valeur d'un patrimoine indépendant (1). On y a vu surtout un ensemble des marchandises, et le point sur lequel nous sommes le mieux renseignés est celui de savoir s'il était meuble ou immeuble. Nous y reviendrons lorsque nous étudierons la question en droit moderne. Qu'il nous suffise de dire qu'elle n'était pas nettement tranchée et que les partisans du caractère immobilier du fonds étaient assez nombreux.

Il faut arriver au droit intermédiaire et aux réformes de la Révolution pour trouver la formation d'une véritable notion du fonds de commerce. Le nom commercial apparaît pour la première fois comme élément du fonds dans un arrêt du Tribunal d'Appel de la Seine du 29 thermidor an IX (2) ; la loi du 7 janvier 1791 sanctionne les brevets d'invention, mais ils ne devaient rentrer que plus tard dans la notion du fonds de commerce.

Peu à peu, on reconnaît l'existence des éléments incorporels et notamment de l'achalandage. Dans l'espèce jugée le 29 thermidor an IX, le commissaire du gouvernement, Try, conclut que l'aliénation du fonds « comprend l'aliénation de la propriété physique qui sont » les instruments d'exploitation et celle de la propriété

---

(1) R. Saleilles. *Etude sur l'histoire des sociétés en commandite, Ann. de dr. comm.*, IX, 1895, p. 10 et suiv. ; XI, 1897, p. 29 et suiv.

(2) Hartmann Op. cit., p LXVII.

» morale, qui sont l'achalandage et la possession de la
» confiance publique » (1).

Cependant, la jurisprudence révolutionnaire ne contient
aucune décision caractéristique sur la nature juridique du
fonds de commerce. La question qui préoccupe le plus
est encore de savoir s'il est meuble ou immeuble ; un arrêt
du tribunal de Cassation du 9 messidor an XI, dans
lequel apparaît pour la première fois le terme fonds de
commerce (2), consacre encore la notion primitive et
rudimentaire d'après laquelle le fonds n'est autre chose
qu'un ensemble de marchandises, dont la nature juridique
ne diffère pas de celle du troupeau. Mais peu à peu, sous
l'influence des conditions économiques et des cessions
fréquentes, la conception devient plus complexe et les
caractères du fonds de commerce se précisent. De plus
en plus, les éléments matériels de l'exploitation sont relé-
gués au second plan, pour laisser aux valeurs incorporelles, dont l'importance augmente sans cesse, une place
prépondérante. C'est au droit moderne qu'il appartient
de préciser la nature de cet ensemble.

---

(1) HARTMANN. Op. et loc. cit.

(2) MERLIN. *Répertoire universel et raisonné de jurisprudence*, art usu-
fruit, § 4, VIII. — SIREY, 1791-an XII, I, 823. — GOMBEAUX. Op. cit., p. 216
à 222.

PREMIÈRE PARTIE

NATURE JURIDIQUE DU FONDS DE COMMERCE

Dans le langage courant, le mot *fonds de commerce* désigne un groupement de valeurs diverses destinées à assurer le fonctionnement d'une entreprise commerciale. L'idée fondamentale est que l'exercice d'un commerce suppose l'existence d'une organisation spéciale, douée en quelque sorte d'une vie propre et d'une certaine individualité. Les valeurs qui le composent sont unies par une destination commune, en même temps qu'elles sont, dans une certaine mesure, séparées du reste du patrimoine. C'est là une notion économique en somme assez banale. La détermination de la notion juridique du fonds de commerce soulève au contraire de grosses difficultés. Il constitue une universalité de biens; mais quels sont les éléments qu'on doit faire rentrer dans cette combinaison? A quelle limite doit-on s'arrêter? Quelle est, d'autre part, la nature exacte de l'ensemble ainsi constitué? Jusqu'à quel point faut-il lui reconnaître une indépendance juridique? Autant de questions sur lesquelles règne une obscurité traditionnelle qui s'est reflétée jusque dans la terminologie. Les législations se sont à peu près désintéressées de la matière; sauf en Allemagne, on ne trouve aucun texte formel, ni aucune idée directrice.

Avant d'essayer de déterminer la nature et la condition juridiques du fonds de commerce, il faut rechercher d'abord quels sont les éléments économiques qui entrent dans sa composition et quelle est leur importance respective. Ce sont là deux problèmes intimement liés.

CHAPITRE PREMIER

Composition du fonds de commerce.

SECTION PREMIÈRE

Eléments constitutifs du fonds de commerce.

On rattache à la notion fonds de commerce un assez grand nombre de valeurs diverses. Les définitions qu'on a données en contiennent généralement une énumération. L'article 7 de la loi du 28 février 1872 mentionne un certain nombre d'éléments qu'il suppose englobés dans la cession d'un fonds de commerce. Les définitions doctrinales et les décisions de jurisprudence contiennent aussi des énumérations de ce genre dont la plupart sont incomplètes (1), ce qui est à peu près inévitable en raison de la diversité des applications pratiques et de la multiplicité

---

(1) V. Lyon-Caen et Renault. *Traité de droit commercial*, t. III, N° 239, p. 167. — Lèbre. *Traité des fonds de commerce*, N° 1, p. 1. — Ch. Simond. *Le fonds de commerce*, p. 31. — Nantet. *Les fonds de commerce, leur mise en gage, leur vente*, p. 7.

des valeurs pouvant faire partie d'une entreprise commerciale.

Aussi ne faut-il pas songer à déterminer d'une façon absolue la composition du fonds de commerce ni à entrer dans l'examen de chaque cas particulier. On ne peut que prendre une moyenne, et étudier les éléments qui se rencontrent dans la grande majorité des cas : un fonds de commerce suppose généralement un outillage, un stock de marchandises, des locaux, et des relations avec le public. C'est là le type moyen sur lequel on raisonne habituellement et que nous prendrons pour base de nos études.

On peut, à première vue, distinguer les éléments matériels et les éléments incorporels.

§ I. — Éléments matériels

Ces éléments peuvent eux-mêmes être subdivisés. Ils comprennent d'abord des objets corporels attachés au fonds à perpétuelle demeure pour servir à son exploitation et non destinés à être vendus : c'est le matériel, c'est-à-dire les outils, machines, meubles qui garnissent le magasin.

Ils comprennent aussi le plus souvent un approvisionnement de marchandises qui, comme le matériel, garnissent les magasins, mais dont la destination est toute différénte : ces objets, en effet, ne font partie qu'à titre provisoire de l'exploitation, où ils ne font que passer. Leur nature les destine à être vendus et, par suite, ils sont soumis à un renouvellement continuel. Ils apparaissent donc à première vue comme unis au fonds par un lien beaucoup moins étroit que les objets de la première catégorie.

Cette différence dans le rôle qu'ils jouent dans l'exploitation conduit tout naturellement à établir une distinction entre ces deux groupes d'éléments.

Aussi, tandis qu'on a toujours considéré le matériel comme faisant partie intégrante du fonds de commerce, on s'est demandé s'il ne fallait pas assigner aux marchandises une place à part, et on a soutenu qu'elles se différenciaient du fonds comme le contenant se différencie du contenu (1). Il faut reconnaître que cette opinion peut invoquer en sa faveur des arguments d'une certaine force.

Elle trouve d'abord une base dans la pratique généralement suivie en matière de cessions de fonds de commerce. En effet, dans la plupart des transmissions de ce genre, il y a deux prix bien distincts : l'un, affecté au paiement des marchandises, et l'autre à celui de l'ensemble des autres éléments de l'exploitation ; ce qui semble bien indiquer que, dans la conception usuelle, le fonds de commerce et les marchandises constituent deux choses bien distinctes.

On invoque encore un argument de texte : l'article 7 de la loi du 28 février 1872 établit la même distinction.

___

(1) ED. NANTET *Les fonds de commerce, leur mise en gage, leur vente*, thèse, Paris, 1899, p 13.

Tandis qu'il frappe d'un droit de mutation de 2 °/₀ l'ensemble des objets servant à l'exploitation, autres que les marchandises, il ne soumet celles-ci qu'à un droit de 0.50 °/₀, à condition que leur prix de vente soit indiqué d'une façon distincte de celui du fonds et qu'elles soient désignées et estimées article par article dans le contrat ou dans la déclaration.

Ces raisons ne nous paraissent cependant pas convaincantes, et l'exclusion des marchandises du fonds de commerce nous semble injustifiée.

On a fait remarquer, avec raison à notre sens, que l'article 7 de la loi du 28 février 1872, sur lequel s'appuie surtout l'opinion que nous combattons, peut s'expliquer par des raisons purement fiscales : La valeur des marchandises en magasin est souvent considérable par rapport aux autres objets composant l'exploitation ; dans bien des cas elle lui est même supérieure. En les soumettant au droit de mutation de 2 °/₀, il était à craindre que les vendeurs ne cherchent à se soustraire à cet impôt, et rien ne leur eut été plus facile : Il leur aurait suffi, avant de vendre leur fonds, de liquider les marchandises en magasin pour échapper à tout droit de mutation.

Pour éviter la perte sèche qui serait résultée pour le trésor de cette pratique, le législateur de 1872 a cherché à en détourner les commerçants et à leur enlever une grande partie de l'intérêt qu'ils auraient eu à employer un procédé qui sans cette mesure serait devenu journalier.

Le texte même de l'art. 7 de la loi du 28 février 1872

peut être interprété en faveur de notre opinion : Il dispose que le droit de 2 °/₀ « est perçu sur le prix de la vente » de l'achalandage, de la cession du droit au bail et des » objets mobiliers ou autres servant à l'exploitation du » fonds, *à la seule exception* des marchandises neuves » garnissant le fonds ».

On a fait remarquer avec raison que ces termes supposent que le législateur a considéré les marchandises comme servant à l'exploitation du fonds et comme faisant corps avec lui.

Quant à l'usage de stipuler un prix spécial pour les marchandises et un prix spécial pour le reste de l'exploitation, il nous paraît encore moins probant. Il s'explique également par des raisons particulières. L'article 7 de la loi du 28 février 1872, que nous venons d'écarter, suffirait à le motiver : si les parties ne stipulaient qu'un seul prix global, les marchandises seraient comme les autres éléments soumises au droit de 2 °/₀, puisqu'il serait impossible de déterminer la part du prix y afférent. Il est donc naturel d'employer le procédé le moins onéreux.

Il s'expliquerait du reste, même en l'absence de toute disposition fiscale : les marchandises ont une valeur facilement déterminable, qui peut être évaluée d'une façon précise. Au contraire, celle des autres éléments du fonds, pour la plupart incorporels, est essentiellement aléatoire. Le prix en est donc nécessairement forfaitaire, tandis que celui des marchandises, qui repose sur des bases plus sûres, suppose pour sa fixation une estimation et un dénombrement.

D'ailleurs, lorsque le matériel possède une valeur considérable, il arrive quelquefois que, comme les marchandises, il est l'objet d'une évaluation spéciale et d'un prix distinct, sans que cependant on songe dans ces cas à l'exclure du fonds.

Cet usage est d'autant moins probant que le fonds de commerce étant loin d'avoir une composition fixe et immuable, il est toujours loisible aux parties d'en écarter tel ou tel élément accessoire, sans qu'il cesse pour cela de faire partie du fonds en principe.

On invoque encore la faiblesse du lien qui unit les marchandises au fonds, à cause de leur caractère de choses fongibles destinées à être vendues, mais cette faiblesse nous paraît plus apparente que réelle.

Sans doute, les marchandises, considérées individuellement en tant que corps certains, séjournent en magasin un temps relativement court, elles ne font qu'y passer ; mais cette remarque cesse d'être vraie si on les envisage dans leur ensemble, en tant qu'universalité subsistant malgré le renouvellement continuel des unités qui la composent. A ce point de vue, le stock des marchandises a un caractère permanent et est uni tout aussi étroitement à l'exploitation que l'outillage.

Nous verrons plus loin que le fonds de commerce, au sens rigoureusement strict du mot, est constitué exclusivement par des valeurs immatérielles. Mais du moment où l'on élargit cette conception pour y faire rentrer les objets corporels qui servent à l'exploitation, la distinction qu'on veut établir entre eux nous paraît injustifiée. On ne peut refuser aux marchandises d'être au premier chef et au même titre que l'outillage des instruments d'exploitation.

La question présente un intérêt pratique considérable en matière de nantissement. Elle a été soulevée surtout à propos de l'application de la loi du 1er mars 1898. Nous aurons à y revenir dans notre deuxième partie, pour l'examiner sous cette face spéciale, et à nous demander si cette large compréhension du fonds de commerce est satisfaisante au point de vue du crédit commercial.

Les objets que nous venons de passer en revue appartiennent à la classe des meubles. Mais il arrive souvent que des immeubles dépendent d'une entreprise commerciale. Il en est ainsi notamment lorsque le commerçant est propriétaire des locaux dans lesquels il exerce son commerce.

En outre, parmi les objets dont nous nous sommes occupés, il en est qui, lorsqu'ils réunissent certaines conditions, peuvent se trouver immobilisés, bien qu'on ait nié d'une façon absolue la possibilité de ce résultat. (C'est là une question sur laquelle nous aurons à revenir).

Ces biens, immeubles par nature, en matériel immobilisé par destination, sont au même titre des instruments d'exploitation : En particulier, cette circonstance que le commerçant est ou non propriétaire des locaux qu'il occupe ne saurait apporter aucun changement au rôle que joue l'outillage dans l'entreprise.

Il semblerait donc naturel de mettre sur la même ligne tous les biens, meubles ou immeubles, qui servent à l'exploitation et de les faire rentrer indistinctement dans la notion fonds de commerce.

Mais ici, la conception logique est en opposition avec la notion usuelle : Lorsque des immeubles font partie d'une entreprise commerciale, on les sépare toujours juridiquement des autres biens qui la composent : Le fonds se distingue de l'immeuble comme le contenant du contenu et nous n'avons pas à nous occuper des biens de cette catégorie.

§ II. — Éléments incorporels

Achalandage. — L'exercice d'un commerce suppose nécessairement une spéculation, et cette spéculation ne peut se concevoir sans que des relations s'établissent entre le commerçant et le public.

La première préoccupation d'un négociant est donc d'attirer l'attention du public, à l'aide de divers moyens que nous allons examiner.

Lorsque l'établissement a acquis, de cette façon, une certaine notoriété, il s'établit entre lui et une partie du public une série de rapports. Certaines personnes prennent l'habitude de le fréquenter et ce sont elles qui constituent la clientèle.

Les moyens dont dispose le commerçant pour attirer cette clientèle sont multiples.

En première ligne, il faut citer le nom commercial. Souvent, le commerçant se contente d'apposer son nom sur son magasin. Si, par ses qualités professionnelles, il arrive à acquérir une certaine considération, à le faire counaître et retenir par un certain nombre de personnes, ce nom finit par désigner aux yeux de cette clientèle la maison de commerce elle-même et à s'isoler complètement de la personne du fondateur. C'est pourquoi le nom commercial ne se confond pas nécessairement avec le nom patronymique du titulaire du fonds (1) : Par suite de l'importance qu'il arrive à prendre aux yeux de la clientèle dont il est le signe de ralliement, on conçoit qu'en cas de transmission du fonds, l'acquéreur ait un intérêt censidérable à le conserver. En le changeant, il risquerait de voir la clientèle s'émietter et l'établissement péricliter. En tout cas, il y aurait certainement là pour lui une cause préjudice, et ses chances de succès en seraient diminuées.

Aussi l'usage s'est-il établi, dans les cessions de fonds de commerce, de laisser subsister le nom patronymique du fondateur, qui se sépare alors de la personne qui le porte, pour devenir le nom commercial et constituer, en

---

(1) V. POUILLET. *Traité des marques de fabrique*, N° 373 *bis* et s , 459 et s. — BERT. *De la concurrence déloyale*, p. 26.   SALVETON. *Le nom en droit romain et en droit français*, thèse, Lyon, 1887. — LALLIER. *De la propriété des noms et des titres*, N°s 193 et suiv. — LÈBRE. Op. cit., N° 4, p. 4. — SIMOND. Op. cit., p. 34. — GOMBEAUX. Op. cit., p. 89 et suiv.

quelque sorte, l'état civil de l'établissement, en restant indépendant du changement de titulaires.

Souvent, et pour attirer l'attention du public, le nom commercial est renforcé par une enseigne qui en est souvent distincte et revêt des formes diverses. Elle peut consister en une désignation emblématique, c'est soit une figure peinte, soit une dénomination de fantaisie, soit une désignation tirée du lieu où s'exerce l'exploitation ou en rappelant la nature (1).

Elle peut également s'identifier avec le nom commercial; souvent, par exemple, un café a pour enseigne le nom de son propriétaire ou de son fondateur. Il faut aussi citer la raison de commerce, ou si le fonds est exploité par une société, par la raison sociale qui peuvent aussi constituer l'enseigne.

Il faut encore comprendre parmi les moyens d'attirer la clientèle, les marques de fabriques, les récompenses obtenues par la maison, les brevets d'invention. Ce sont là toutes choses, qui appartiennent à l'établissement qu'elles servent à individualiser, plus encore qu'à la personne du commerçant. Aussi, se transmettent-elles avec lui et sont-elles rattachées par un lien étroit à l'enseigne, dans la composition de laquelle elles entrent souvent (2).

---

(1) Nantet. Op. cit, p 10-11. — Lèbre, N° 4, p. 4. — Alauzet. Art. *Fonds de commerce* dans le *Dictionnaire du commerce*, de Guillaumin. — Ruben de Couder. *Dict. de droit commercial* : *Fonds de commerce*, N° 26; *Enseigne*, N° 3 et suiv — Dalloz. *Code de commerce*, p. 491. Suppl, p. 792, 796.

(2) V. Pouillet. Op. cit., 523 et suiv. — Ruben de Couder. Op. cit., *Fonds de comm.*, N° 31.

Parfois même, l'enseigne et la marque de fabrique se confondent.

La mise en œuvre de ces divers moyens auxquels peuvent encore s'ajouter des dessins et modèles industriels, des secrets de fabrique qui, avec les brevets d'invention, assurent à l'établissement le monopole de certains produits, aboutit à la constitution de la clientèle.

Cette notion un peu vague a pris dans le droit moderne une importance considérable, et sa détermination est assez délicate.

Elle peut être définie : l'ensemble des clients ou pratiques qui fréquentent une maison de commerce.

Au sens rigoureux du mot, elle suppose des relations d'affaires entre un établissement donné et un cercle de personnes déterminées, connues personnellement du commerçant. Il se forme alors entre eux une sorte d'attache morale (*geschaftsfreunde* des Allemands).

Mais cette notion restreinte se rencontre de plus en plus rarement aujourd'hui. Beaucoup de maisons n'ont pas de clientèle fixe, de rapports avec une catégorie de personnes connues et classées nommément dans les livres. Mais si les individus qui s'adressent à elles se renouvellent constamment et ne peuvent être déterminées exactement, elles n'en ont pas moins avec une partie anonyme du public une somme de relations constantes qui déterminent leur situation et « leur donnent sur la scène commerciale une place à part dont on peut apprécier la valeur (1) ».

---

(1) CATALAN. *Condition juridique des fonds de commerce*, thèse Montpellier, 1900, p. 10.

Sans doute, l'estimation de cette valeur est particulièrement délicate. Nombreuses sont les causes qui peuvent amener une fluctuation dans la clientèle : un simple caprice de la mode peut suffire à l'écarter.

Ce caractère aléatoire avait particulièrement frappé notre ancien droit. Aussi considérait-il la clientèle comme une valeur trop peu stable pour faire l'objet d'un contrat honnête.

Les idées modernes sont toutes différentes, et c'est l'importance sans cesse grandissante de cet élément qui domine l'évolution de la notion fonds de commerce.

On a reconnu qu'il y avait des degrés dans l'aléa et que souvent, malgré les changements de titulaires, la clientèle restait fidèle à l'établissement, pourvu que le successeur en continuât les bonnes traditions.

Souvent aussi, la personne du commerçant est indifférente aux yeux du public, qui ne connaît que la maison de commerce. Dans ces conditions, cette personne peut changer sans que la clientèle s'en aperçoive. Lors même qu'il en est autrement, le successeur a tout intérêt à persévérer dans les habitudes commerciales de son prédécesseur, et celui-ci, de son côté, choisit généralement son acheteur avec soin. Il arrive très souvent que le prix d'achat du fonds n'a pas été payé comptant et le vendeur est intéressé à ce que son cessionnaire soit capable d'arriver, par son habileté professionnelle, à compléter le paiement à l'aide des bénéfices réalisés par l'exploitation.

Ces considérations, jointes à l'habitude prise de transmettre avec le fonds le nom de son fondateur devenu commercial et impersonnel, sont évidemment propres à retenir la clientèle. Aussi a-t-on pris l'habitude de considérer cette clientèle comme constituant une valeur propre et appréciable, susceptible de faire l'objet d'un contrat (1).

Son évaluation présente une importance considérable en cas de cession du fonds. C'est d'elle que dépendra souvent en grande partie la fixation du prix. On se basera, pour la déterminer, sur le chiffre d'affaires, c'est-à-dire sur la somme moyenne des rapports de l'établissement avec l'extérieur, sur la situation qu'il a acquise..

Mais il n'en est pas moins vrai que cette valeur reste essentiellement aléatoire. Il faut toujours compter avec les causes imprévues qui, indépendamment du changement de titulaire du fonds, peuvent l'influencer. Aussi doit-on toujours faire la part de cet aléa dans son évaluation, qui ne peut être aussi précise que celle d'objets matériels comme les marchandises.

Dans les développements qui précèdent, nous avons groupé, sous la rubrique « achalandage », à la fois les moyens qui servent à attirer la clientèle, et la clientèle elle-même.

Ce point de vue n'est pas celui de tous les auteurs. Le

______

(1) Son existence, en tant que valeur distincte, est attestée par l'obligation de garantie qui incombe au vendeur et peut-être par l'action en concurrence déloyale. — V. sur ce point, GOMBEAUX, op. cit., p. 77 à 88, et les auteurs cités.

plus souvent, en effet, on donne au mot achalandage un sens beaucoup plus restreint, en le confondant avec la clientèle. On le définit : l'ensemble des clients qui fréquentent une maison de commerce.

Mais ce mot a dans la langue extra-juridique plusieurs sens : il peut d'abord signifier tout moyen employé pour attirer la clientèle, et cette signification semble étymologiquement la plus exacte (action d'achalander une maison de commerce, c'est-à-dire de lui attirer des chalands). Puis, il est arrivé à désigner l'habitude d'une clientèle de se fournir chez un commerçant, et enfin cette clientèle elle-même. Dans cette acception, il s'oppose même au mot clientèle, réservé aux professions libérales.

C'est cette dernière signification restreinte que lui donnent généralement les auteurs en matière de fonds de commerce.

Nous croyons cependant qu'au point de vue juridique, la notion d'achalandage doit être entendue dans son sens le plus large et, s'il fallait la restreindre, nous serions plutôt tentés de nous arrêter à l'acception originaire du mot et à établir une distinction entre l'achalandage, que nous définirions alors l'ensemble des moyens dont dispose le commerçant pour attirer les clients, et la clientèle qui en est le résultat.

Mais en raison de la relation étroite qui existe en réalité entre l'achalandage et la clientèle, du lien de cause à effet qui unit les deux choses, au point de faire considérer les deux mots comme synonymes, il nous paraît juste de les englober toutes deux dans une même notion (1).

Les auteurs qui considèrent l'achalandage comme se confondant avec la clientèle, sont d'ailleurs jusqu'à un certain point d'accord avec nous, puisqu'ils reconnaissent qu'il faut rattacher à l'achalandage le nom commercial, l'enseigne, les marques de fabrique, les brevets d'invention, etc.; mais ce que nous tenons surtout à faire remarquer, c'est que si dans la plupart des cas la clientèle vient s'ajouter à ces divers éléments et en augmenter la valeur vénale, il n'en reste pas moins vrai que son existence n'est pas indispensable et qu'il peut y avoir achalandage sans clientèle.

C'est là une constatation qui a son importance et sur laquelle nous aurons à insister lorsque nous rechercherons si le fonds de commerce comporte un élément essentiel.

L'achalandage apparaît donc comme un objet complexe, de composition variable suivant les hypothèses. Il constitue lui-même un ensemble dans cet autre ensemble qu'est le fonds de commerce. Mais malgré cette complexité, on peut le considérer comme un tout homogène, doué d'une nature juridique qui lui est propre : Il n'y a, en effet, aucune difficulté à déterminer la nature des objets qui peuvent entrer dans sa composition. Ils appartiennent tous

---

(1) Sur la relation qui existe entre la clientèle et le nom commercial, l'enseigne, etc., voir GOMBEAUX, op. cit., p. 101 à 105. — BELLOM. *Le nantissement d'un fonds de commerce*, p. 20.

à la catégorie des meubles incorporels. Leur ensemble présente donc les mêmes caractères et constitue une universalité de nature mobilière et incorporelle. Dans le classement des biens, il doit être rangé à côté de ces droits qui ont pris dans les législations modernes une place si considérable, tels que les droits de propriété artistique et littéraire, les droits de présentation à un office ministériel, dans cette catégorie de biens qui ont « une nature très singulière, très extraordinaire ». (1)

DROIT AU BAIL

Beaucoup de commerçants ne sont pas propriétaires d'immeubles et sont obligés de louer des locaux dans lesquels ils installeront leur exploitation. Il importe cependant, pour la conservation et l'accroissement de leur clientèle, que cette exploitation reste, autant que possible, fixée au lieu où elle a pris naissance. D'autre part, ils ont souvent exécuté dans les immeubles loués des travaux d'aménagements. Ils ont donc un intérêt considérable à s'en assurer la jouissance le plus longtemps possible et n'hésiteraient pas à consentir aux augmentations de loyer que voudrait leur imposer un propriétaire désireux de profiter de la situation.

De là l'habitude prise par les commerçants de s'assurer

---

(1) Demolombe. *Distinction des biens*, I, 437. — Duranton. *Cours de droit civil*, IV, 164. — Troplong, I, 414. — Laurent, V, 513. — Lyon-Caen et Renault. *Traité*, III, 240.

4

l'occupation des lieux loués pendant un temps déterminé, généralement assez long, et moyennant un loyer une fois fixé. C'est le droit au bail.

Outre le droit de jouissance, il comporte, soit en vertu d'une clause expresse, soit en raison de la disposition des lieux, le droit d'y exercer un commerce. Enfin, il peut contenir une clause par laquelle le bailleur s'engage à ne pas autoriser dans l'immeuble loué, ou dans ceux dont il peut être propriétaire dans un rayon donné, l'exercice d'un commerce similaire.

Toutes ces clauses imposent des obligations au bailleur ; elles sont la source de créances au profit du commerçant.

Le droit au bail n'est donc autre chose qu'un ensemble de créances, et par conséquent un meuble incorporel.

Nous ne nous attarderons pas à discuter la théorie de la réalité du droit du preneur, émise par Troplong (1), et qui a eu autrefois quelque succès en doctrine et en jurisprudence. Cette opinion est à peu près complètement abandonnée aujourd'hui, et les auteurs et la jurisprudence sont d'accord pour admettre la doctrine de Pothier (2), c'est-à-dire la personnalité du droit du preneur (3).

De ce caractère personnel du droit au bail découle sa nature mobilière. Les créances immobilières sont à peu

---

(1) Troplong, 1, No 60, II, 473.

(2) Pothier. *Du bail à rente*, No 3.

(3) Demolombe, IX, Nᶜˢ 492 et 493. — Aubry et Rau, IV, p. 471, § 365, note 7. — Baudry Lacantinerie et Wahl. *Louage*, I, No 527. — Lyon, 1ᵉʳ juillet 1881, S., 82, II, 212 ; Cass., 18 janvier 1893, S., 93, I, 237.

près disparues de notre droit, et si l'on peut être tenté de lui attribuer une nature immobilière, comme tendant à la délivrance d'un immeuble, il est facile de voir que cette solution ne serait pas conforme à l'article 526 du Code civil.

Cet article ne considère comme droits immobiliers que « les actions qui tendent à revendiquer un immeuble », et il ne saurait être question de revendication pour le preneur.

On a vu, d'après les considérations exposées plus haut, quelle importance peut avoir le droit du bail pour le commerçant. Aussi constitue-t-il pour lui une valeur appréciable, surtout s'il ne contient aucune clause prohibitive de sous-location ou de cession, et doit-il être considéré comme élément de l'exploitation.

Dans certains cas même, les autres éléments s'effacent devant lui, et sa valeur prend des proportions considérables. C'est ce qui arrive lorsqu'un établissement doit uniquement sa prospérité à sa situation. Aussi a-t-on pu dire que dans ces hypothèses l'achalandage s'absorbe dans le droit au bail. Il faut reconnaître, en tout cas, que l'emplacement de l'exploitation exerce souvent une influence sur la clientèle. Aussi pourrait-on être tenté de faire rentrer le droit au bail dans la notion achalandage, au même titre que l'enseigne, les marques de fabrique, etc. (1).

---

(1) Le droit anglais distingue entre le *personal goodwill*, ou achalandage représentant la valeur propre de l'entreprise, et le *local goodwill*, ou valeur d'achalandage de l'immeuble, résultant des qualités qu'il présente par sa situation ou son aménagement pour attirer et retenir la clientèle.

Nous croyons cependant préférable de l'en détacher et de lui faire une place à part, en raison de son caractère purement occasionnel.

SECTION II

Importance comparée des éléments constitutifs du fonds de commerce.

Nous avons déjà fait remarquer l'extrême variété qui pouvait exister dans la composition du fonds de commerce. Aussi la formation typique que nous venons d'examiner n'a-t-elle rien d'absolu. Il est facile de voir que parmi les éléments qui ont été passés en revue, il en est qui ne se retrouvent pas dans toutes les hypothèses.

Le droit au bail peut faire défaut. C'est ce qui arrive notamment lorsque le commerçant est propriétaire des immeubles dans lesquels il exerce son exploitation.

Tout commerce ne suppose pas non plus nécessairement l'existence d'un matériel ni de marchandises : certains courtiers ou agents commerciaux ne possèdent pas d'objets de cette nature.

Y a-t-il donc un élément dont la présence soit essentielle? Il importe d'abord de bien préciser la question : il ne s'agit pas de rechercher quel est l'élément dont l'importance l'emporte sur celle des autres, eu égard à sa valeur pécuniaire comparée à celle de l'ensemble. On conçoit que posée dans ces termes la question n'est pas susceptible de recevoir une réponse absolue et qu'il est nécessaire pour la résoudre d'entrer dans l'examen de chaque cas particulier.

Nous voulons examiner si, parmi les éléments que nous avons étudiés il en est au moins un qui se retrouve dans toute exploitation, quelle qu'elle soit, en un mot, qui soit de l'essence du fonds de commerce en général et considéré en tant qu'abstraction.

C'est dire que nous ne pouvons nous rallier à un système qui a trouvé une certaine faveur dans la jurisprudence antérieure à 1898, et d'après lequel, pour déterminer quel est l'élément essentiel du fonds de commerce, il faut examier chaque hypothèse et rechercher quel est l'élément principal et dominant au point de vue pécuniaire.

Cette théorie a été déduite *a contrario* par la jurisprudence civile d'un arrêt de la Cour de Cassation du 13 mars 1888, sur lequel nous aurons à revenir : « Attendu, dit la Cour, que la partie essentielle d'un fonds de commerce *de cette nature* est l'enseigne, l'achalandage et le droit au bail. »

L'emploi de ces expressions semble bien indiquer que la solution serait différente dans les hypothèses où les éléments matériels auraient une importance plus considérable que ceux qui sont indiqués dans ce passage de l'arrêt. Telle est bien l'interprétation qui lui a été donnée par plusieurs décisions postérieures (1).

----

(1) Lyon, 23 mars 1893, S., 94, 2, 237; Paris, 2 novembre 1898 (*Gaz. des trib.*, 27 novembre 1898).

Cette théorie, qui laisse à l'arbitraire du juge le soin de déterminer dans chaque espèce l'élément prédominant du fonds, nous paraît peu juridique.

Il faut tout d'abord remarquer qu'elle n'est pas d'une application aisée. La valeur pécunière respective de chacun des éléments est souvent difficilement appréciable, comme nous l'avons vu notamment en ce qui concerne l'achalandage.

Il se peut en outre que l'embarras du juge soit extrême : Que décidera-t-il lorsqu'il se trouvera en présence de deux éléments de nature différente et d'une valeur pécuniaire sensiblement égale ?

Mais cette appréciation fut-elle possible, ce que nous reprochons surtout au système de la Cour de Cassation c'est d'être en opposition avec la notion juridique de l'essentiel et de l'accessoire.

Dans un ensemble de choses, on considère comme principale celle qui donne au tout son essence et son nom, sans qu'il y ait lieu de s'occuper de sa valeur pécunière, et l'accessoire reste toujours l'accessoire : C'est ainsi que dans la notion romaine qui n'a pas cessé d'être exacte, le diamant enchâssé dans une bague n'est que l'accessoire de celle-ci, bien que sa valeur soit de beaucoup supérieure (1).

Nous ne voyons pas de raison pour appliquer des principes différents à notre matière, et c'est sur ce terrain que nous nous placerons désormais. Si le fonds de commerce

---

(1) Dig., XLVI, 3, *de solut.*, 26 ; pr., XXXIV, 2 ; *de auro*, 29, § 1.

comporte un élément essentiel, cet élément doit être le même dans toutes les hypothèses. Il nous reste à le déterminer.

Nous avons éliminé le droit au bail, ainsi que le matériel et les marchandises. Il ne reste donc plus que l'achalandage.

La majorité des auteurs reconnaissent le caractère essentiel de cet élément (1). Nous nous rangeons volontiers à leur opinion, et nous croyons que sans lui il ne peut y avoir de fonds de commerce, au sens juridique du mot. Tout commerce suppose nécessairement des rapports plus ou moins directs avec le public; or, c'est dans l'achalandage que ces rapports trouvent leur expression.

On a cependant contesté cette opinion et on s'est ingénié à trouver des hypothèses dans lesquelles il n'y a pas d'achalandage. Ainsi, dit-on, un arrêt de la Cour de Lyon, du 20 août 1880, a fait l'application des règles qui régissent les ventes de fonds de commerce à la vente des marchandises et agencements qui se trouvaient dans un établissement fermé depuis plusieurs mois. On cite encore le cas où un établissement est nouvellement créé, celui des marchands ambulants, etc. (2).

---

(1) LYON-CAEN et RENAULT. *Dr. com.*, t. 3, N° 245. — BOISTEL. *Précis de dr. comm.*. t. 1, N° 429. — NANTET. Op. cit., chap. II. — BELLOM. Op. cit., p. 37 et s. — RIPERT, *de la vente commerciale*, p. 101. — GOMBEAUX. Op. cit., p. 97 à 104.

(2) LEBRE. *Traité des fonds de commerce*, N° 1, note 1, p. 2. — CATALAN. Op. cit , p. 60.

Ces objections ne paraissent pas convaincantes. Il faut d'abord remarquer que dans ce système on fait entre l'achalandage et la clientèle la confusion que nous avons combattue plus haut.

Il ne serait peut-être pas impossible du reste de prouver que dans toutes ces hypothèses il y a en réalité une clientèle, si restreinte qu'elle soit, existant tout au moins à l'état latent. C'est ce à quoi s'est attaché M. Nantet (1).

Mais même en concédant ce point à nos adversaires et en admettant qu'il puisse y avoir des cas où la clientèle fait défaut, cela n'enlèverait rien au caractère essentiel de l'achalandage, étant donnée la notion large que nous avons admise.

Il existe aussitôt qu'un établissement vient à être créé. Il suffit pour cela que son titulaire y appose son nom, y place une enseigne. Ce nom et cette enseigne peuvent d'ailleurs avoir acquis une certaine notoriété dès avant l'ouverture, grâce à un agent auquel il faut faire une part considérable dans les mœurs actuelles : la publicité. Donc, tout établissement a, au moins à l'état embryonnaire, un achalandage, c'est-à-dire qu'il existe au moins en sa faveur une probabilité d'affaires, une chance d'opérations commerciales.

Le caractère essentiel de l'achalandage est si frappant qu'on en est arrivé, dans la terminologie moderne, à établir une synonymie entre les deux mots : fonds de commerce et achalandage.

______

(1) Nantet. Op. cit., chap. II.

Cette assimilatton nous parait justifiée ; c'est le dernier terme de l'évolution dont le point de départ est la conception restreinte et primitive qui confondait le fonds de commerce avec les marchandises et le matériel.

Ces objets ne doivent plus être considérés aujourd'hui que comme des instruments d'exploitation, des accessoires de l'entreprise, et cela, quelle que soit leur valeur.

L'achalandage, au contraire, constitue réellement la personnalité de cette entreprise et représente la situation qu'elle a acquise sur la scène commerciale. C'est lui qui est le support même de la notion fonds de commerce.

Il en résulte qu'il ne saurait être détaché du fonds sans lui faire perdre sa nature : Ainsi, il n'y a pas vente de fonds de commerce si un négociant ne transmet qu'un matériel et des marchandises.

Au contraire, on conçoit très bien l'existence du fonds réduit à ce seul élément. Le matériel et les marchandises peuvent être anéantis ou exclus d'un. contrat dont il est l'objet sans qu'il cesse de subsister dans son individualité : « Si une personne achète simplement la clientèle d'un négociant sans acquérir aucune des valeurs commerciales qu'on y joint le plus souvent, il est hors de doute qu'il continuera en fait son fonds de commerce » (1).

Ces considérations nous dispensent de nous attarder à discuter uue théorie d'après laquelle le fonds de commerce

---

(1) GOMBEAUX. Op. cit., p. 99.

est nécessairement une universalité et cesse d'exister quand il est réduit à un seul élément, quelqu'il soit (1). Il est vrai que l'achalandage constitue généralement lui-même une universalité, mais il n'en est pas nécessairement ainsi.

---

(1) Trib com. St-Etienne, 21 novembre 1895 *(Gaz. pal.*, 96, 1, 194).

CHAPITRE II

Caractères juridiques du fonds de commerce.

Section première

La notion théorique du fonds de commerce.

L'analyse à laquelle nous nous sommes livrés nous a montré le fonds de commerce comme un corps composé, une universalité de biens, formée par la combinaison d'éléments nombreux et variés, unis étroitement par leur destination économique commune.

Il apparaît donc à première vue comme un organisme doué d'une certaine individualité. Il s'agit maintenant de rechercher quelle est, dans le domaine du droit, la nature exacte du lien qui unit ces diverses valeurs et s'il faut reconnaître à leur ensemble une indépendance juridique. Doit-on considérer cet ensemble comme une simple juxtaposition de choses différentes, conservant leur indépendance de nature et jouissant d'une condition juridique autonome ?

L'examen de cette question ne présente pas seulement

un intérêt purement théorique; elle est au contraire d'une large utilité pratique, particulièrement en droit français. La solution des problèmes soulevés dans la pratique dépend avant tout de la nature juridique reconnue au fonds de commerce, et la solution qu'on admet sur ce point entraîne des conséquences importantes quant à l'effet des différents contrats dont le fonds peut être l'objet. En présence d'un contrat portant sur l'ensemble de ses éléments, il faudra, suivant la théorie adoptée, ou bien soumettre cet ensemble à une loi unique, ou bien appliquer à chacun des éléments les règles commandées par la nature juridique qui lui est propre. Ainsi, en cas de cession, si le lien qui unit les valeurs composant le fonds de commerce est un lien de pur fait, il y aura en réalité autant de cessions distinctes qu'il y a d'éléments. La question a été surtout posée à propos d'une hypòthèse pratique, celle où un nantissement est constitué sur le fonds : les règles du contrat de gage diffèrent suivant que la chose qui en fait l'objet est corporelle ou incorporelle, et cette dualité présentant de graves inconvénients pratiques, on a pensé qu'il y avait intérêt à chercher une fiction qui la fasse disparaître en faisant abstraction de la nature de certains éléments pour ne considérer que celle de l'ensemble. Est-il possible d'asseoir cette fiction sur des bases juridiques? C'est vers ce but que se sont portés les efforts de la jurisprudence française, qui s'est surtout préoccupée de cette application particulière; mais nous aurons également à examiner diverses conceptions plus théoriques et d'origine étrangère, caractérisées par la séparation plus ou moins radicale qu'elles établissent entre le fonds de commerce envisagé comme patrimoine commercial et le patrimoine privé du négociant.

§ Ier. — CONCEPTIONS QUI TENDENT A FAIRE DU FONDS DE COMMERCE UN PATRIMOINE DISTINCT

Ces conceptions sont basées sur cette idée primordiale, tirée de l'observation de la vie économique, que, prise dans son ensemble, une maison de commerce représente une organisation qui, par divers côtés, se manifeste au dehors et acquiert, en quelque sorte, une individualité particulière. Elle a en général un nom qui la distingue, une sorte de domicile, une sphère d'attributions qui lui sont propres. A ces fonctions correspond la formation d'un patrimoine spécial, comprenant un actif, dans lequel entrent non seulement la clientèle, les marchandises et le matériel, mais aussi le capital consacré à l'entreprise, les créances qui en dépendent, le travail ou l'activité personnelle du commerçant et de ses employés, et un passif constitué par les obligations qui dérivent de l'exploitation.

C'est en Allemagne qu'ont pris naissance les théories les plus systématiques et les plus hardies. C'est que la pratique a préparé la voie aux théoriciens, par suite de la tendance instinctive manifestée par la coutume allemande, de faire des fonds de commerce un ensemble juridique à constitution spéciale et de l'extension particulière donnée aux cessions globales d'entreprises commerciales, avec actif et passif. (1) Ces théories pouvaient d'ailleurs invoquer une base assez solide dans l'institution de la *Firma*, dont le role juridique a, en Allemagne, une importance particulière. La *Firma*, qui constitue par le fonds un véritable état civil et doit être inscrite sur les registres commerciaux (*Handelsreigister*) (2) de la localité où est situé l'établissement, peut, comme toute autre valeur, être cédée à un tiers avec l'entreprise elle-même, et devient ainsi le nom de l'établissement plus que celui du négociant. L'importance que lui donne cette cessibilité et la façon dont elle se détache du commerçant, ont éveillé des idées d'indépendance juridique et de personnification.

Sans rencontrer un insuccès aussi complet qu'en France, ces conceptions n'ont cependant pas triomphé en Allemagne. Le but qu'elles poursuivaient ayant été atteint par une dispositions législative (3), elles ont perdu aujourd'hui une partie de leur intérêt. Mais comme les idées qui les ont inspirées ont rencontré en France même un certain nombre de partisans, au point de vue théorique et législatif, il faut les examiner au moins succinctement.

---

(1) V. Gombeaux. Op. cit., p. 280, 281. — Fuzier Herman. *Répert*, mot *Fonds de commerce*, chap. II. — Catalan. *Condition juridique des fonds de commerce* (Thèse, Montpellier, 1899).

(2) Ces registres sont tenus par le greffier, sous la surveillance du juge de paix ou du tribunal, selon les États, et sont déposés au greffe du tribunal de commerce.

(3) Code de commerce allemand de 1897, § 25, trad. Ritleng et Gruber, Strasbourg, 1899, p. 11 et s.

I. *Théorie de la personnalité morale du fonds de commerce*. — Le fonds de commerce constitue, a-t-on dit, un organisme économique, doué d'une fonction et d'une existence propres.

Par là il prend une importance caractéristique qui l'élève au-dessus de la personnalité de son titulaire et lui donne une existence indépendante, distincte de la sienne. Le commerçant est relégué au second plan ; il s'efface derrière le fonds qu'il dirige et dont il n'est plus que le principal employé. Le fonds de commerce constitue donc une véritable personne morale, et l'expression de cette personnalité se trouve dans la *Firma*.

On en arrive ainsi à investir cet organisme de la « subjectivité juridique » dont on dépouille son titulaire. Ce n'est plus le commerçant, c'est l'établissement lui-même qui a la capacité d'acquérir des droits et de contracter des obligations.

Il peut intenter des actions et y défendre sous son nom spécial constitué par la *Firma* ; il a aussi un domicile propre et attributif de compétence ; enfin, et c'est là la conséquence la plus importante de cette autonomie reconnue au fonds, sa personnalité entraîne une véritable séparation des patrimoines. A côté du patrimoine personnel du commerçant se constitue un patrimoine commercial dont le véritable titulaire est l'établissement.

Étant véritable sujet de droits, il a ses obligations propres, sa masse propre de créanciers. L'actif qui en dépend forme le gage exclusif des créanciers commerciaux. C'est lui, en effet, qui est le véritable support du crédit commercial.

Le négociant n'est plus, comme dans la notion romaine et traditionnelle, le *dominus negotii* (*Geschœftsherr*); on l'appelle dans la théorie allemande le principal (*die erste diener des Geschœfts*). Il se range parmi ceux qui, à des titres divers, contribuent à l'exploitation (employés, représentants, préposés). Ceux-ci ne sont plus les auxiliaires du patron, mais au même titre que lui les organes subsidiaires de la maison de commerce.

On conçoit que dans ces conditions les événements qui affectent la personne du commerçant ou son patrimoine personnel soient sans influence sur l'existence du fonds. Il peut disparaître sans que la vie commerciale de l'établissement subisse un arrêt et sans qu'il cesse de continuer son histoire commencée au jour de sa fondation.

Ainsi, si on suppose une offre faite par un commerçant qui vient à mourir avant qu'elle ait été acceptée, l'article 297 du code de commerce allemand de 1861 décide « qu'un offre, un mandat ou un pouvoir émanant d'un commerçant dans l'exercice de ses fonctions ne tombe pas par suite de son décès, à moins que le contraire ne résulte de sa déclaration ou des circonstances » (1). Cette solution est commandée par la notion de la personnalité juridique. « Si certains droits s'éteignent par suite de la mort de la personne qui en est le sujet actif et passif c'est

---

(1) C. com. allemand, trad. CARPENTIER, No 96.

que ces droits ont pris naissance *intuitu personae* en considération de la personne du décédé : or, ici les offres ont
été faites au nom du fonds de commerce et dans son
intèrêt. Par conséquent, tant que cette universalité, cette
sorte de personne morale n'est pas disparue, ces offres
doivent demeurer entières (1). »

Il est facile aussi dans cette théorie de déterminer le
sort du passif en cas d'aliénation du fonds : La transmission se réduit à un simple changement de gérant. La
personne morale subsiste et reste tenue du passif.

Enfin, dans l'hypothèse où plusieurs établissements sont
exploités par un même individu, l'identité de chef n'empêche pas qu'il y ait une séparation juridique entre les
divers fonds. Ils ont chacun leur domicile, leurs organes
propres, leurs masses de créanciers différentes. Le débiteur de l'un d'eux ne peut invoquer la compensation à
raison des créances qu'il aurait contre un autre.

On trouve quelques variantes dans l'exposé de cette
théorie par les auteurs allemands. On met parfois en relief
la fonction de la *firma*. Ce serait elle qui serait douée de
la personnalité morale et qui la communiquerait au fonds
de commerce. (*Firmengeschaefts*), et c'est par son intermédiaire que celui-ci recevrait la subjectivité juridique :
Un établissement commercial peut-être transmis avec ou
sans la *firma*. Cette transmission de la *firma* n'a pas lieu

---

(1) Valery. *Contrats par correspondance*, p. 244, No 263 *bis*. — Cité par
Catalan, thèse, p 23.

de plein droit. Il faut que le titulaire ou ses héritiers y consentent expressément (1). Si donc le fonds est aliéné avec la *firma*, il constitue une personne morale et les créances et les dettes qui en dépendent sont nécessairement transmises au cessionnaire. Il en est autrement et elles restent propres à celui qui les a contractées si la *firma* a été détachée de la cession (2).

On a aussi parlé quelquefois de quasi-personnalité, mais malgré ces diverses nuances, l'idée fondamentale reste la même : reconnaître au fonds de commerce une existence juridique propre (3).

II. *Théorie du fonds de commerce envisagé comme patrimoine d'affectation et sujet de droits.* — Cette seconde conception se rapproche beaucoup de la précédente, et elle aboutit à des résultats identiques. Une entreprise commerciale suppose nécessairement un groupement de valeurs diverses, qui sont réunies et associées, non pas tant par la personne à qui elles appartiennent, que par leur destination économique, le but auquel elles tendent (*zweck*).

---

(1) Art. 22 C. com. allemand de 1861, trad. CARPENTIER.

(2) La liaison entre la *Firma* et les créances et les dettes commerciales est consacrée depuis longtemps par les usages commerciaux de certaines villes allemandes. Elle avait été aussi admise par certaines décisions de jurisprudence. V. sur ce point GOMBEAUX, op. cit., p 280, 281, 282. Cette solution est consacrée par le § 25 du nouveau Code de commerce allemand de 1897.

(3) V. l'exposé plus détaillé de cette théorie dans : CATALAN, op. cit., p. 19 à 24 ; FUZIER HERMAN, *Rép.*, mot *Fonds de commerce*, chap. II, et GOMBEAUX, op. cit., p. 14 à 24.

Ces diverses valeurs forment un patrimoine commercial (*handelsvermogen*), séparé des autres biens du commerçant, dont la destination est différente et qui constituent son patrimoine personnel.

Il y a là non pas une simple formation de fait, mais une organisation spéciale qui se manifeste à l'extérieur par des effets juridiques càractéristiques. Comme c'est leur but commun qui sert de lien entre elles, on a donné à leur ensemble le nom de *zweckvermogen* ou patrimoine d'affectation.

C'est dans l'institution des fondations (*stiftungen*), spéciale au droit allemand, que se trouve l'origine de cette théorie. Lorsqu'un testateur affecte à une œuvre qu'il fonde, tout ou partie de son patrimoine, les biens auxquels il a donné cette destination forment, après son décès, un patrimoine sans maître. C'est alors le but en vue duquel ce patrimoine a été constitué qui domine tout et qui en est le support, en venant prendre la place d'une personne. Bekker a fait l'application de cette théorie aux fonds de commerce, mais en ayant soin de faire remarquer les particularités de cette application. Le fonds de commerce ayant un titulaire, il ne s'agit plus d'un patrimoine sans maître. Aussi l'appelle-t-il un patrimoine d'affectation dépendant (*abhaengiges zweckvermogen*). Ainsi compris, le fonds de commerce se rapproche du pécule romain, qui constitue, dans le patrimoine du maître, un autre patrimoine limité et plus particulièrement de la *merx pecu-*

liaris, ou partie du pécule spécialement affectée à une exploitation commerciale (1).

Cette théorie aboutit, comme la précédente, à la séparation complète du patrimoine commercial et du patrimoine personnel du négociant, et c'est là son résultat le plus remarquable. C'est l'application faite, au cas où un commerce est exercé par un individu, de la solution admise dans l'hypothèse où c'est à une société qu'appartient l'exploitation. Dans les sociétés le patrimoine social est bien distinct du patrimoine personnel des associés ; il est affecté au gage exclusif des créanciers sociaux. La même solution doit être admise et pour les mêmes raisons dans le cas où le fonds de commerce appartient à un individu.

Ce qui distingue ce système du précédent c'est que le fonds n'est plus ici considéré comme investi de la subjectivité juridique. Le commerçant n'est plus réduit au rôle de premier employé. C'est bien lui qui devient propriétaire, qui acquiert des créances et contracte des obligations ; seulement, son patrimoine se dédouble : Les acquisitions qu'il fait en vue de son commerce, les obligations qui en résultent se séparent de celles qui ont un autre but et entrent dans le patrimoine commercial.

Mais cette différence théorique mise à part, les résultats sont identiques. Au cas où plusieurs établissements

---

(1) GOMBEAUX. Op. cit , p. 25 et 26. — CATALAN. Op. cit., p. 26. — FUZIER HERMAN *Rép* , loc. cit.

distincts sont exploités par un même individu, ils ont chacun leur patrimoine propre, et en cas de faillite leur masse de créanciers distincte.

De même en cas d'aliénation du fonds, l'acheteur le recueille comme un patrimoine commercial auquel il succède, et par suite il devient obligé aux dettes commerciales (1).

Il faut encore mentionner une conception allemande qui se rapproche de celle du fonds de commerce envisagé comme patrimoine d'affectation : C'est la théorie de la personnalité commerciale ou du dédoublement de la personnalité du commerçant (2).

Le négociant supporte deux personnalités, *sustinet duas personas*. La personnalité commerciale a dans la *Firma* un nom spécial, une sorte de base réelle constituée par l'ensemble juridique des droits, des choses, des rapports d'affaires qui forment l'exploitation commerciale. Le fonds n'est pas une personne morale, mais il sert de support à la personnalité commerciale du négociant, qui, par suite de ce dédoublement, est à la tête de deux patrimoines et peut librement détacher sa personnalité commerciale pour la transmettre à un cessionnaire qui prend alors le fonds comme successeur universel.

En somme, toutes ces théories arrivent, avec des points

---

(1) Gombeaux Op cit., p. 27 à 30. — Catalan. Op. cit., p. 27. — Fuzier Herman. *Rép.*, loc. cit.

(2) Gombeaux. Op. cit., p. 23. — Catalan Op. cit., p. 28.

de départ différents, à un même résultat, faire du fonds de commerce un véritable patrimoine ayant son actif et son passif propres. Ces conceptions systématiques sont restées propres à la doctrine allemande et on n'a guère pensé à les introduire chez nous, au moins en droit positif. Cependant, l'influence qu'exerce l'unité de destination sur un ensemble de valeurs tel que le fonds de commerce est la base d'une théorie très voisine de celle du *Zweckvermogen*, et qui a été proposée en France, surtout par M. R. Saleilles (1), mais seulement au point de vue théorique et législatif. Sans aller jusqu'à considérer le fonds de commerce comme un sujet de droits analogue à une personne morale, elle en fait une masse de biens distincte ayant une condition indépendante. Cette conception n'est pas spéciale au fonds de commerce, mais commune à tout ensemble de biens destiné à réaliser un but unique, tel que les fondations, le fonds social : « Ce qui constitue le lien qui unit tous ces éléments, dit M. Saleilles, c'est l'affectation à un même but, à une œuvre déterminée (2). »

Cette affectation réalise une certaine séparation de fait à laquelle doit correspondre en droit une indépendance qui se manifestera surtout par la constitution d'un actif et

---

(1) SALEILLES. *Essai d'une théorie générale de l'obligation*, Paris, 1890, p. 148. — Note sous Dijon, 30 juin 1893, S., 94, II, 185. — *Etude sur les sociétés en commandite dans l'ancien droit. Ann. de dr. comm.*, XI, 1897, N° 61, p. 39 et suiv.

(2) Note citée plus haut.

d'un passif autonomes. M. Saleilles réclame pour le fonds
de commerce exploité par un individu une condition
analogue à celle qui était reconnue au fonds social dans
l'ancien droit, à condition qu'il existe « une séparation de
fait et extérieure dont la séparation de droit ne fut que le
corollaire », c'est-à-dire que la composition et l'importance du patrimoine ainsi individualisé soit rendue
publique : « Je ne verrais, quant à moi, dit-il, aucune
objection de principe, à condition, bien entendu, que la
masse affectée au commerce put être indiquée par acte
public, à ce qu'un commerçant put opérer une séparation
entre deux parts de son patrimoine par voie d'une affectation précise et publiquement manifestée, de façon à
déjouer les fraudes (1). »

La même idée a été reprise par M. Magnin (2) qui
trouve très logique la formation de ces patrimoines indépendants : « Au sein de ce patrimoine unique et soi-disant
» indivisible se constituent parfois certains ensembles
» juridiques, certaines masses de biens affectés à une
» destination économique, c'est-à-dire garantissant l'ac-
» quittement de certaines obligations. Le fonds de com-
» merce en est un exemple, on pourrait en citer d'autres.
» Rien n'est plus rationnel que l'existence de ces petits
» patrimoines à part, fondée sur une affectation parti-

---

(1) *Etude sur la société en commandite dans l'ancien droit*, N° 52, p. 31.
(2) MAGNIN. *Essai sur le nantissement des fonds de commerce et les résul-*
tats de la loi du 1er mars 1898. Ann. de dr. comm., XIII, 1899.

» culière, c'est-à-dire sur la volonté même de leur pro-
» priétaire ; le fonds de commerce, par exemple, existe
» bien moins par les éléments variables qui le composent
» que par la volonté du négociant qui en affecte les
» éléments à une exploitation commerciale déter-
» minée » (1). Cet auteur invoque aussi l'analogie qui
existe entre le fonds de commerce et le fonds social. La
situation étant la même dans les deux hypothèses et une
séparation de fait du même ordre existant entre le patrimoine commercial et la fortune privée du commerçant,
il y a lieu d'admettre dans les deux cas la même solution.

En somme cette conception, par ses conséquences pratiques, se confond avec celle du *zweckvermogen* et se
rapproche beaucoup de celle du fonds de commerce envisagé comme personne morale, au point que M. Saleilles a
pu dire que s'il n'est pas question de personne morale
« le nom seul fait défaut ».

Le grand intérêt de cette formation de petits patrimoines
indépendants, c'est la séparation d'actif et de passif qui
en résulte. L'application de cette conception au fonds de
commerce a aussi pour conséquence directe, de lier au
patrimoine commercial les créances et les dettes nées de
l'exploitation (2).

III. *Théorie de l'universalité de droit.* — Les théories

---

(1) Op. cit., Nº 11, p. 470, texte et note 2.
(2) V. aussi GOMBEAUX. Op. cit., p. 30 à 35.

présentées en France comme expression du droit positif sont moins ambitieuses. Elles ne vont pas jusqu'à admettre plus ou moins explicitement, la personnalité du patrimoine commercial et ne voient dans le fonds de commerce qu'un ensemble de valeurs économiques qui constitue une universalité de biens. Les controverses sont bornées à la détermination de la nature de cette universalité.

Mais les difficultés spéciales à la matière sont ici accrues par l'application de notions juridiques particulièrement confuses et sur lesquelles on ne semble pas s'être mis d'accord. Ce qui caractérise l'universalité, c'est de constituer une unité distincte des éléments qui la composent et de continuer à exister indépendamment des changements que peuvent subir ces éléments, et cela est vrai de toute universalité, qu'elle soit de fait ou de droit. Mais il règne une grande obscurité sur le sens et la portée des épithètes qui sont ajoutées à ce mot.

On entend généralement par universalité de droit un ensemble patrimonial comprenant non seulement un certain nombre de biens meubles et immeubles, mais aussi des créances et dettes propres qui lui sont attachées. En outre, le lien qui unit ces éléments est un lien de droit qui a sa source dans la loi elle-même, de sorte que l'ensemble n'a plus seulement une simple existence de fait mais constitue une véritable entité juridique. Les exemples classiques d'universalités de droit sont l'hérédité et la communauté conjugale.

Par universalité de fait, au contraire, on entend un

simple groupement de valeurs diverses sans autre relation entre elles que la communauté d'origine ou de destination, qui conservent toute leur indépendance juridique et restent soumises aux règles qui leur sont propres.

Généralement, on considère les deux termes : universalité de droit et universalité juridique comme synonymes. Cependant, M. Gombeaux (1) les présente comme l'expression de deux idées différentes, et fait remarquer que la seconde qualification a un sens assez indécis. Il est certain, en effet, que l'idée d'universalité juridique a été invoquée à un point de vue tout spécial par la doctrine et la jurisprudence française. Dans cette conception, on oppose l'universalité juridique à l'universalité de fait, mais sans en déduire l'existence d'un passif et d'un actif particuliers ; on veut seulement entendre par là un ensemble de valeurs formant un tout homogène susceptible d'être traité d'une façon uniforme dans l'exécution d'un contrat.

Nous croyons que d'une façon générale les expressions universalité de droit et universalité juridique sont synonymes, mais il n'en est pas moins vrai que dans la matière des fonds de commerce il y a en réalité deux théories de l'universalité juridique.

La première, celle que M. Gombeaux appelle la théorie de l'universalité de droit, compte d'assez nombreux partisans en Allemagne (2), où elle a trouvé un point d'appui

______

(1) Op. cit., p. 36.
(2) Pour les renvois aux auteurs allemands, V. Gombeaux, op. cit., p. 38 à 41.

dans la fréquence des cessions globales, avec actif et
passif, et en France, elle a été nettement présentée par
Proudhon (1) : Selon lui, le fonds de commerce est
comme le pécule commercial de l'esclave, comme l'hérédité un *nomen juris* une universalité composée d'actif et
passif. Il s'appuie sur un texte du Digeste (2) déjà cité et
sur l'interprétation qu'en a donné Cujas, et il considère
cette universalité comme comprenant notamment : « les
» dettes commerciales inhérentes aux négociations du
» commerçant, telles que celles qui auraient pour cause
» l'achat fait à crédit des marchandises qui sont l'objet
» du négoce. » Il en tire cette conséquence que le legs
d'un fonds de commerce est un legs d'universalité « qui,
» par une conséquence nécessaire, comprend même les
» créances actives et passives du négociant qui l'a
» fait (3). » De même, en cas de cession, il applique les
mêmes principes qu'en cas de vente de droits successifs
et par suite, l'acheteur doit être considéré comme tenu
des dettes relatives à l'exploitation.

M. J. Valery, bien qu'il parle parfois de la personnalité
morale du fonds de commerce, ou de la personnalité commerciale du négociant distincte de sa personnalité civile,
semble avoir admis une conception très voisine. Il voit
également dans le fonds de commerce une universalité

---

(1) *Traité des droits d'usufruit, d'usage personnel et d'habitation*, N° 1010,
p. 470 ; N⁰ˢ 1845 et suiv., p. 46 et suiv.

(2) Dig., **XXXI**, *de leg et fid*, 77, § 16.

(3) Op. cit., N° 1851, p. 52, 53.

de droit, dont tous les éléments, y compris les créances et les dettes, suivent le sort du fonds et passent à l'acquéreur. Et de cette idée il tire même la conséquence consacrée par l'article 297 du code de commerce allemand de 1861, qu'une offre émanée d'un commerçant ne disparaît pas à sa mort, mais subsiste à la charge du fonds (1).

Cette théorie se rapproche de celle du patrimoine d'affectation, en ce qu'elle a pour effet principal de lier les créances et les dettes au fonds de commerce et d'en faire elle aussi un petit patrimoine. C'est à ce titre que nous l'avons rangée parmi les conceptions du fonds de commerce comme patrimoine commercial. Elle se distingue cependant des théories allemandes en ce qu'elle est moins absolue et que son effet semble, d'après ses auteurs se borner à la solution de la question du sort des créances et des dettes ; on n'y trouve plus la même tendance à faire rentrer dans le fonds de commerce le capital affecté à l'entreprise.

Elle s'en distingue surtout en ce que la séparation qu'elle établit entre le patrimoine commercial et la fortune privée du négociant est beaucoup moins tranchée : le fonds de commerce ne constitue pas le gage exclusif des créanciers commerciaux, et en cas de faillite, il n'y aura qu'une masse de créanciers. En effet, la communauté conjugale, l'hérédité sont des universalités de droit, et cependant, les créanciers personnels des époux con-

---

(1) *Des contrats par correspondance*, Paris, 1895, N° 263 *bis*, p. 243 et s. V. *supra*, p. 53.

courent avec ceux de la communauté ; pour que l'hérédité soit affectée au gage exclusif des créanciers héréditaires, il faut faire intervenir le bénéfice de la séparation des patrimoines.

La théorie de l'universalité de droit peut donc servir de transition entre les conceptions qui voient dans le fonds de commerce un patrimoine à part et celles qui ne le considèrent que comme un groupement de valeurs diverses.

§ II. — Du fonds de commerce envisagé comme la réunion d'éléments juridiques divers entre les mains du commerçant.

La théorie présentée par Proudhon et par M. J. Valéry n'a eu en France que peu de succès. La majorité des auteurs et la jurisprudence refusent au fonds de commerce le caractère d'une universalité de droit comportant un actif et un passif propres, pour n'y voir qu'un ensemble de valeurs réunies entre les mains du commerçant par leur commune destination et dont les principales sont celles qui ont été étudiées dans le chapitre premier. Cette conception est en harmonie avec la pratique française qui ignore à peu près les reprises d'actif et de passif.

D'accord sur cette prémisse, les auteurs se séparent, lorsqu'il s'agit de déterminer en droit la nature du lien qui unit les éléments du fonds. Les uns, tout en refusant au fonds de commerce la personnalité et la patrimonialité, veulent en faire un bien distinct de ses éléments. S'il n'est pas ce qu'on désigne ordinairement sous le nom d'universalité de droit, c'est-à-dire un ensemble de biens comportant des créances et des dettes propres, il n'est pas non plus constitué par la simple juxtaposition de valeurs différentes, conservant leur indépendance de nature et jouissant d'une condition juridique autonome. Le lien qui unit ces valeurs est un lien de droit qui établit entre elles une communauté de condition, de sorte qu'en présence d'un contrat ou d'un acte juridique ayant le fonds pour objet, l'ensemble de ses éléments doit être soumis à une loi unique. C'est en ce sens que de nombreux arrêts ont qualifié le fonds de commerce d'universalité juridique (1).

Pour d'autres auteurs, au contraire, si l'identité de destination permet d'établir un certain lien entre les éléments du fonds, c'est là un lien de pur fait, et chacun d'eux n'en conserve pas moins son individualité et peut faire l'objet de contrat ou d'actes juridiques particuliers (2).

Juridiquement, ils sont indépendants les uns des autres : « Nous ne voyons pas trop, dit M. Thaller, pourquoi » l'on veut à toute force voir dans le fonds de commerce » une universalité juridique. Nous y trouverions plutôt

---

(1) V. Ch. Simon. Op. cit., p. 25 et suiv.

(2) Alauzet. Art. *Fonds de commerce*, dans le *Dictionnaire du commerce*, de Guillaumin, p. 1263 et suiv. — Dutruc. *Dict. du contentieux comm. et industr.*, art. *Fonds de commerce*, II, p. 14. — Dalloz. *Code de commerce annoté*, appendice I, *Propriété industrielle*. — Lyon-Caen et Renault. *Traité*, III, 2e éd., Nos 245, 245 *bis*, p. 170, 171. — Lèbre. *Traité*, Nos 1 et suiv. — Pélissier. *Des conditions de la vente d'un fonds de commerce* (Thèse, Paris, 1898, p. 5 et suiv.). — Montier. *Des nantissements de fonds de commerce*, Paris, 1900, No 42, p. 26 et suiv. — Catalan. Op. cit., p. 30 et suiv.

» un assemblage de valeurs qui, les unes, comme la clien-
» tèle, ont une nature immatérielle, tandis que d'autres,
» telles que les marchandises, sont des meubles corporels ;
» il faut appliquer à chacune de ces valeurs prise à part
» des autres, les règles qui conviennent à sa nature intrin-
» sèque. Nous doutons fort de la nécessité d'ouvrir, dans
» les cadres de notre droit, une rubrique nouvelle à cette
» agglomération de valeurs considérées comme une chose
» distincte des éléments qui la composent » (1).

Cette théorie a été aussi soutenue par de nombreux arguments, dans une note de jurisprudence de M. Wahl : « Pour que le fonds fut une universalité juridique, il
» faudrait que, comme tel, il eut des caractères particu-
» liers et qu'il fut regardé par la loi comme étant entière-
» ment distinct des éléments qui le composent, car le
» propre de l'universalité juridique est, comme le nom
» l'indique, d'avoir une existence juridique ; l'hérédité,
» qui est susceptible d'une prescription indépendante des
» éléments qui la composent, peut être qualifiée d'univer-
» salité juridique, mais osera-t-on soutenir qu'un fonds
» de commerce qui, droit au bail, achalandage, matériel
» et marchandises, peut être acquis par la prescription ?
» Non, et dès lors, on refusera au fonds de commerce le
» caractère d'universalité juridique. » (2)

---

(1) THALLER. Chronique des *Ann. de dr. commercial*, 1889, p. 221. — V. aussi *Traité élém. de dr. comm.*, 1re éd., Nos 72 et suiv., p. 59 et suiv. ; 2e éd., Nos 86 et suiv., p. 66 et suiv., et No 1902, p, 576, 577.

(2) Note dans SIREY, 1897, II, 82.

Donc, dans cette théorie, en cas d'aliénation, il y aura autant de cessions différentes qu'il y aura d'éléments transmis au successeur, et il ne sera pas question d'un contrat portant sur un objet unique. De même, en cas de constitution de gage, le négociant engagera en réalité un certain nombre de valeurs diverses et devra observer, pour chacune d'elles, les règles particulières qu'impose sa nature juridique propre. Cette conséquence, rejetée aujourd'hui par la loi du 1er mars 1898 était vivement défendue lorsque la législation était encore muette sur la question.

Enfin, il faut signaler une tendance récente à restreindre encore la notion fonds de commerce : on a remarqué que certains éléments du fonds peuvent en être séparés par un acte juridique, sans que la nature juridique de celui-ci soit modifié, et certains auteurs sont arrivés à considérer ces éléments comme ne rentrant pas dans la notion essentielle du fonds de commerce ou comme étant seulement les accessoires de l'élément le plus important : la clientèle et les valeurs économiques destinées à la fixer. Si cette théorie n'a pas encore été formulée d'une façon catégorique, la tendance en ce sens est manifeste. Pour les uns, le matériel ne rentre pas nécessairement dans la notion du fonds de commerce (1), ou bien il n'est qu'un accessoire de l'achalandage (2); d'autres, comme nous l'avons déjà vu, considèrent les marchandises comme

---

(1) MAILLARD. Art. *Fonds de commerce* dans le *Répertoire* de M. LABORI.
(2) LÈBRE. Op. cit., N° 7, p. 6.

étant séparées du fonds lui-même (1). On insiste, au contraire, sur l'importance des éléments incorporels et particulièrement de la clientèle qui est « l'élément prépondérant, » et même l'unique élément, si « l'on s'occupe de la nature incorporelle du fonds (2). »

§ III. — Discussion de la nature juridique du fonds de commerce.

Avant d'entrer dans la discussion de toutes ces conceptions contradictoires, il importe de remarquer. avec M. Gombeaux (3), que nous sommes en réalité en présence d'une double notion du fonds de commerce : tandis que les trois premiers systèmes s'attachent de préférence au patrimoine commercial et font entrer dans la notion fonds de commerce, non seulement les valeurs qui permettent la mise en œuvre de l'entreprise mais encore le capital même affecté à l'exercice du commerce, les autres n'y comprennent que les éléments qui permettent la mise en œuvre de l'entreprise et ses rapports avec le public. Dans

---

(1) Nantet. Op. cit., p. 13. — Montier. *Des nantissements de fonds de commerce*, chap. V.

(2) Thaller. *Traité*, 2e éd., No 82, p. 64. — V. aussi R. de Couder. *Dict. de dr. comm.*, art. *Fonds de commerce*, IV, p. 356. — Pélissier. *Des conditions de validité d'une vente de fonds de commerce* (Thèse, Paris, 1898, Nos 7 et suiv., p. 5 et suiv.). — Olivier. Op. cit., No 16. — Cpr Marcadé. *Explication théorique et pratique du Code civil*, 7e éd., II, 1873, Nos 467, 468. — Lèbre. Op. cit., No 5, p. 5. — Hug. *Commentaire theor. et prat. du Code civil*, IV, p. 231.

(3) Op. cit., p. 55.

cette notion plus restreinte, le fonds de commerce ne comprend que les valeurs qui ont été étudiées dans le chapitre premier.

Nous ne nous attarderons pas à la discussion des théories qui prennent le terme fonds de commerce dans son acception la plus large. Elles se heurtent à des principes formels de droit positif et ne peuvent être présentées que comme de purs concepts législatifs.

En ce qui concerne la première, il est universellement admis que la fiction de la personnalité morale ne peut résulter au moins indirectement que d'une disposition légale. La personnalité des sociétés, si elle n'est pas édictée expressément, semble au moins découler de l'article 1860, Code civil pour les sociétés civiles, et de l'article 529 pour les sociétés commerciales (1), et aucun texte analogue ne peut être invoqué pour les fonds de commerce.

D'ailleurs, même en Allemagne cette théorie n'a eu qu'un succès restreint, malgré la base qu'elle semblait pouvoir invoquer dans l'institution de la *Firma*. Du reste, même au point de vue purement législatif, cette idée de personnalité appliquée à un patrimoine qui a un maître bien et réellement existant est inadmissible. Sans doute, cette théorie individualise parfaitement le fonds de commerce, mais on ne peut nier que cette prééminence qu'elle lui

---

(1) Lyon-Caen et Renault. *Manuel*, N° 125. — Cass., 23 février 1891, D., 91, I, 337 ; Cass., 2 mars 1892, S., 1892, 1, 497.

reconnaît sur son titulaire soit excessive : « Les droits
» ne sont possibles que là où ils atteignent leur destina-
» tion et là où ils peuvent être utiles à leur ayant droit.
» Un droit qui ne peut jamais atteindre ce but dans la
» personne de l'ayant droit est une chimère inconciliable
» avec l'idée fondamentale du droit. Pareille anomalie
» ne peut exister qu'en apparence. Le sujet apparent du
» droit cache le véritable.

» Dès qu'on perd de vue cette idée fondamentale du
» droit que l'homme seul est le destinataire des droits, on
» ne s'arrête plus dans la voie de la personnification (1). »

En outre, la théorie du fonds de commerce considéré
comme personne morale aboutit à des conséquences contradictoires : Comment admettre qu'une personne morale
puisse être cédée, mise en gage, et soit à la fois, comme le
soutiennent les partisans de ce système, sujet et objet de
droit (2) ?

Quant à la théorie du patrimoine d'affectation, les dispositions les plus certaines du droit positif s'opposent à
son admission. Il faudrait un texte formel pour qu'on
puisse faire échec au principe de l'unité de patrimoine
consacré par l'article 2092 du Code civil, d'après lequel
tous les biens d'un débiteur constituent le gage commun
de ses créanciers. Or, en ce qui concerne les fonds de
commerce, il n'existe aucune institution analogue à la

---

(1) R. Ihering. *Esprit du droit romain*, trad. de Meulenaere, t. IV, p. 341.
(2) Gombeaux. Op. cit., p. 59.

séparation des patrimoines. Au contraire, les règles de la faillite supposent la confusion du patrimoine commercial et du patrimoine civil. Il n'y a qu'une masse de créanciers, et tous, que leur créance soit civile ou commerciale, concourrent sur tous les biens du commerçant, sans que ceux qui étaient spécialement affectés à l'exploitation forment un gage spécial à certains créanciers.

A un autre point de vue, l'article 8 du Code de commerce suppose la même confusion, puisqu'il impose au commerçant l'obligation de faire figurer sur ses registres, à côté des recettes et dépenses commerciales, les dépenses faites par lui pour l'entretien de sa maison.

Quant à l'assimilation qu'on a voulu établir entre le fonds de commerce et le pécule servile, il n'y a pas lieu de s'y arrêter. On a fait justement remarquer qu'il s'agissait là d'institutions spéciales, ayant une raison d'être particulière et fort éloignées de celles du droit moderne. La *merx peculiaris* formait bien jusqu'à un certain point le gage exclusif des créanciers commerciaux, et il semble bien que, pour chaque *merx*, il y avait une masse de créanciers distincte (1), mais il n'y a pas d'argument à en tirer au point de vue de droit actuel, et ces règles tiennent uniquement à la réglementation spéciale qui régissait les rapports entre maîtres et esclaves.

---

(1) D., XIV, IV, *de trib oct*, § 15 et 16. — V. l'introduction historique. et ACCARIAS, *Précis de droit romain*, 4ᵉ éd., t. II, p. 1031, 32, Nᵒ 880.

Ce n'est pas parce qu'il était affecté à une destination commerciale que le pécule formait une sorte de patrimoine distinct, mais bien parce qu'il était en quelque sorte abandonné à l'esclave. Les règles suivies paraissent d'ailleurs avoir été différentes dans l'hypothèse d'une exploitation dirigée par un homme libre.

Il est donc incontestable que l'indépendance du patrimoine commercial doit être restreinte aux cas de fonds de commerce exploité par une société. C'est d'ailleurs la solution qui a triomphé en Allemagne avec le nouveau code de commerce de 1897, malgré la tendance pratique de faire du fonds de commerce un ensemble juridique organisé et malgré l'extension donné aux cessions globales, avec actif et passif.

C'est que la théorie du patrimoine d'affectation, comme celle de la personnalité morale du fonds de commerce, se heurtaient à des principes de droit positif, analogues à ceux qu'elles ont rencontré en droit français, et surtout qu'on a pu, sans avoir recours à ces constructions juridiques, donner satisfaction aux aspirations du monde commercial.

La doctrine allemande a su se débarrasser des vieilles conceptions romaines sur le caractère personnel de l'obligation, et a préparé la voie au législateur qui, dans le code civil de 1896 et le code de commerce de 1897, a institué une succession à titre particulier aux dettes, de sorte qu'aujourd'hui le cessionnaire d'un établissement commercial transmis avec la *firma* répond des obliga-

tions contractées par le cédant à l'occasion de l'exploitation (1).

La théorie du fonds de commerce universalité de droit
a été contestée même en Allemagne, et en France elle
n'a eu que peu de succès. Il y a là un ordre d'idées qui
est resté étranger au monde commercial et la jurisprudence n'a eu que rarement à se prononcer sur ce point.
On peut surtout reprocher à cette conception, comme à
celle du patrimoine d'affectation, de faire échec au principe de l'unité de patrimoine ; on a fait remarquer aussi
que le texte de Papinien, qui est le principal argument
invoqué en sa faveur, se place dans l'hypothèse spéciale
d'une *mensa argentaria,* c'est-à-dire d'un établissement
de banque composé surtout de créances et de dettes ;
mais ce qui l'a fait surtout repousser par la doctrine,
c'est l'absence de texte consacrant cette organisation.

Au point de vue purement législatif, la séparation des
valeurs affectées au commerce de la fortune privée du
négociant peut, comme à MM. Saleilles et Magnin,
sembler séduisante. Il est certain que la séparation du
patrimoine commercial et du patrimoine civil trouve une
certaine base dans la réalité des faits : « Il y a dans le
» commerçant deux hommes, en ce sens qu'il ne se livre

---

(1) V. C. com. all. de 1897, § 25, trad. Ritleng et Gruber. — Catalan.
Op. cit , p. 211 et s. — Gaudemet. *Etude sur le transport de dettes à titre
particulier*, p. 484 et suiv. — Saleilles. *De la cession de dettes*, Nos 34 et suiv.
Ann. de dr comm., 1890, p. 35 et suiv. — Magnin. Op. cit., No 12.

» pas seulement à l'exploitation de son commerce, mais
» qu'il fait aussi des actes juridiques étrangers à son
» exploitation (1). » Les règles de la faillite contiennent
aussi le germe d'une distinction entre créanciers commerciaux et créanciers civils, puisqu'il faut, pour la mise
en faillite, qu'il y ait suspension du paiement des dettes
commerciales (2).

On peut également trouver, dans les décisions de la
jurisprudence, des traces de cette idée qu'un établissement commercial possède une individualité juridique
distincte de celle de son titulaire. On peut signaler en ce
sens la tendance des tribunaux à admettre la pluralité de
faillites, la pluralité de domiciles (3). A propos de la
question de savoir si, dans une cession de fonds de commerce, sont comprises les médailles et les récompenses,
on a distingué entre celles qui avaient été obtenues par
le commerçant personnellement et celles qui avaient été
décernées à la maison de commerce (4).

De même, à propos de certains contrats d'édition, pour
trancher la question de savoir si la cession du fonds, faite

---

(1) LYON-CAEN et RENAULT. *Traité*, t I, N° 653.

(2) En ce sens, BÉDARRIDE *Traité des faillites et banqueroutes*, I, 4e éd.,
N° 19. — RUBEN DE COUDÉR. Op. cit., art. *Faillite*, N° 51. — LYON-CAEN et
RENAULT. Op. cit., VII, N° 62. — Riom, 2 février 1898, S., 98, II, 104.

(3) LYON-CAEN et RENAULT. Op. cit., I, N° 401 *bis*. — BAUDRY-LACANTI
NERIE et HOUQUES-FOURCADE. *Des personnes*, N°s 1014 et suiv. — Cass., 5 juillet 1897, *Gaz Pal.*, 31 juillet 1897. — Bordeaux, 1er juin 1898, *Gaz. Pal.*,
21 juillet 1898.

(4) Paris, 20 avril 1894, S., 95, II, 41.

par l'éditeur, délie l'auteur du traité en cours à ce moment, on a distingué, suivant que l'auteur a eu en vue la personnalité privée ou la personnalité commerciale de l'éditeur (1).

Mais il faut surtout voir là des théories inspirées par quelque principe particulier, et il serait exagéré d'en déduire que la législation ou la pratique aient reconnu au commerçant une double personnalité, ou que la faillite soit une institution particulière au pécule commercial. Une fois déclarée elle produit ses effets sur tout le patrimoine et au profit de tous les créanciers ; quant aux systèmes des faillites multiples, ou de la pluralité de domiciles, il ne faut y voir qu'une simple question de procédure, sans que personne ait jamais soutenu qu'il y ait un gage spécial à chaque entreprise commerciale (2).

On peut seulement retenir ces solutions à titre d'indications pour le législateur et souhaiter que le commerçant puisse scinder son patrimoine, pourvu que cette séparation entre le patrimoine civil et le patrimoine commercial soit accompagnée d'une publicité qui avertirait suffisamment les tiers et indiquerait d'une façon précise les biens qui seraient affectés au patrimoine commercial et formeraient le gage exclusif des créanciers commerciaux (3).

---

(1) Paris, 16 janvier 1896, S., 97, I, 47. — Catalan. Op. cit., p. 49 à 52. — Gombeaux. Op. cit, p. 237. — Ch. Simon. Op. cit., p. 26.

(2) Boistel. *Précis de droit commercial*, 2e éd., No 899. — Lyon-Caen et Renault. Op. cit., VII, Nos 16 et s.

(3) Saleilles. *Commandite*, op. cit., No 61, p. 39 et suiv.

Nous croyons cependant, avec M. Gombeaux (1), que cette indépendance juridique du fonds de commerce exploité par un individu est moins désirable que celle du fonds social. Elle serait d'abord peu conforme aux habitudes de la pratique française, qui ignore à peu près les cessions globales d'entreprise, avec actif et passif, et ne semble pas répondre à un besoin du monde commercial.

En outre, la séparation de fait entre l'apport d'un associé et le reste de sa fortune est beaucoup plus marquée que celle qui existe entre le patrimoine commercial et le patrimoine civil du négociant. La principale raison de la séparation juridique qui en résulte est donnée par M. Thaller : « Le commerçant qui n'a pas d'associé » dirige avec une entière maîtrise ses diverses natures » de biens.

» Il dépend de lui, pour conserver un crédit, de ne pas » se charger, en dehors de son commerce, d'engagements » dont finiraient par s'inquiéter ses fournisseurs en » affaires. Dans une société, au contraire, il importait » de défendre l'actif social contre un gaspillage que » l'associé à part des autres ferait de son propre patri-» moine. Il fallait assurer la stabilité de la société et lui » permettre de poursuivre sa destination.

» Il convenait de préserver tous les associés et chacun » d'eux, contre les maladresses et les faux calculs de l'un » quelconque d'entre eux (2). »

----

(1) Op. cit., p. 62, 63.
(2) *Traité élém.*, N° 204.

Cette notion large du fonds de commerce considéré comme patrimoine commercial offre incontestablement un terrain plus favorable aux constructions juridiques. Mais tel n'est pas le sens ordinaire donné à ce terme par la doctrine et surtout par la pratique, et c'est à une notion plus restreinte que nous nous arrêterons désormais, en nous plaçant exclusivement sur le terrain du droit positif. Nous n'avons donc plus qu'à prendre parti entre la théorie de l'universalité juridique et celle de l'universalité de fait, et le problème qu'il s'agit de résoudre peut être ainsi formulé : Etant donné qu'il faut entendre par fonds de commerce l'ensemble des objets et des droits qui permettent la mise en œuvre d'une exploitation commerciale, c'est-à-dire en prenant un type moyen : la clientèle et les éléments immatériels qui peuvent l'attirer ou la fixer (nom commercial, enseigne, marques et modèles, brevets d'invention, etc.), le droit au bail des locaux où s'exerce le commerce, les marchandises et le matériel d'exploitation, quelle est la nature du lien qui unit ces diverses valeurs? Peut-on reconnaître à leur ensemble une nature juridique homogène, de façon à pouvoir en faire l'objet d'un contrat en observant une loi unique et commune? On arrive sans difficulté à ce résultat pour les universalités de fait qu'on donne généralement pour types, tous leurs éléments ayant une même nature juridique et étant susceptibles de se remplacer réciproquement, mais la diversité des éléments constitutifs du fonds de commerce, dont les uns sont corporels et les autres incorporels, vient compliquer la question.

Si nous nous plaçons au point de vue théorique et abstraction faite de toute application pratique, nous croyons que le lien de fait qui unit les éléments du fonds de commerce est insuffisant pour conférer à l'ensemble un caractère juridique propre. Sans doute, dans le domaine économique la communauté de destination donne à ces éléments une certaine cohésion, mais même en pratique, la fusion qui se produit entre eux n'est pas si complète que chacun d'eux ne conserve une certaine individualité et ne puisse être envisagé isolément. Le matériel peut être vendu séparément, le stock des marchandises peut être liquidé sans que le fonds de commerce cesse de subsister. Cette idée trouve un point d'appui dans la coutume française, de fixer, en cas de cession, un prix séparé : d'une part, pour l'achalandage et les valeurs qui s'y rattachent, et, d'autre part, pour les marchandises. A plus forte raison, ces diverses valeurs doivent-elles être considérées comme juridiquement indépendantes les unes des autres et comme conservant leur autonomie juridique.

L'idée d'universalité appliquée au fonds de commerce nous paraît même discutable. De l'analyse à laquelle nous nous sommes livrés dans le chapitre premier il résulte, en effet, que, réduit à sa plus simple expression et considéré dans son essence, le fonds de commerce se réduit à une clientèle. Près de cet élément capital et seul nécessaire viennent se grouper des valeurs diverses, qui exercent une certaine influence sur sa conservation ou son accroissement, ou permettent le fonctionnement de l'entre-

prise. Il nous paraît difficile d'assimiler cet ensemble à un troupeau. « Qu'on s'efforce de construire une théorie
» du patrimoine ou de l'hérédité et qu'on présente une
» autre conception s'appliquant au troupeau et aux autres
» hypothèses du même ordre où les divers éléments de
» l'ensemble considéré peuvent se remplacer réciproque-
» ment, rien de mieux. Mais pourquoi, sur ces deux
» notions, sans aucune relation juridique entre elles,
» vouloir édifier une théorie générale de l'universalité et
» y distinguer ensuite une double catégorie, dont la for-
» mule doive s'imposer nécessairement à toutes les masses
» de biens, quelles que soient les différences qui les
» séparent (1) ? »

Aussi croyons-nous qu'il est préférable d'écarter de la terminologie relative aux fonds de commerce ces expressions d'universalité de fait ou d'universalité juridique qui ne peuvent qu'être la source de confusions.

Ce qui nous paraît certain, c'est qu'au moins avant 1898, l'achalandage, le matériel, les marchandises devaient être considérés comme conservant leur nature et leur condition juridiques indépendantes, de même qu'elles gardaient leur caractère économique particulier. Sans doute, le matériel et les marchandises sont les accessoires de l'achalandage et, par suite, on pouvait être tenté de leur appliquer la règle *accessorium sequitur principale* et de décider qu'ils devaient suivre le sort de l'élément principal dont la nature est incorporelle. On

---

(1) Gombeaux. Op. cit., p. 37.

serait ainsi arrivé à l'homogénité du fonds sans qu'il soit besoin d'avoir recours à l'idée d'universalité juridique. Lorsque des meubles sont placés dans un immeuble pour son utilité, il n'y a pas là d'universalité juridique, et cependant ces objets perdent leur nature mobilière pour emprunter celle de l'immeuble, et cela par suite de leur caractère d'accessoires. Mais en ce qui concerne les fonds de commerce, pour adopter une solution analogue, pour admettre que certains éléments perdaient leur nature corporelle et empruntaient celle de l'achalandage, il semble qu'un texte eut été nécessaire ; il aurait fallu qu'ils fussent légalement les accessoires de l'achalandage et il était impossible, avant 1898, d'invoquer une disposition analogue à celles qui organisent l'immobilisation par destination.

Il en résultait, en cas de cession, que chacun des éléments du fonds, conservant sa nature propre, était en réalité l'objet d'un contrat séparé et que, seules, les valeurs dont l'aliénation avait été prévue spécialement devaient être considérées comme transmises à l'acquéreur, sauf à interpréter équitablement la volonté des parties. Il en résultait aussi, comme nous le verrons plus loin, qu'en cas de constitution de gage sur le fonds, il y avait autant de nantissements distincts que de valeurs engagées. Cette application avait soulevé de graves difficultés pratiques, mais elles tenaient uniquement à la nature des formes de publicité exigées par la loi et on ne pouvait en tirer d'objections sérieuses contre cette théorie.

Faut-il admettre d'autres principes sous l'empire de la

loi du 1ᵉʳ mars 1898? Quelle a été son influence sur la nature juridique du fonds de commerce? Le législateur a voulu avant tout faire œuvre pratique et il n'a nullement précisé la notion du fonds de commerce, mais on peut cependant trouver dans le texte de la loi des indications utiles.

Un point qui paraît désormais certain, c'est qu'une seule formalité suffit pour la mise en gage des divers éléments du fonds (1). Faut-il en conclure que la loi du 1ᵉʳ mars 1898 en a fait une véritable universalité de droit, comportant un actif et un passif propres?

M. Magnin (2), se fondant sur les affirmations du rapporteur de la loi au Sénat, M. Thézard, qui a comparé le fonds de commerce à l'hérédité et l'a qualifié d'universalité juridique, est d'avis que le texte nouveau a eu pour effet de faire du fonds de commerce un ensemble patrimonial indépendant. Aux yeux du législateur, l'identité de destination crée entre les divers éléments du fonds un lien qui en fait un ensemble indivisible et un patrimoine indépendant, comparable à l'hérédité : « Il est permis aujour-
» d'hui de voir dans le fonds de commerce une universalité
» juridique, c'est-à-dire une sorte de pécule commercial

---

(1) Cette solution elle-même a été contestée ; certaines décisions de jurisprudence n'ont vu, dans l'inscription au greffe, qu'une formalité nouvelle s'ajoutant à celles qui étaient antérieurement exigées. Nous la considérerons cependant, dès maintenant, comme certaine, sauf à examiner plus loin les objections qui ont été faites contre elle.

(2) Op. cit., Nᵒˢ 9 et suiv., *Ann. de dr. comm.*, 1899, p. 398 et suiv.

» séparé, par sa destination même, des autres biens du
» commerçant, ayant ses créanciers et ses débiteurs, et
» dont l'aliénation comporte de plein droit cession à l'ac-
» quéreur des créances et des dettes qui en dépendent (1). »

Il semble qu'il y a là une exagération et que le législateur, comme la jurisprudence antérieure, n'a eu recours
à cette idée d'universalité juridique que comme moyen de
justifier l'homogénité du fonds. Jamais il n'est entré dans
sa pensée de lui reconnaître la valeur d'un patrimoine
d'affectation, les travaux préparatoires ne contiennent
aucune allusion à cette idée, et en tout cas, le texte de la
loi est bien insuffisant pour qu'on puisse en tirer une telle
conséquence.

On lui a même refusé toute portée et on a soutenu qu'il
ne fallait y voir qu'une disposition de forme qui ne touche
nullement au fond du droit, et que le fonds de commerce
est resté, comme par le passé, une simple universalité de
fait : on a fait remarquer qu'il y avait quelque chose de
contradictoire dans une universalité juridique qui ne comprend ni créances ni dettes (2).

C'est là une autre exagération qui, comme la précédente, est causée par l'imprécision de la notion d'universalité juridique et par cette idée préconçue qu'elle comprend nécessairement un actif et un passif. Nous croyons,
avec M. Gombeaux (3), que cette idée gagnerait à être

---

(1) Op. et loc. cit.
(2) NANTET. *Des fonds de commerce,* chap. III, sect. I.
(3) Op. cit , p. 37.

présentée comme une explication spéciale de la nature du fonds de commerce et non comme une application à cette matière d'une théorie plus générale. Quoiqu'il en soit, dans bien des applications pratiques, la distinction classique entre *universum jus* et *universum corpus* est indifférente.

Ce qui nous paraît certain, c'est que le fonds de commerce doit être aujourd'hui considéré comme un ensemble de biens ayant une condition juridique uniforme. Cette solution, si elle n'est pas formulée par la loi d'une façon explicite, s'y trouve cependant à l'état latent et résulte de ce fait qu'une mesure de publicité unique suffit pour les divers éléments du fonds, qu'ils soient corporels ou incorporels. Pour nous, la loi de 1898 a simplement fait à notre matière l'application de la théorie de l'accessoire. Le fonds de commerce proprement dit n'est autre chose que l'achalandage d'un établissement déterminé, la situation, la notoriété acquise par cet établissement, c'est-à-dire une valeur économique analogue au droit de présentation à un office ministériel, à la propriété artistique et littéraire. A côté de cet élément capital existent des accessoires que la loi de 1898 lui a rattachés par un lien analogue à celui qui unit à l'immeuble les objets immobilisés par destination et qui, par conséquent, suivent le même sort, sont soumis aux mêmes règles et forment avec lui un ensemble doué d'une nature juridique homogène. Mais le fonds ne se confond pas avec le patrimoine commercial dont il ne comprend que

les éléments les plus caractéristiques et dont il se distingue comme le contenu du contenant. On peut dire qu'il
est doué de l'individualité, mais non de l'indépendance
juridiques, en ce sens qu'il ne comporte ni actif ni passif.

Sa nature juridique interne étant ainsi précisée, il
nous reste à déterminer la place qu'il occupe dans les
diverses classifications des biens.

SECTION II

**Le fonds de commerce et les diverses classifications
des biens.**

On distingue généralement, parmi les biens, les
meubles et les immeubles, les choses corporelles et incorporelles, les corps certains et les choses fongibles, les
biens consomptibles ou non consomptibles par le premier
usage. Quelle est la place qu'on doit assigner au fonds de
commerce dans ces diverses classifications qui entraînent
souvent des conséquences pratiques importantes?

§ I. — LE FONDS DE COMMERCE AU POINT DE VUE DE
LA DISTINCTION ENTRE CORPS CERTAINS ET CHOSES FON-
GIBLES, ENTRE CHOSES CONSOMPTIBLES OU NON CON-
SOMPTIBLES PAR LE PREMIER USAGE.

Nous ne posons cette question que parce qu'elle a été
autrefois discutée et sa solution ne peut guère être douteuse aujourd'hui. La controverse qui a existé sur ce
point se rattache à la conception primitive et étroite,

7

d'après laquelle le fonds de commerce n'était autre chose qu'un ensemble de marchandises, c'est-à-dire de choses fongibles.

C'est en partant de cette idée qu'on a soutenu que le fonds, étant exclusivement composé de choses fongibles et consomptibles par le premier usage, l'ensemble empruntait la nature de ses éléments constitutifs et n'était, par suite, susceptible que de quasi-usufruit. Cette théorie a été défendue par Proudhon (1) et par quelques anciennes décisions de jurisprudence. C'est ainsi qu'il a été jugé que l'usufruitier d'un fonds de commerce a non seulement le droit de l'exploiter, mais aussi celui de le vendre, et que dans ce dernier cas, il n'est tenu à la fin de l'usufruit que d'en rendre la valeur : que la veuve usufruitière d'un fonds de commerce et qui en continue l'exploitation en est réputée véritable propriétaire et ne doit compte que de la valeur estimative. (2) Un autre arrêt décide que l'usufruit d'un fonds de commerce doit être considéré dans son ensemble, qu'il constitue un tout indivisible, dans lequel domine le caractère d'objet fongible (3).

Ces décisions sont restées isolées et l'opinion de Proudhon n'a pas prévalu, même dans cette notion restreinte du fonds de commerce. On lui a vite reconnu le caractère

---

(1) *Traité des droits d'usufruit*, II, Nᵒˢ 1845 et suiv.

(2) Cass., 9 messidor, an II ; Rouen, 5 juillet 1824, D , Rép. *Usufruit*, Nᵒˢ 204, 205. S., 1822-24, II, 398 — Toulouse, 18 décembre 1832, S . 33, II, 809.

(3) Paris, 27 mars 1841, D.. Rép. *Ibid*.

d'un tout subsistant malgré la fongibilité de ses parties. C'est à ce sujet qu'on a commencé a faire intervenir la notion d'universalité tirée des textes romains (1) et qu'on a assimilé le fonds à un troupeau : « Les marchandises » nouvelles qui prennent la place des anciennes repré- » sentent celles-ci, de sorte que le fonds est censé ne pas » éprouver de changements. Il persiste à l'égal d'un » troupeau dont les bêtes sont remplacées par d'autres » bêtes. » (2) C'est cette idée qui a triomphé depuis longtemps. La Cour de cassation, dans un arrêt du 20 avril 1814, disait que « les marchandises nouvelles » sont subrogées à celles qui ont été vendues. » (3)

Aujourd'hui, le fonds de commerce étant constitué essentiellement par l'achalandage, valeur nettement individualisée, et les marchandises n'en étant plus que l'accessoire, on doit, à plus forte raison, lui reconnaitre le caractère d'un corps certain, non consomptible par le premier usage.

La conséquence la plus importante de cette idée, c'est que le fonds peut faire l'objet d'un usufruit véritable et non d'un quasi-usufruit, et que l'usufruitier ne peut en disposer sans en détruire la substance et sans excéder ses droits. Il devra donc rendre, à la fin de sa jouissance, la clientèle, le nom, l'enseigne, le matériel. Il pourra et

---

(1) Dig. XX, 1, *de pignor et hypoth.*, 34 pr.
(2) Troplong. *Traité du contrat de mariage*, I, N° 414.
(3) S., 1812-14, I, 553.

devra même vendre les marchandises, mais à condition de restituer un stock équivalent ou de tenir compte de leur valeur au nu-propriétaire (1).

La doctrine et la jurisprudence sont définitivement fixées en ce sens (2) et la controverse qui vient d'être signalée n'offre plus guère qu'un intérêt rétrospectif.

§ II. — LE FONDS DE COMMERCE AU POINT DE VUE DE LA DISTINCTION ENTRE MEUBLES ET IMMEUBLES

Nous avons vu, dans l'introduction de cette étude, que la question qui avait le plus préoccupé l'ancien droit était celle de savoir si le fonds de boutique était meuble ou immeuble. Les renseignements que nous possédons ne sont pas très explicites et il semble que la jurisprudence n'était pas fixée d'une façon bien nette. Sans qu'on puisse dire qu'elle soit jamais allée jusqu'à reconnaître d'une façon précise le caractère immobilier au « fonds de boutique », on peut cependant relever quelques tendances vers cette idée. Ce qui est certain, c'est qu'on l'a considéré comme un meuble d'une nature spéciale.

---

(1) V. sur les points particuliers : LÈBRE. Op. cit., Nos 9, 10 et suiv., p. 12 et suiv. — THALLER. *Sur la continuation d'un fonds de commerce par un héritier mineur. Ann. de dr. comm*, 1894, p. 241 et suiv. — *Si les bénéfices de commerce sont ou ne sont pas des fruits*. Même revue, 1896, p. 194 et suiv.

(2) DEMOLOMBE. *Des biens*, II, Nos 307 et suiv. — AUBRY et RAU, II, 5ᵉ éd., p. 740 et suiv. — RUBEN DE COUDER. *Dictionnaire*, art. *Fonds*, Nos 18 et suiv. — BAUDRY-LACANTINERIE et CHAUVEAU. *Des biens*, Nº 583. — PLANIOL. *Traité élém. de dr. civil*, Nº 1720 — Cass., 13 décembre 1842, S., 43, I, 22. Aix, 12 mars 1873, S, 78, II, 265. Cass., 26 février 1894, S., 95, I, 102.

Un arrêt du parlement de Besançon, du 31 août 1641, décide que : « les marchandises qui forment un fonds de boutique forment un seul tout et ce tout forme une universalité qui devient un *immeuble fictif* et dont l'usufruitier ne peut pas plus disposer que d'un immeuble réel » (1).

On trouve aussi dans Ferrières (2) « qu'un fonds de » marchandises constitue une universalité de meubles » qui peut donner lieu à complainte. »

D'autre part, un jugement du Tribunal d'appel de Besançon, du 23 thermidor an IX, s'exprime en termes analogues et fait allusion à cette nature particulière du fonds de boutique. On peut le considérer « comme uni- » versalité de meubles, ou comme un immeuble fictif ou » comme un meuble précieux. » (3)

Il y avait donc une tendance à séparer les fonds de boutique des autres meubles, à raison de leur importance et de leur reconnaître une nature particulière. Il semble notamment qu'on ait cherché à les rendre susceptible d'hypothèque. Cependant, en principe, c'est le caractère mobilier qui paraît avoir prévalu. Ainsi, un arrêt du parlement de Besançon, postérieur à celui qui a été cité plus haut, range un fonds de boutique parmi les objets mobiliers d'une succession (4).

Un jugement du tribunal de Cassation, du 8 fructidor

---

(1) Arrêt cité par Hartmann, op. cit., p. LVII, LVIII.
(2) Cout. de Paris, 1, 1534.
(3) S., 1791-an XII, I, 823.
(4) Arrêt du 21 juillet 1871. — Hartmann. Op. et loc. cit.

an III, ayant à interpréter l'art. 1, titre II, de la coutume de Lorraine, décide que : « nulle loi, nulle coutume et » nuls usages, n'ayant classé parmi les immeubles un » fonds de boutique composé d'objets purement mobiliers » dont la nature ne peut être changée par aucune dispo- » sition », il doit être réputé meuble (1).

En somme, malgré quelques divergences, le fonds de boutique était considéré comme meuble. Seul le matériel était immobilisé lorsqu'il était attaché à perpétuelle demeure et scellé « à fer et à cloux » aux locaux d'exploitation (2).

Cependant, en matière d'*offices*, la solution était diffé-rente et le *privilège*, c'est-à-dire l'autorisation royale ou seigneuriale d'ouvrir boutique et d'exercer un métier, était un véritable immeuble lorsqu'il était perpétuel et héréditaire et, par suite, vénal (3).

Il ne faudrait pas s'étonner, d'alleurs, si l'ancien droit avait compris les fonds de boutique parmi les immeubles. On sait, en effet, que sous l'empire de la maxime *res mobilis, res vilis*, on était enclin à attribuer le caractère immobilier à toute chose d'une valeur considérable, et il est naturel que cette tendance se soit manifestée en notre matière.

---

(1) DALLOZ. Rép. *l iens*, Nº 213.

(2) Un arrêt du Parlement de Paris, du 30 juillet 1598, avait déclaré meubles les presses de Robert Estienne, bien qu'elles fussent fixées « à fer et à cloux », parce qu'elles n'étaient pas attachées au sol à perpétuelle demeure (HARTMANN. Op. cit., p. LVII).

(3) Cout. de Paris, art. 95 ; Cout, d'Orléans, art. 485 ; Edit de février 1683.

Dans le droit moderne, les controverses sur la nature mobilière du fonds de commerce ont pris fin et tout le monde est d'accord pour le considérer comme un meuble (1). La question ne semble pas, en effet, pouvoir soulever de difficultés. Les immeubles sont énumérés limitativement par la loi et on ne peut songer à y comprendre les fonds de commerce qui ne figurent pas dans cette énumération. On peut aussi expliquer cette solution en disant que le fonds de commerce est un meuble, soit parce que tous ses éléments constitutifs sont des meubles (2), soit parce que c'est une universalité, c'est-à-dire une création idéale et immatérielle (3).

Cependant, lorsque le commerçant est propriétaire des locaux dans lesquels il exerce son exploitation, la question peut se trouver compliquée par la théorie de l'immobilisation du matériel par destination commerciale.

Il importe tout d'abord de remarquer que l'existence d'immeubles par nature dans l'exploitation ne peut avoir aucune influence sur la solution de la question et que ces immeubles doivent être considérés comme en dehors du

---

(1) AUBRY et RAU, II, 5e éd., p. 39. — BAUDRY-LACANTINERIE et CHAUVEAU. *Des biens*, N° 169. — PLANIOL. *Traité élém de dr. civil*, N° 873, p. 337. — DEMOLOMBE. *Distinction des biens*, N^{rs} 437 et suiv. — TROPLONG. *Du contrat de mariage*, I, p. 471; IV, p. 193. — RUBEN DE COUDER. Op. cit., N° 13. — BOISTEL. Op. cit., p. 288. — CATALAN. Op. cit , p. 66. — CH. SIMON. Op. cit., p. 66. — NANTET. Op. cit , p. 28.

(2) AUBRY et RAU. Op. cit., II, p. 28. — CATALAN. Op. cit., p. 69. — SIMON. Op. cit., p. 17.

(3) GOMBEAUX. Op. cit., p. 244.

fonds de commerce tel qu'on l'entend aujourd'hui. Il n'en serait autrement que si l'on admettait une des conceptions qui ont été examinées plus haut et qui ont pour résultat de faire du fonds un patrimoine spécial ; mais nous avons vu que ces théories devaient être rejetées dans l'état actuel du droit. Aussi les immeubles doivent-ils être juridiquement séparés du fonds proprement dit.

Nous ne croyons pas que la solution soit différente au cas où le matériel se trouve immobilisé par destination, c'est-à-dire lorsqu'il est placé dans des locaux appartenant au commerçant et dans les conditions requises par les articles 524 et 525 du Code civil. Il serait inexact de dire que le fonds constitue alors un ensemble partie mobilier et partie immobilier. Le matériel n'est, en effet, qu'un élément accessoire qui peut être séparé du fonds sans que celui-ci cesse de subsister dans son individualité. Aussi cette circonstance qu'il revêt le caractère immobilier n'apporte aucune modification à la nature du fonds proprement dit. Le seul résultat de cette immobilisation est de l'en séparer pour le rattacher à l'immeuble. Le fonds ne comprend plus que l'achalandage et les marchandises que leur destination et leur caractère de choses essentiellement fongibles font certainement échapper à toute immobilisation.

Il ne faut pas se dissimuler que cette solution entraîne de graves conséquences pratiques en dissociant les éléments du fonds, dont elle détruit l'unité. Elle présente des inconvénients pour le crédit du commerçant, qui obtiendra plus difficilement un terme pour le paiement de son outillage, car le matériel étant atteint par l'hypothèque qui porte sur l'immeuble lui-même, le vendeur craindra, à juste titre, de voir les objets vendus grossir le gage d'un créancier hypothécaire, puisque, d'après la jurisprudence de la Cour de cassation, le vendeur d'une chose mobilière ne peut, malgré les articles 592, 1°, et 593 du Code de procédure, opposer son privilège au créancier hypothécaire lorsque l'acheteur a transformé cette chose en un immeuble par destination (1).

Elle est encore regrettable au point de vue du nantissement ; elle diminue les droits du créancier nanti, et, par la dualité de procédure de réalisation qui en est la conséquence, aboutit au démembrement de l'exploitation, dont les éléments pourront aller à des acquéreurs différents.

Ces considérations expliquent qu'on ait fait des efforts pour échapper à l'immobilisation du matériel que certains auteurs ont niée purement et simplement (2). Mais c'est là une théorie qui paraît inadmissible. Il y a d'abord un cas dans lequel il ne saurait y avoir aucun doute. Le Code civil prévoit deux cas d'immobilisation par destination : L'un, qui résulte de l'établissement à perpétuelle demeure (art. 524 et 525) ; l'autre, de l'affectation d'un objet mobilier et corporel au service ou à l'exploitation de l'immeuble.

---

(1) Cass., 11 janvier 1887, S., 87, I, 154.

(2) V. NANTET. *Des fonds de commerce*, p. 33, 38. — MAGNIN, Op. cit., *Ann. de dr. comm.*, 1900, p. 28, note 1.

Il est certain que le premier de ces modes d'immobilisation ne peut être contesté et que lorsqu'un matériel commercial a été scellé à l'immeuble « en plâtre ou à » chaux, ou à ciment » et qu'il ne saurait être détaché « sans être fracturé ou détérioré, ou sans briser et dété- » riorer la partie du fonds à laquelle il est attaché », on ne peut nier qu'il soit immobilisé à perpétuelle demeure.

La question est plus délicate pour le second cas d'immobilisation et dans l'hypothèse où des objets mobiliers ont été non plus scellés, mais placés dans l'immeuble pour son exploitation. On a soutenu, en effet, que cette circonstance que le commerçant est propriétaire des immeubles dans lesquels se trouve son matériel ne modifie en rien la condition juridique de ce matériel. Les meubles, dit-on, ne deviennent immeubles par destination que lorsqu'ils sont les accessoires d'un immeuble et y ont été attachés pour son utilité. Or, il n'en est pas ainsi dans notre hypothèse, les objets mobiliers qui servent à une entreprise commerciale sont destinés, non pas à l'immeuble qui les renferme, mais à l'exploitation, au fonds de commerce. Ils ne répondent donc pas à l'idée à laquelle le législateur rattache la théorie de l'immobilisation par destination (1).

On va même jusqu'à dire que c'est l'immeuble qui est en réalité l'accessoire du fonds de commerce, lorsqu'il a été construit en vue de l'exploitation et ne pourrait recevoir une autre destination, sans de grandes et coûteuses

____

(1) Nantet. Op. et loc. cit.

transformations, comme cela se produit pour la plupart des hôtels, des grands bazars, des grands magasins : « En réalité, il arrive que l'immeuble même est aménagé » de façon à ne pouvoir servir qu'à l'exploitation du » fonds. Là, en fait, c'est l'immeuble qui est acces- » soire (1) ». Vouloir immobiliser le matériel, c'est donc renverser l'ordre économique; c'est, au contraire, l'immeuble qui devrait être ameubli, parce que, dans la pensée du négociant, il est un accessoire de l'achalandage. On peut relever des traces de cette idée dans un arrêt de la Cour de Montpellier du 29 novembre 1897, qui décide que « les immeubles peuvent être considérés » comme des meubles par la volonté des parties, » lorsqu'ils se confondent comme accessoires dans une » universalité mobilière, et qu'il en est ainsi notam- » ment des immeubles compris dans un fonds de » commerce » (2).

Malgré les avantages que pourrait présenter cette théorie, bien que la lettre de l'article 524 semble à première vue lui être favorable, et que souvent l'importance de l'immeuble s'efface devant celle de l'entreprise, nous croyons préférable de nous ranger à l'opinion de la majorité, qui admet l'immobilisation par destination commerciale.

Le principe posé par l'article 524 du Code civil

---

(1) Magnin. Op. et loc. cit.
(2) D., 99, I, 353.

est bien net et l'énumération qu'il donne des objets susceptibles d'être mobilisés n'est nullement limitative :

« L'article 524 est aussi général que possible dans ses
» termes, il veut que tout établissement, au fonctionne-
» ment duquel certains meubles sont nécessaires, les
» immobilise par cette adjonction :

» Il faut seulement, pour qu'il en soit ainsi, que le
» bâtiment ait été spécialement construit pour l'exploi-
» tation à laquelle servent les meubles dont il a été
» garni.

» Mais cette condition remplie, il n'y a pas une seule
» raison tant soit peu plausible, pour refuser à un hôtel
» ce qu'on est obligé d'accorder à tout autre établisse-
» ment industriel ou agricole (1). »

Sans doute, on peut dire qu'en fait l'immeuble est un accessoire de l'exploitation, mais peut-on soutenir sérieusement que cette circonstance peut en modifier la nature et qu'il peut être, selon l'expression de M. Nantet, « mobilisé par destination » ?

Le fait n'est pas le droit, et légalement, le matériel est l'accessoire de l'immeuble. On ne peut d'ailleurs nier que même en fait, il y ait entre eux un lien puissant. L'immeuble sert à l'exploitation, mais c'est le matériel qu'il renferme qui lui permet de remplir sa destination. Ce matériel est, en un certain sens, l'accessoire du fonds de commerce, mais son rôle ne peut s'exercer que par l'inter-

---

(1) Lyon-Caen. Note s. Cass., 31 juillet 1879, S., 80, I, 409.

médiaire de l'immeuble auquel il est intimement lié.

Mais, le principe admis, il y aura toujours avant tout une question de fait à résoudre pour savoir si l'immeuble a été spécialement construit en vue d'une destination commerciale. C'est l'opinion qui domine en doctrine et en jurisprudence (1).

Il y aurait un moyen plus radical d'éviter le démembrement du fonds causé par l'immobilisation du matériel seul; ce serait de reconnaître la nature immobilière du fonds tout entier. On pourrait soutenir que ce n'est pas le matériel seul qui donne à l'immeuble sa valeur et son utilité, mais bien le fonds de commerce lui-même, l'achalandage, l'enseigne, etc. Cette solution serait même pratiquement plus satisfaisante que celle qui consiste à nier l'immobilisation du matériel. Avec cette dernière, en effet, il faut encore séparer l'immeuble du fonds de commerce proprement dit, et la dualité de procédure d'expropriation n'est pas évitée. Au contraire, en immobilisant le fonds tout entier, tous les éléments caractéristiques de l'entreprise formeraient un ensemble homogène

---

(1) Caen, 1er avril 1879, S., 80, II, 331. Toulouse, 15 mai 1879, S., 80, II, 331. Toulouse, 4 août 1883, S., 84, II, 8. Seine, 20 mai 1884, *Gaz. trib.*, 10 juin 1884. Cass., 9 déc. 1885, S , 86, I, 201; 26 mai 1886, D., 87, I, 81; 2 août 1886, D.. 87, I, 203. Besançon, 13 avril 1892, D., 92, II, 551. — LAURENT. *Droit civil*, V, Nos 463, 464. — BAUDRY-LACANTINERIE et CHAUVEAU. *Des biens*, No 74, p. 72; Nos 75 à 85. — BELLOM. *Nantissement des fonds de commerce*, p. 30 à 35. — *Contra* : DEMOLOMBE. *Des biens*, I. 271. — LÉBRE. Op. cit., No 8, p. 8; No 168, p. 214. — CH. SIMON. Op. cit., p. 17. — CATALAN. Op. cit , p. 57. — NANTET. Op. cit., p. 31.

et de nature immobilière. (Il faudrait, il est vrai, mettre à part les marchandises qui, par leur nature, semblent devoir échapper à l'immobilisation, mais ce ne serait pas là un bien grave inconvénient).

Il ne saurait plus, dès lors, être question de nantissement et toutes les difficultés soulevées en cette matière seraient supprimées ; ce procédé ne trouverait plus son application que lorsque le commerçant ne serait pas propriétaire des locaux d'exploitation. Dans le cas contraire, le fonds tout entier étant immobilier, ne serait plus susceptible que d'hypothèque et l'acquéreur de l'immeuble hypothéqué deviendrait de plein droit acquéreur du fonds de commerce exploité dans cet immeuble. Dans les deux cas, l'unité du fonds serait maintenue.

Cette solution ne serait d'ailleurs pas sans précédent, puisque, comme nous l'avons vu, l'ancien droit immobilisait les titres de propriété des offices de commerce ; elle serait, de plus, conforme à l'idée économique qui a inspiré l'immobilisation par destination, dont le but est de procurer au propriétaire d'un immeuble le maximum de crédit hypothécaire.

Il semble cependant impossible de l'admettre dans l'état actuel de la législation et on ne peut relever dans la jurisprudence qu'une seule décision en ce sens. C'est un jugement du tribunal civil de Pau, du 23 juillet 1884 (1) qui décide que, non seulement le matériel, mais aussi

---

(1) *Gaz. des trib.*, 24 septembre 1884.

l'achalandage deviennent immeubles par destination lorsque le fonds et l'immeuble dans lequel il est exploité appartiennent au même propriétaire.

Il s'agissait en l'espèce d'un hôtel meublé, et le tribunal décide que « la seule cause de l'achalandage, comme la véritable attraction de la clientèle, réside tout entière dans la situation du batiment, dans la distribution intérieure, dans son aménagement », et que, par suite, l'achalandage est immobilier comme l'hôtel lui-même, qu'il n'y a pas lieu de le vendre à part et qu'il est impossible de distraire du prix d'adjudication total une certaine fraction représentant cet achalandage et susceptible d'être distribuée par des règles différentes.

Si ces affirmations sont exactes, il est clair, en raison du caractère essentiel qui appartient à l'achalandage, que c'est en réalité le fonds commerce lui-même qui se trouve immobilisé. Mais tous les auteurs sont unanimes à les repousser et le jugement du tribunal de Pau n'a pas trouvé d'écho dans la jurisprudence.

Il est incontestable que souvent la situation de l'immeuble et son aménagement sont les seules causes du succès de l'entreprise et que, dans tous les cas, il y a un lien étroit entre le fonds de commerce et l'immeuble dans lequel il est exploité ; mais vouloir reconnaître le caractère immobilier à l'achalandage, c'est se mettre en opposition avec l'esprit qui a présidé à la théorie de l'immobilisation par destination.

L'achalandage est exclusivement composé d'éléments

incorporels ; or, l'énumération de l'article 524 Code civil, qui ne comprend que des objets matériels, le mot « ustensiles » qu'il emploie pour désigner d'une façon générale les meubles susceptibles d'être immobilisés suffisent pour démontrer d'une façon certaine que les meuble incorporels sont complètement en dehors de son domaine d'application.

Il est donc impossible de nier l'immobilisation du matériel, mais c'est la seule qu'on puisse admettre.

La conclusion c'est que l'achalandage conserve son caractère mobilier et que le fonds de commerce, au sens juridique du mot, ne comprend que des meubles.

Il en résulte : 1° Que le fonds de commerce tombe dans la communauté, par application de l'art. 1401 du Code civil (1), à moins de clauses contraires, qui semblent assez fréquentes (2) ; 2° Que le cédant d'un fonds de commerce peut le retenir jusqu'au paiement du prix, conformément à l'art. 1612 du Code civil et qu'il s'en est dessaisi, il pourra exercer le droit de revendication, en observant les conditions imposées par l'art. 2102, 4° (3) ; 3° Que le

---

(1) TROPLONG. *Contrat de mariage*, I, p. 471 et suiv. — AUBRY et RAU, V, p. 284 (4° éd.). — DEMANTE et COLMET DE SANTERRE. *Cours analytique de Code civil*, VI, N° 21 *bis*, I, p 48. — LÈBRE. Op. cit., N° 7. — GUILLOUARD. *Traité du contrat de mariage*, I, N° 380, p. 382. — BAUDRY-LACANTINERIE, LE COURTOIS et SURVILLE. *Du contrat de mariage*, I, N°s 288-290.

(2) GUILLOUARD. Op. cit., III, N° 1624. — Paris, 9 juillet 1885, D., 86, II, 261. Lyon, 27 mai 1892, *Le Droit* du 20 octobre 1892. Trib. civ. Seine, 8 décembre 1892, *Le Droit* du 4 juin 1893.

(3) LÈBRE. Op. cit., N° 128. — CATALAN. Op. cit., p. 276. — OLIVIER. *Des cessions de fonds de commerce*, p. 122.

cédant a le privilège du vendeur de meubles établi par le même article (1); 4° Que la vente n'est pas sujette à rescision pour lésion (2); 5° Que le fonds de commerce est soustrait aux règles de la saisie immobilière; 6° Et, enfin, qu'il n'est pas susceptible d'hypothèque (3) (nous verrons que cette conséquence a cessé d'être exacte depuis le 1ᵉʳ mars 1898).

Mais il faut reconnaître que par la fixité de sa situation, par son importance et le groupement intime de ses éléments, le fonds de commerce se différencie nettement des meubles ordinaires : « Sa destination économique et sa
» situation locale lui donnent, au contraire, quelque
» chose de ce caractère de permanence et de stabilité qui
» n'appartient généralement qu'aux immeubles » (4).

On pourrait le comparer à une autre catégorie de meubles auxquels le législateur a reconnu une individualité comparable à celle des immeubles : les navires.

Ces caractères expliquent que dans l'ancien droit certains jurisconsultes aient voulu y voir un immeuble; leur conception trouvait une base assez solide dans l'observation des faits. Et aujourd'hui que le fonds de commerce a une importance bien supérieure à celle des anciens « fonds de boutique », il n'est pas étonnant de retrouver

---

(1) Aubry et Rau. Op. cit , III, p. 260. — Lèbre. Op cit., N° 169. — Baudry-Lacantinerie et de Loynes. *Nantissement*, I, N° 489.

(2) Guillouard. *Traité de la vente*, II, N° 687.

(3) Troplong. *Des privilèges*, II, p. 13. — Lèbre. Op. cit., Nᵒˢ 7 et 166.

(4) Magnin. Op. cit., N° 14.

dans la législation moderne une certaine tendance vers son immobilisation. La loi du 28 février 1872 a appliqué aux cessions de fonds de commerce des règles analogues à celles qui régissent les ventes immobilières ; l'exclusion de l'hypothèque n'est plus que nominale depuis la loi du 1er mars 1898, qui, sous le nom de nantissement, a créé une véritable hypothèque. Il y a lieu de croire que ces tendances ne feront que s'accentuer dans l'avenir et que ces deux lois marquent le début d'une évolution vers l'application aux fonds de commerce d'un régime analogue à celui de la propriété immobilière. La loi de 1898, en particulier, appelle, dans cet ordre d'idées, un certain nombre de réformes que nous étudierons dans notre deuxième partie et dont on ne peut que souhaiter la prompte réalisation.

§ III. — Le fonds de commerce au point de vue de la distinction entre choses corporelles et incorporelles.

Nous abordons ici la grosse question de la matière, celle qui a soulevé les plus graves controverses. Si l'on envisage le fonds de commerce dans sa notion essentielle, sa solution est aisée ; ainsi entendu, il se confond avec l'achalandage, qui constitue certainement un meuble incorporel.

Mais ce qui rend la question plus complexe, c'est qu'on rattache à cette valeur d'autres éléments de l'exploitation qui appartiennent à la réalité tangible, et qu'on envisage le fonds comme une universalité comprenant à la fois des meubles corporels et des meubles incorporels. Doit-on reconnaître à cette universalité une nature unique ? C'est l'important problème de l'homogénéité du fonds qui reparaît ; nous allons retrouver les conceptions examinées dans la première section de ce chapitre, et c'est dans la solution de cette question que réside leur principal intérêt. Les théories qui ont été soutenues sur ce point soit en doctrine, soit en jurisprudence, peuvent être rangées en deux groupes principaux, selon qu'elles admettent ou repoussent l'homogénéité du fonds.

D'accord sur le principe, les partisans de la théorie de l'homogénéité se séparent dans ses applications. Tous reconnaissent que le fonds de commerce constitue une universalité douée d'une seule et même nature juridique. Il faut faire abstraction de ses éléments accessoires et le considérer comme un tout indivisible qui doit être soumis à un régime unique déterminé par la nature de ses éléments essentiels.

Mais ce point admis, les auteurs et les arrêts se divisent lorsqu'il s'agit de fixer les règles d'après lesquelles doit s'apprécier ce caractère global de l'universalité et de déterminer quels éléments sont essentiels.

Dans un premier système, qui avait trouvé une certaine faveur dans la doctrine et la jurisprudence antérieures à 1898, le fonds de commerce constitue dans tous les cas une universalité incorporelle. En effet, l'achalandage étant l'élément essentiel et le matériel et les marchandises

seulement des accessoires, leur nature juridique doit
s'effacer et s'absorber dans celle de l'élément principal
qui est incorporel et communique ce caractère au fonds
tout entier. Il est évident que les éléments incorporels
sont les principaux s'ils ont une valeur supérieure à celle
du matériel et des marchandises, ou même si rien ne
permet d'attribuer à ces derniers une valeur plus considérable, mais il faut admettre la même solution même
dans le cas où les éléments corporels l'emportent en valeur
sur l'achalandage. Quelle que soit leur importance pécuniaire, le matériel et les marchandises ne doivent jamais
être considérés que comme des instruments d'exploitation (1).

Un certain nombre de décisions de jurisprudence ont
appliqué d'une façon différente le principe de l'homogénéité. Le point de départ est le même que dans l'opinion
précédente ; le fonds est une universalité homogène qui
emprunte les caractères de ses éléments principaux ; mais
au lieu de s'attacher à la nature d'un élément pour savoir
s'il est accessoire ou principal, on ne considère que sa
valeur pécuniaire comparée à celle du fonds tout entier.

______

(1) Lèbre. Op. cit., Nº 7, p. 7. — Lyon-Caen et Renault. *Traité*, III,
Nº 240. — Pélissier. *Des conditions de validité d'une vente de fonds de commerce*, Nᵒˢ 5 et 13. — Grenoble, 16 avril 1886, S , 88, I, 302. Trib. com Seine,
5 juin 1891, D , 93, II, 108. Paris, 21 juillet 1892, D., 93, II, 108. Riom,
30 mars 1892, S , 94, II, 237. Paris, 24 décembre 1896, D., 98, II, 23. Trib.
com. Seine, 1ᵉʳ mars 1899, *Ann. de dr. comm.*, 1899, p. 351 (et note de
M. Boutaud).

Les éléments d'un fonds de commerce peuvent être classés en deux groupes : les objets matériels et les valeurs incorporelles. Il faut estimer séparément chacun de ces groupes, faire la balance, et on devra considérer comme principaux les éléments du groupe auquel on aura reconnu la plus grande valeur. Le fonds devra donc, suivant les données de chaque espèce, être traité tantôt comme meuble corporel, tantôt comme meuble incorporel. Si l'achalandage est l'objet d'une estimation supérieure à celle du matériel et des marchandises, le fonds est un meuble incorporel ; dans le cas contraire, il emprunte la nature des éléments matériels.

C'est cette opinion qui semblait dominer en jurisprudence avant 1898. On la trouve reproduite dans la plupart des décisions relatives au nantissement, et les tribunaux en faisaient aussi l'application au cas de vente du fonds aux enchères, pour déterminer quel était l'officier public compétent. Ils attribuaient compétence, tantôt aux notaires, tantôt aux commissaires-priseurs, suivant les règles qui viennent d'être exposées. Il faut d'ailleurs remarquer que pratiquement on arrivait, dans la plupart des cas, au même résultat qu'avec le système précédent et que la jurisprudence traitait le plus souvent le fonds comme meuble incorporel. Mais le contraire pouvait arriver, comme dans l'espèce soumise au tribunal de commerce de St-Etienne, le 10 janvier 1894 (1).

---

(1) S , 97, II, 95. — V. aussi FAUCHILLE. Note dans les *Ann. de dr. comm.* 1886, p. 171. — Trib. de com. de Grenoble, 7 août 1885 ; Cass., 13 mars 1888,

« Attendu... que dans l'espèce actuelle il ne saurait en être ainsi puisque dans le titre même d'acquisition par Vinzio de son fonds, il résulte que ce fonds a été acquis par lui pour 23,382 fr. 50, dont 10,500 fr. applicables à ce qui dans les espèces invoquées est considéré comme le principal, et 12,882 fr. 50 aux marchandises. D'où la conséquence que dans l'espèce actuelle les marchandises sont le principal, et les titres, enseigne, droit au bail et achalandage, l'accessoire. »

Enfin, d'autres auteurs se refusaient, avant 1898, à admettre l'homogénéité du fonds de commerce. Ils font remarquer que la tendance qui consiste à grouper sous un même chef les divers éléments qui servent à l'exploitation n'est pas très heureuse. Personne ne conteste qu'en fait on ait pour habitude de céder en même temps l'achalandage, le matériel, les marchandises et le droit au bail. Mais d'autres éléments peuvent entrer dans la vente ; elle peut aussi porter sur l'immeuble avec les machines et l'outillage qu'il renferme. Personne n'a cependant soutenu que cet immeuble fît partie intégrante du fonds de commerce au sens juridique du mot. Il ne faut donc voir

---

S., 88, I, 302. Paris, 4 janvier 1896, S., 97, II, 95 ; 7 août 1897, D , 98, II, 437 ; 7 novembre 1898, *Gaz. pal.*, 98, II, 603, D., 98, II, 196. Trib. com. Seine, 10 avril 1901 (rapporté par BARBIER, *De la dation en nantissement des fonds de commerce*, extrait de la *Revue critique des sociétés et de droit commercial*, p. 35) ; 11 octobre 1901, même ouvrage, p. XXXIV ; 10 novembre 1901, *Gaz. pal.*, 11 février 1902. — Cpr MAGNIER et PRUVOST. *Nantisssement des fonds de commerce*, p. 63 et suiv., et *Journal des commissaires-priseurs*, septembre 1902.

dans le fonds qu'un assemblage d'objets divers réunis par la convention des parties en vue de l'exploitation, dont chacun conserve sa nature juridique et non un tout ayant une physionomie propre : " A supposer même que les " éléments corporels puissent être réputés accessoires des " éléments incorporels, ils ne perdent pas leur nature " juridique ; ils ne s'absorbent pas dans les éléments " incorporels " (1). Dans cette opinion la question ne se pose plus, et il ne peut être question d'appliquer le caractère corporel ou incorporel à un ensemble qui n'existe plus juridiquement. Cependant, les partisans de l'indépendance juridique des éléments du fonds se rencontrent avec ceux des opinions précédentes, lorsqu'il s'agit de déterminer quel est l'officier public compétent en cas de vente du fonds aux enchères. Tout le monde est d'accord, dans ce cas, pour admettre son indivisibilité.

La solution de la question de la nature corporelle ou incorporelle du fonds de commerce étant intimement liée à sa notion théorique, nous ne nous y attarderons pas longtemps et nous nous contenterons de renvoyer aux développements antérieurs (2). Nous avons vu que les conceptions qui appliquent un régime unique à tous les éléments du fonds devaient être écartées avant la loi du

---

(1) WAHL. *Note sous Paris*, précitée, S., 97, II, 89. — V. aussi THALLER. *Traité élém.*, 2ᵉ éd., Nᵒˢ 78 et suiv. — Chronique dans les *Ann. de dr. com.*, 1889, p. 281 et suiv.

(2) V. *supra*, chap. II, sect. I, § III.

1ᵉʳ mars 1898. Le fonds de commerce était bien un meuble incorporel, mais seulement envisagé dans son élément essentiel. L'achalandage ne pouvait, à notre sens, communiquer sa nature aux objets qu'on y rattache généralement à titre d'accessoires. Si l'on voulait englober l'ensemble dans un même contrat, il fallait donc, en ce qui concerne le matériel et les marchandises, observer les règles commandées par leur caractère de meubles corporels. Nous reconnaissons cependant volontiers, avec M. Wahl, qu'il fallait mettre à part la question spéciale de la compétence des notaires ou des commissaires-priseurs, et, au risque de faire violence aux principes, attribuer compétence à un seul officier ministériel. Il ne s'agit plus ici des conditions de validité d'un acte juridique : « Cette attribution de compétence avait légi-
» timement pour base le caractère d'*universitas rerum*
» appartenant au fonds de commerce ; l'inconvénient et
» l'impossibilité pratique d'en aliéner séparément les
» divers éléments (1). »

Mais dans les autres cas, il semble qu'on ne pouvait appliquer la règle *accessorium sequitur principale*, cette règle supposant un lien de droit entre le principal et l'accessoire. Quoiqu'il en soit, nous avons vu (2) que la jurisprudence en faisait une fausse application lorsqu'elle considérait comme essentiels les éléments dont la valeur

---

(1) WAHL. Note précitée.
(2) V. *supra*, chap. I, section II.

pécuniaire était la plus considérable et que c'est seulement leur nature qu'il fallait prendre en considération.

Mais il paraît bien certain que la loi du 1er mars 1898 a admis sans restriction cette théorie de l'accessoire, en transformant en lien de droit le lien de fait qui unissait les éléments constitutifs du fonds de commerce. Le caractère incorporel qu'elle lui a reconnu semble résulter d'une façon certaine, de la place occupée par la loi, à la suite de l'art. 2075 du code civil, qui s'occupe exclusivement du nantissement des meubles incorporels.

Les travaux préparatoires sont décisifs en ce sens ; pendant toute la discussion de la loi on a toujours présenté le fonds comme meuble incorporel, et on lit notamment dans le rapport de M. Thézard, sur la proposition de loi déposée par M. Millerand : « Il y a donc là » un ensemble indivisible, lequel a la nature incorporelle, » bien que pouvant contenir des objets corporels, telle » l'hérédité pour les jurisconsultes romains.

» C'est donc par le caractère de cet ensemble qu'il » faut déterminer la règle à suivre : les objets particu- » liers qui y sont compris doivent suivre le même » sort » (1).

Aussi, la théorie adoptée dans les jugements des 10 avril, 11 octobre et 2 novembre 1901, précités par le tribunal de commerce de la Seine, qui attribue au fonds

_____

(1) *Journal officiel*, Sénat, doc. parlem , 1897, annexes, N° 94, p. 251. — D., 98, 4, 20.

la nature corporelle ou incorporelle, suivant l'importance
respective de ses éléments, est-elle complètement inadmissible. Déjà contestable avant 1898, elle est aujourd'hui
en contradiction manifeste avec l'esprit de la loi.

Le caractère corporel du fonds de commerce est
d'ailleurs à peu près unanimement admis (1) et nous
croyons que cette solution ne doit pas être restreinte à la
seule hypothèse du nantissement (2), mais que dans tous
les cas le fonds doit être traité comme meuble incorporel.
Il en résulte qu'il rentre dans le domaine d'application
de la loi du 27 février 1880 et qu'il est soumis, le cas
échéant, aux formalités protectrices édictées par cette loi.
Il est, en effet, au premier chef un meuble précieux, et
l'esprit de la loi, autant que son texte, commande cette
solution (3).

Une autre conséquence du caractère incorporel du fonds
de commerce est de le soustraire à la règle de l'art 2279.
En cas de cessions successives à deux acquéreurs différents, le premier devra être préféré même si le second
avait été mis immédiatement en possession, car le prin-

---

(1) V. Nantet. Op. cit., chap. II, sect. II. — Catalan. Op. cit , p. 81 et
suiv. — Ch. Simon. Op. cit , p. 25 et suiv. — Gombeaux. Op. cit., p. 249 et
suiv.

(2) *Contra* : Bellom. *Nantissement d'un fonds de commerce*, p. 120.

(3) Lèbre. Op. cit., N° 42. — Lyon-Caen et Renault. Op. cit., III,
N° 244. — Baudry-Lacantinerie. *Précis de droit civil*, I, N° 1111. — Cata,
lan. Op. cit., p. 79. — Gombeaux. Op. cit., p. 252-253. — Paris, 3 mars 1897,
Gaz. pal., 19 mars 1897.

cipe de l'article 1141 du Code civil n'est applicable qu'aux meubles corporels (1).

Enfin, en cas de vente aux enchères nous croyons que les notaires seraient seuls compétents et que la distinction, faite avant 1898, par la jurisprudence (2), suivant l'importance relative des éléments corporels et des éléments incorporels, n'a plus sa raison d'être aujourd'hui (3).

Il est encore une dernière application, plus importante que toutes les autres, du caractère incorporel du fonds de commerce. C'est celle qui est relative à sa mise en gage et qui fera l'objet de la seconde partie de cette étude.

---

(1) Trib. com. Seine, 1er mars 1899, *Gaz. pal.*, 25 avril 1899. — *Ann de. dr. com* , p. 361 (et note de M. BOUTAUD).

(2) Cass., 23 mars 1836, S., 36, I, 161 ; 27 mai 1878, S., 78, I, 398. Trib. civ. de Lyon, 6 février 1895, *Gaz. pal.*, 95, II, 359. Cass., 25 juin 1895, S., 95, I, 409. — V. sur cette question, avant 1898, DUTRUC. *Dictionnaire du contentieux commercial*, art. *Commissaïres priseurs*, Nos 6 et 7. — LÈBRE. Op. cit., No 153. — LYON-CAEN et RENAULT. Op. cit , III, No 255. — WAHL. Note précitée. — BAUDRY-LACANTINERIE et CHAUVEAU. *Des biens*, p. 129, No 4.

(3) En ce sens, Trib. civil de Rochefort, 3 juillet 1902, *Journal des commissaires-priseurs*, septembre 1902. — *Contra* : Anonyme. *Effets de la loi du 1er mars 1898 sur la vente aux enchères publiques des fonds de commerce*, même recueil.

DEUXIÈME PARTIE

DU NANTISSEMENT DES FONDS DE COMMERCE

INTRODUCTION

NOTIONS GÉNÉRALES SUR LES SURETÉS RÉELLES MOBILIÈRES. — LA NOTION DE GAGE SANS DESSAISISSEMENT DU DÉBITEUR.

L'organisation du crédit réel, et particulièrement celle du crédit mobilier, est un des problèmes les plus délicats qui se posent au législateur, à cause des intérêts divers et opposés qu'il faut ménager.

Une bonne sureté doit, en effet, offrir au créancier la plus forte garantie possible; il faut que le débiteur conserve jusqu'à l'échéance la jouissance de la chose affectée à la garantie, et si sa valeur dépasse de beaucoup le montant de la dette, qu'il puisse l'affecter à d'autres obligations de façon à en tirer tout le crédit qu'elle est susceptible de lui procurer. Mais il ne faut pas non plus perdre de vue l'intérêt des tiers. Ils doivent être avertis de l'indisponibilité qui vient atteindre une partie du patrimoine du débiteur, de façon à ne traiter avec lui qu'à bon escient.

L'évolution du droit romain montre bien la difficulté de concilier d'une façon satisfaisante ces divers intérêts.

Avec le procédé grossier de la fiducie, le créancier obtient le maximum de garanties; les tiers sont suffisamment avertis et savent qu'ils n'ont plus à compter sur une chose qui est sortie du patrimoine du débiteur, mais ce dernier est sacrifié.

Lorsque cette institution se perfectionné pour devenir le gage, la situation du débiteur s'améliore déjà, puisqu'il conserve la propriété de sa chose ; par le dessaisissement qui accompagne le contrat, les tiers sont encore suffisamment informés de son existence, mais le créancier n'est plus protégé d'une façon aussi efficace.

Enfin apparaît l'hypothèque, qui n'est qu'un perfectionnement des deux sûretés primitives (1) et qui résout heureusement les deux premières données du problème. A ce point de vue, elle réunit les avantages de la fiducie et du gage, sans en avoir les inconvénients : protection efficace du créancier, qui a une action réelle analogue à la revendication, et, d'autre part, aucun déplacement de propriété ni de possession, de sorte que le débiteur conserve la possibilité d'affecter la même chose à de nouvelles dettes.

---

(1) GIRARD. *Précis de droit romain*, p. 748, 749.

C'est cette absence de déplacement de possession qui réalise la supériorité de l'hypothèque sur le gage, c'est elle qui en constitue le trait caractéristique et sépare profondément les deux institutions en droit romain (1). Et cette affirmation ne cesse pas d'être vraie dans les législations modernes. Le gage et l'hypothèque peuvent être séparés par d'autres différences résultant de règles de droit positif; celle qui a trait à l'absence de dessaisissement du débiteur se retrouve partout et tient à leur essence même.

Les avantages de l'hypothèque pour les parties contractantes expliquent que le droit romain ait fini par l'admettre pour toutes les choses dans le commerce. Elle était cependant atteinte d'un vice grave : son occultanéité.

A ce point de vue elle restait inférieure au gage, qui, par la dépossession du débiteur, était accompagné d'une publicité grossière mais efficace, et il lui manquait, pour devenir la sûreté idéale, l'organisation d'une publicité sérieuse, destinée à ménager l'intérêt des tiers.

C'est aux législations modernes qu'il appartenait de continuer l'évolution commencée par le droit romain. C'est vers la protection des tiers que se sont portés leurs efforts, mais c'était aussi le point le plus délicat du problème.

En ce qui concerne les immeubles, l'institution d'une publicité satisfaisante était relativement aisée, leur situa-

---

(1) GIRARD. *Précis de droit romain,* p. 751.

tion immuable permettant d'établir un centre d'informations.

Pour les meubles, au contraire, au moins pour les objets corporels, on se heurtait aux plus grandes difficultés.

Leur défaut d'assiette fixe, leur circulation incessante rendait l'organisation d'une publicité difficile, sinon impossible.

On sait, d'autre part, quel souci avait le législateur de 1804 de la libre circulation de la fortune mobilière. La maxime « En fait de meubles possession vaut titre » est devenue, avec l'article 2279, l'un des principes fondamentaux de notre législation et elle a entraîné cet autre principe « meubles n'ont pas de suite par hypothèque ».

Pour remédier aux dangers qu'aurait présentés pour le crédit public l'hypothèque mobilière, les rédacteurs du Code civil ont employé un moyen radical : sa suppression pure et simple. Ils ont préféré, pour protéger les tiers, faire un retour en arrière et revenir à la sûreté primitive et imparfaite, mais aussi moins dangereuse, qu'est le gage, de sorte que la distinction fondamentale, entre meubles et immeubles, est aujourd'hui à la base de notre crédit réel. En ce qui concerne les premiers, il n'existe plus qu'un procédé d'impignoration : le gage.

Il faut reconnaître que cette prohibition de l'hypothèque mobilière se justifie par de puissantes considérations et que, d'une façon générale, elle doit être approuvée, mais ne faudrait-il pas y apporter des exceptions ? Il ne faut pas perdre de vue que sa seule raison d'être c'est l'impossibilité d'instituer pour les tiers une protection efficace. Cette question mise à part, l'hypothèque, même mobilière, conserve toute sa supériorité sur le gage, et il n'y a plus de raison pour l'écarter, du moment où elle peut être accompagnée de mesures de publicité.

Or, les raisons qui ont motivé la réforme opérée par le Code civil ne s'appliquent pas également à tous les meubles. Il faut remarquer, tout d'abord, que certains d'entre eux échappent à l'application de l'article 2279, cause principale de cette réforme. Les meubles incorporels en particulier sont en dehors de son domaine, et cela se justifie parfaitement : A l'inverse des droits de propriété portant sur des meubles corporels, les droits de créance sont ordinairement constatés par des titres. Il est donc facile de vérifier si celui qui consent un droit sur une créance en est véritablement le titulaire, et, par suite, il n'est pas besoin de protection spéciale pour les tiers. On peut faire la même remarque pour les meubles incorporels autres que les créances.

On peut donc concevoir pour les meubles de cette espèce l'existence d'une hypothèque qui ne présenterait pas les mêmes dangers que celle qui porterait sur des objets corporels.

Et il est intéressant de remarquer que précisément ces meubles incorporels, qui pourraient sans inconvénients faire l'objet d'une hypothèque, ne s'adaptent que très difficilement aux règles fondamentales du gage et que la condition essentielle de la dépossession du débiteur est d'une réalisation malaisée.

Ce dessaisissement sert d'abord à donner au créancier un moyen de contrainte indirect, en lui permettant de retenir par devers lui et jusqu'au paiement la chose engagée; mais son rôle le plus important est de constituer par lui-même un moyen de publicité, en empêchant le débiteur de présenter comme libres des objets déjà engagés.

Ce double but suppose, pour sa parfaite réalisation, des objets matériels, et il est loin d'être atteint lorsqu'il s'agit de meubles incorporels dont la nature s'oppose à une tradition effective.

Pour les créances, on est arrivé à tourner la difficulté en se contentant de la remise des titres, mais ce système est peu juridique et repose sur une confusion, entre le titre et le droit dont il constate l'existence. Il méconnaît la véritable notion de la possession, car la créance ne s'identifie nullement avec le titre, et la détention de l'un n'équivaut en aucune façon à la possession de l'autre, qui ne peut être réalisée que par l'exercice du droit de créance.

On comprend cependant que la doctrine et la jurisprudence se soient contentés de cet expédient, car il donne des résultats acceptables. En se dessaisissant du titre, le titulaire de la créance est mis pratiquement dans l'impossibilité d'user de son droit (1).

---

(1) COLMET DE SANTERRE. *Cours anal. de Code civil*, VIII, Nº 302 *bis*, p. 36. — THALLER. *Traité*, Nº 901.

9

Il n'en est pas moins vrai qu'il y a là une entorse aux principes et que cette confusion n'est pas sans inconvénients, car elle aboutit à l'impossibilité de donner en gage une créance qui n'est constatée par aucun titre.

Mais c'est lorsqu'on veut appliquer les règles du Code civil relatives au gage, aux meubles incorporels autres que les créances, qu'on rencontre les difficultés les plus considérables.

Le Code, en effet, ne s'occupe que de ces dernières, qu'il semble considérer comme étant les seuls meubles incorporels.

C'était, en effet, à l'époque de sa rédaction, à peu près les seuls qui eussent quelqu'importance. Mais les conditions économiques sont toutes différentes : les droits incorporels, tels que droit au bail, brevets d'invention, marques de fabrique, droits de propriété artistique et littéraire, fonds de commerce, ont acquis, depuis 1804, une importance qui s'accroît de jour en jour. Ils occupent dans le patrimoine moderne une place prépondérante et constituent souvent le plus clair de l'avoir de leurs titulaires. Il est donc naturel que ceux-ci aient le désir de les utiliser comme instruments de crédit. Mais comment se conformer aux exigences légales ?

Pour le droit au bail on y arrive encore. On a vu que ce droit peut s'analyser en un groupe de créances contre le bailleur. Aussi, la jurisprudence décide-t-elle qu'il est valablement donné en nantissement pourvu que son titulaire fasse remise au créancier ou à un tiers convenu entre eux des titres qui le constatent et que le contrat ait été signifié au bailleur considéré comme débiteur (1).

C'est toujours la même confusion entre le droit et le titre : pour que la condition du dessaisissement soit remplie, il faudrait que le créancier ou le tiers convenu entre les parties, occupe réellement et effectivement les lieux loués à la place du débiteur. On se trouve donc en présence de cette alternative : ou renoncer au nantissement, ou violer les principes.

Mais le plus grave reproche qu'on puisse faire à la solution de la jurisprudence, c'est qu'elle est loin de réaliser le but que s'est proposé la loi en exigeant la dépossession du débiteur : la publicité du nantissement. Cette publicité est complètement illusoire avec le système de la Cour de cassation qui n'exige pas la remise du titre original et se contente d'une expédition (2). Comme on peut obtenir en nombre illimité des expéditions d'un acte authentique, il s'ensuit qu'on pourra donner en gage un droit de bail autant de fois qu'on le voudra. C'est la porte toute grande ouverte à la fraude, et la signification au bailleur paraît bien insuffisante pour l'empêcher.

La défectuosité des solutions admises par la jurisprudence s'accentue encore pour le gage des autres droits dont il a été parlé plus haut (brevets d'invention, pro-

---

(1) V. CATALAN Op. cit , p. 353. — BAUDRY-LACANTINERIE et DE LOYNES. *Nantiss., privil. et hypoth.*, I, Nᵒ 74 et suiv. -- LYON-CAEN et RENAULT. *Traité*, III, Nᵒ 280. — GUILLOUARD. *Du nantiss.*, I, Nᵒ 92.

(2) Cass., 13 mars 1888, *Pand. franc.*, 1888, I, 531.

priété artistique et littéraire). On ne peut songer à établir une assimilation entre ces droits et les créances. Il n'y a donc pas de débiteur auquel on puisse faire la signification prescrite par l'art. 2075 du Code civil, et il faut bien renoncer à l'accomplissement de cette formalité. Quant à la mise en possession du créancier, on ne peut que tourner la difficulté en l'effectuant au moyen de la remise de l'acte de brevet, du manuscrit de l'œuvre ; mais ces procédés soulèvent toujours les mêmes objections (1).

L'article 2279 ne s'applique pas davantage aux universalités mobilières, et cependant la seule sûreté dont elles soient susceptibles est le gage. Comment pourra-t-on donner en nantissement les droits qu'on peut avoir dans une succession ? On exige la remise du testament au créancier, mais comment s'y prendra-t-on s'il s'agit d'une succession *ab intestat ?*

La vérité, c'est qu'en supprimant l'hypothèque mobilière, les rédacteurs du Code civil ont édicté une règle trop générale. Pour toute une catégorie de meubles cette exclusion est injustifiée et il est possible, pour ceux-là, d'établir une autre publicité que celle qui résulte du dessaisissement.

Or, comme c'est là sa seule raison d'être, il serait logique, dans ces hypothèses, d'abandonner le procédé

---

(1) V. Pouillet. *Traité théor. et prat. des brevets d'invention*, Nos 198, 201 et suiv. — Baudry-Lacantinerie et de Loynes. *Nantiss,, privil. et hypoth.*, I, No 79. — Guillouard. *Nantissement*, I, No 93. — Lyon-Caen et Renault. *Traité*, III, No 284 et suiv.

primitif du gage, et cela d'autant plus que l'observation des règles de ce contrat est, comme on vient de le voir, des plus malaisée.

Et c'est précisément dans les cas où on peut trouver une publicité en dehors de la dépossession du débiteur, que celle-ci est impuissante à remplir son rôle normal. La conclusion, c'est que les dispositions du Code civil relatives à la fortune et surtout aux sûretés réelles mobilières, inspirées par la maxime surannée *res mobilis, res vilis*, et faites pour une organisation économique différente de la nôtre, ont besoin de profondes transformations.

Déjà, en 1839, Rossi écrivait, dans ses *Observations sur le droit civil français considéré dans ses rapports avec l'état économique de la société*, les lignes suivantes :

« Le législateur de 1804 n'a guère pensé qu'aux
» immeubles; il était loin de prévoir l'importance actuelle
» de la fortune mobilière... Ce n'est qu'en faisant violence
» au texte qu'on peut classer dans une catégorie du
» Code les produits de nos vastes manufactures, les
» richesses qu'elles versent sur les marchés du monde...
» Certes, ce n'est point en appliquant à la lettre les
» articles du Code, qu'on pourrait régler équitablement,
» et dans l'intérêt de l'industrie nationale, les droits de
» nue propriété et ceux de l'usufruit, relatifs au capital
» circulant, à l'achalandage, aux brevets d'invention...
» En résumé, nos Codes, par le cours matériel des choses,
» se sont trouvés placés entre deux faits immenses, dont
» l'un les a précédés, dont l'autre les a suivis; la révo-

» lution sociale et la révolution économique. Ils ont réglé
» le premier, ils n'ont pu régler le second. Il y a donc,
» sans qu'on puisse en faire un reproche à personne, une
» lacune à remplir, une harmonie à rétablir entre notre
» droit privé et notre droit économique (1). »

Et pourtant, en 1839, les brevets d'invention, les marques de fabrique, les fonds de commerce et les autres meubles incorporels étaient encore presqu'à l'état embryonnaire. L'importance qu'ils ont acquise aujourd'hui a encore accentué l'antagonisme entre les Codes et l'état de choses économique, et rendu trop étroits les cadres de notre droit.

Le législateur n'a pas complètement négligé sa mission, et on peut remarquer de nos jours une évolution vers la création de gages sans déplacement, c'est-à-dire, en réalité, vers la résurrection de l'hypothèque mobilière. Le premier pas a été fait par la loi du 10 décembre 1874, qui a institué l'hypothèque maritime.

Avant cette époque, les navires ne pouvaient, comme tous les autres meubles, qu'être donnés en gage, mais l'emploi de ce procédé, réalisable en droit, donnait lieu en pratique à des difficultés presqu'insurmontables. Il eut fallu, pour obéir à la loi, que le propriétaire d'un bâtiment qui avait besoin d'argent pour le faire naviguer

---

(1) Mémoires de l'Institut, Académie des sciences morales et politiques, année 1839. — Cité par BARBIER. *De la dation en nantissement des fonds de commerce*, p. 1.

le condamnât à l'immobilité en en transmettant la possession à son créancier. On en était réduit, pour échapper à ce résultat, à recourir à des opérations détournées dont la validité était douteuse. Cependant, les raisons qui avaient fait exclure l'hypothèque mobilière n'existaient pas en la matière. Le droit de suite était déjà admis pour les créanciers chirographaires et privilégiés. Il était donc sans inconvénients de l'accorder à une nouvelle classe de créanciers. D'autre part, par leur importance les navires se différencient des meubles ordinaires : Ils ont une sorte de domicile légal, le port d'attache où se remplissent les formalités concernant la transmission de leur propriété. C'était là un centre d'informations tout indiqué où il était possible d'organiser une publicité efficace (1). Ces considérations ont amené le vote de la loi du 10 décembre 1874 remplacée depuis par celle du 10 juillet 1885. C'était une première brèche apportée à la règle « Meubles n'ont pas de suite par hypothèque. »

Dans le même ordre d'idées, un projet de loi déposé à la Chambre des députés par M. Plichon, le 15 février 1895 (2), étend le régime hypothécaire à la batellerie fluviale, pour laquelle son admission se justifie par des raisons identiques.

---

(1) Lyon-Caen et Renault. *Manuel de dr. comm.*, 5e éd., No 1017, p. 615.

(2) *Journ. officiel*, 1895, doc. parlem., p. 215 et suiv. — V. aussi Lyon-Caen et Renault. *Traité*, III, Nos 279 *bis* et 287, VI, 148 et suiv., 1617. — Thaller. *Traité*, No 899.

La dépossession du débiteur est encore une condition gênante lorsque l'objet à mettre en gage est pour lui un instrument de travail indispensable. Elle aboutit à interdire aux agriculteurs d'utiliser leurs ustensiles agricoles, leurs bestiaux et même leurs récoltes comme instruments de crédit. Or, ces objets constituent souvent la plus grande partie de leur patrimoine ; aussi est-ce pour eux qu'on rencontre en droit romain les premières applications de l'hypothèque.

Plusieurs propositions ont été déposées devant le parlement pour remédier à cette situation et elles s'accordaient pour supprimer la condition du dessaisissement.

La commission extra-parlementaire réunie en 1880, pour étudier la réglementation du crédit agricole, demandait l'instruction d'un gage sans déplacement, et le 20 juillet 1881, M. de Mahy, alors ministre de l'agriculture, déposait au Sénat un projet autorisant la constitution d'un gage agricole sans déplacement sur les récoltes pendantes, les produits récoltés, les ustensiles aratoires et les bestiaux.

Ce gage sans déplacement, qui était en réalité une hypothèque, devait être transcrit sur un registre spécial tenu par le conservateur des hypothèques.

C'était cependant une hypothèque incomplète, car elle ne comportait aucun droit de suite. Pour éviter les fraudes on proposait d'appliquer au détournement du gage les dispositions du Code pénal sur l'abus de confiance.

Renvoyé à la Commission du Sénat, le projet fut consi-

dérablement élargi : on voulait étendre ses dispositions à
toutes sortes d'objets.

Ces tendances soulevèrent des critiques très vives. On
accusait les auteurs de ces projets de bouleverser les
règles du Code civil. C'était, en effet, l'institution de
l'hypothèque mobilière sur une grande échelle.

L'idée fut reprise plus tard dans d'autres propositions.
Le 25 octobre 1890, M. Antonin Proust déposa à la
Chambre une proposition qui contenait des dispositions
analogues (1).

Toutes ces tentatives restèrent sans effet. On chercha
un remède dans l'institution spéciale des warrants, et, à
la suite d'une proposition de M. Delannoy et d'un projet
présenté par M. Méline, les Chambres votèrent la loi du
18 juillet 1898, sur les warrants agricoles.

Bien qu'elle permette au cultivateur de donner ses
produits récoltés en garantie tout en en conservant la
garde, on peut soutenir que cette loi n'a pas à la vérité
créé une véritable hypothèque : Le débiteur continue
bien à posséder le gage, mais pour le compte du créancier
et à titre de dépositaire, au point qu'en le détournant il
se rend coupable d'abus de confiance (2).

Elle est cependant intéressante à signaler, à cause de

---

(1) *Pandectes franc.*, Rép., V° *Crédit agricole.* — CATALAN. Op. cit,
p. 398 et suiv.

(2) V. le commentaire de cette loi, *Lois nouvelles*, 1898, I, p. 1 à 48. —
V. aussi THALLER. *Organisation du crédit agricole et des syndicats d'agriculture, Ann. de dr. comm.*, 1889, p. 173 et 174.

ses précédents et surtout si on la rapproche de celle du 1er mars de la même année, sur le nantissement des fonds de commerce, qui, nous le verrons plus loin, a apporté une exception importante à la règle « Meubles n'ont pas de suite par hypothèque. » Il y a dans ce rapprochement un signe caractéristique de la tendance actuelle de notre législation.

On ne peut que se féliciter de cette tendance. L'hypothèque étant la sûreté la plus perfectionnée, il est à souhaiter que son domaine s'agrandisse de plus en plus. Sans doute, il y a souvent des difficultés délicates à résoudre ; la condition de la mise en possession du créancier, quelque gênante qu'elle soit, a une valeur certaine, et le procédé qui doit la remplacer n'est pas toujours facile à trouver.

Il n'en est pas moins vrai qu'il faut faire un classement entre les meubles. Pour certains d'entre eux, ceux qui semblent sous le coup de l'article 2279, le dessaisissement est la seule publicité possible et ne présente pas d'inconvénients bien graves.

Mais il en est beaucoup d'autres pour lesquels il se heurte a des obstacles juridiques et surtout pratiques, et pour lesquels les raisons qui ont inspiré la règle de l'article 2279 font défaut.

En outre, certains de ces derniers, par leur importance, leur destination ont une fixité relative, une assise réelle qui permet de les rattacher à un centre d'informations où il serait possible d'instituer une publicité analogue à celle qui régit les immeubles. Dans cette catégorie il faut ranger les meubles incorporels, les navires, et dans une certaine mesure les outillages agricoles, les installations industrielles, enfin les fonds de commerce qui réunissent au plus haut degré ces caractères (1).

Il est donc à souhaiter que le législateur moderne applique à tous ces objets le procédé d'impignoration qui leur convient le mieux et corrige la réaction exagérée opérée par le Code civil, en restituant à l'hypothèque la place à laquelle sa supériorité sur le gage lui donne légitimement droit et qu'elle avait conquise en droit romain.

Dans cet ordre d'idées, la loi du 1er mars 1898, dont nous allons entreprendre l'étude, a fait faire un important progrès à notre législation.

---

(1) V. aussi CATALAN. Op. cit., p. 345 à 357, 396 à 404. — CLOS. *De l'hypothèque des choses incorporelles* (Thèse, Paris, 1886). — ST-MOULIN. *De l'hypothèque des choses incorporelles* (Thèse, Paris, 1892, p. 145 à 147).

CHAPITRE PREMIER

La question du nantissement des fonds de commerce avant la loi du 1er mars 1898.

Section première

Du fonds de commerce envisagé comme instrument de crédit.

On peut remarquer de nos jours une tendance notable à établir de nouvelles bases aux applications du crédit et particulièrement du crédit commercial. On cherche à permettre d'utiliser, comme instruments de crédit, tous les éléments du patrimoine.

C'est là une réaction contre les préjugés qui existaient lors de l'élaboration des Codes et qui étaient si puissants que les rédacteurs du Code de commerce avaient négligé d'organiser le gage commercial. C'est qu'à cette époque l'emploi de ce procédé était rare. Les commerçants n'y avaient recours, pour se procurer des ressources, qu'en cas de nécessité absolue, et c'était considéré, dans le monde des affaires, comme une preuve d'extrême détresse, le signe précurseur de la faillite.

Les idées modernes sont bien différentes ; les constitutions de gage sont aujourd'hui assez fréquentes et tout à fait normales.

Le commerce vit surtout de crédit. Aussi, des lois postérieures sont-elles venues combler la lacune du Code de commerce et permettre au négociant de tirer de ses biens toute l'utilité qu'ils peuvent lui offrir à ce point de vue, en créant des procédés spéciaux et variant avec la nature de l'objet donné en gage.

Or, le fonds de commerce constituant souvent tout l'avoir du commerçant, il est naturel qu'il ait l'idée de l'offrir en garantie.

En droit romain et dans notre ancien droit il n'y a guère de difficulté. Le fonds de boutique n'étant pas considéré comme une valeur distincte des objets matériels (outillage et marchandises) qui le composent, le droit commun suffit. Il ne peut être question que de constituer sur ces objets un gage ou une hypothèque. En droit romain, on prévoit déjà le cas d'une hypothèque portant sur une *taberna*, c'est-à-dire sur un stock de marchandises, mais il n'y a là rien de particulier (1).

D'ailleurs, aussi bien en droit romain que dans l'ancien droit, la réglementation étroite à laquelle était soumis le commerce rendait peu pratique cette application du crédit.

Nous avons, cependant, signalé les tendances qui existaient alors pour rendre le fonds de boutique suscep-

---

(1) D. *De pignor et hypoth.*, 34, pr., précité. V. l'introduction historique.

tible d'hypothèque et surtout pour arriver à l'immobilisation des offices.

Mais il ne s'agit jamais que d'un gage ou d'une hypotèque portant sur des éléments isolés, pris en particulier. On ne cherche pas à englober dans un même contrat l'ensemble des éléments d'une exploitation, et la conception la plus étendue qui se soit rencontrée jusqu'alors est celle d'un gage portant sur un stock de marchandises considéré en tant qu'universalité.

Il semblerait qu'une fois le commerce affranchi de ses entraves et la notion de l'achalandage dégagée, on eût dû songer aussitôt à utiliser cet ensemble comme instrument de crédit et à en faire l'objet d'une sûreté globale. Il n'en fut rien cependant, et cela s'explique par la répugnance pour le gage manifestée par la pratique commerciale.

Mais depuis quelques années on voit peu à peu les commerçants prendre l'habitude de donner en nantissement leur fonds de commerce envisagé *in globo*. Cette pratique s'est développée particulièrement dans le commerce de détail. On conçoit, en effet, que seuls les petits commerçants aient recours à ce procédé. Les négociants en gros ont à leur disposition d'autres moyens plus efficaces. Ils possèdent généralement un capital assez considérable, des immeubles sur lesquels ils peuvent constituer des hypothèques qui atteindront le matériel qu'ils renferment, des créances qu'ils peuvent donner en gage.

On a remarqué que les fonds de commerce donnés en nantissement étaient surtout des établissements de marchands de vins et qu'ils étaient particulièrement nombreux dans le quartier de Bercy (1).

Ces nantissements n'ont pas tardé à prendre un développement considérable; ils englobent toujours les principaux éléments de l'exploitation et portent sur l'achalandage, le matériel, les marchandises et le droit au bail. Il faut, en effet, pour que le fonds de commerce puisse faire l'objet d'une garantie efficace, qu'il conserve son unité et que ses éléments ne soient pas dissociés. Il importe, pour que le créancier gagiste puisse en tirer parti en cas de réalisation du gage, qu'il soit cédé en bloc et qu'il soit possible à l'acquéreur d'en continuer l'exploitation. Tous ses éléments constitutifs exercent, en effet, les uns sur les autres une certaine « réaction de valeur » et ils ne peuvent plus remplir leur rôle économique s'ils sont séparés. Il faut encore que le commerçant puisse, tout en offrant son fonds en garantie, rester à la tête de son exploitation.

Lui enlever ce droit c'est en réalité lui interdire de recourir au nantissement.

Mais la réalisation de ces deux conditions se heurtait à des obstacles juridiques. Elles sont cependant essentielles, et c'est ce qui explique les efforts tentés par la jurisprudence pour y arriver. Il semble, en effet, que cette pra-

---

(1) CATALAN. Op. cit., p. 364.

tique des nantissements de fonds de commerce mérite d'être encouragée. Tout élément du patrimoine doit pouvoir remplir un double rôle et être utilisé à la fois comme valeur de circulation et comme valeur de crédit. C'est le devoir du législateur d'assurer au propriétaire la pleine jouissance et la pleine utilité de son bien.

On ne voit pas pourquoi il en serait autrement des fonds de commerce. Le nombre sans cesse croissant des nantissements est un signe certain des aspirations du monde commercial. Le nantissement présente une utilité incontestable, ne fut-ce qu'en cas de vente du fonds et pour renforcer le privilège du vendeur rendu par trop fragile par les règles de la faillite.

Les objections qui ont été faites contre ce procédé ne sont qu'un vestige des anciens préjugés auxquels il a été fait allusion; elles s'adressent d'ailleurs moins au principe même du nantissement qu'à l'organisation de son fonctionnement pratique. Aussi seront-elles examinées lorsque nous aurons étudié la loi du 1er mars 1898.

Il est certain que la conciliation des intérêts opposés du débiteur, du créancier et des tiers soulève en notre matière des difficultés particulièrement graves.

Les règles du contrat de gage s'opposent à ce que le débiteur conserve l'exploitation du fonds qu'il veut donner en garantie sans le démembrer. Il faut donc trouver un autre procédé, et les difficultés que peut rencontrer le législateur dans l'accomplissement de sa tâche ne doivent pas la lui faire abandonner.

SECTION II

Etude de la jurisprudence antérieure à la loi du 1ᵉʳ mars 1898.

La jurisprudence antérieure à 1898 peut paraître ne plus offrir qu'un intérêt rétrospectif; cependant, comme ce sont les controverses soulevées par elle qui ont inspiré la loi du 1ᵉʳ mars 1898 et que celle-ci n'a eu d'autre but que d'y mettre fin, il importe, pour bien en pénétrer l'esprit et en saisir la portée, d'entrer dans une étude un peu détaillée des questions soumises alors à l'appréciation des tribnnaux.

Il s'en faut, d'ailleurs, que la loi de 1898 ait mis fin à toute difficulté; beaucoup des questions discutées avant sa promulgation ne sont pas encore complètement élucidées aujourd'hui et donnent lieu à de graves contestations.

§ I. — POINT DE DÉPART DE CETTE JURISPRUDENCE. ARRÊT DE LA COUR DE CASSATION DU 13 MARS 1888

Ce n'est qu'à une époque relativement récente que les tribunaux ont eu à s'occuper des conditions de validité des nantissements constitués sur des fonds de commerce et c'est surtout depuis 1881 qu'on a songé à appliquer à cette catégorie de biens les art. 2074 et 2075 du Code civil.

On peut, il est vrai, citer quelques décisions de jurisprudence plus anciennes. Le 26 juillet 1851, la Cour de Paris avait eu à statuer sur l'espèce suivante : un bou-

langer avait consenti à un de ses créanciers un nantissement portant sur son fonds de commerce et son numéro,
c'est-à-dire l'autorisation de police d'exercer son commerce. Pour réaliser la publicité de ce nantissement, il
l'avait signifié au préfet de police et au syndicat de la
boulangerie.

Il est évident que la permission de police, purement
personnelle et révocable, étant hors du commerce, ne
pouvait être donnée en gage et qu'il était impossible de
considérer le Préfet de police comme débiteur. C'est ce
que décida la Cour de Paris, le 26 juillet 1851 (1).

Restait la question du nantissement du fonds lui-même.
On ne pouvait non plus soutenir sérieusement que
l'article 2075 du Code civil était respecté et que le syndicat de la boulangerie était débiteur de l'objet donné en
gage. La Cour s'appuya cependant sur une autre raison
pour rejeter la validité du nantissement, dont elle prononça la nullité en invoquant l'absence de dessaisissement,
et parce que le débiteur avait continué son exploitation.
Dans ce système, un commerçant ne peut donc consentir
un nantissement sur son fonds tout en restant à la tête de
ses affaires.

Le 13 août 1859, la Cour de Cassation a eu à statuer
sur l'hypothèse du nantissement d'un droit au bail. Elle
décida que les formalités nécessaires et suffisantes pour le
rendre opposable au tiers étaient celles exigées par la loi

---

(1) D., 1852, 2, 218 et note. — D. Rép., art. *Nantissement*, Nº 119.

pour le gage des créances mobilières ; c'est-à-dire la remise au créancier ou à un tiers convenu des titres constatant le droit au bail, et la signification du contrat au débiteur, en l'espèce le bailleur (1).

Il ne s'agissait là que du nantissement d'une chose incorporelle d'une nature particulière, pouvant faire partie d'un fonds de commerce, mais non, à proprement parler, d'un nantissement de fonds de commerce. Les tribunaux n'avaient eu à s'occuper que d'hypothèses spéciales, et la question n'avait pas encore été soulevée dans toute son ampleur.

C'est surtout à partir de 1885, qu'on voit surgir les controverses. Les petits détaillants, locataires de leurs locaux d'exploitation, songèrent à utiliser comme valeur de crédit la partie la plus considérable de leur patrimoine, c'est-à-dire leur fonds de commerce.

Mais le procédé à employer n'était guère aisé à trouver. On ne pouvait songer qu'au gage, puisqu'il s'agissait d'un objet mobilier. Comment concilier ses règles avec les intérêts du débiteur et lui permettre de rester à la tête de son exploitation sans violer les principes essentiels de la matière ? Comment conserver au fonds son unité et appliquer une seule et même règle à tous ses éléments ?

C'est vers la solution de ce problème que se portèrent les efforts de la jurisprudence civile, qui s'affirma nettement pour la première fois dans l'arrêt de la Cour de

---

(1) D , 1859, 1, 167. — V. aussi Req , 6 mars 1861, D., 61, I, 418.

cassation du 13 mars 1888. L'importance de cet arrêt et l'influence qu'il a exercée sur les décisions postérieures en rendent l'étude détaillée nécessaire.

Un fonds de commerce d'hôtel meublé, exploité à Cannes sous le nom de « Splendide Hôtel », avait été donné en nantissement pour sûreté d'un prêt, et les parties avaient rempli les formalités exigées par le Code civil pour la mise en gage des créances mobilières : le titulaire du fonds avait fait remise au créancier de son titre d'acquisition et signifié le nantissement au propriétaire de l'immeuble dans lequel le fonds était exploité. Le titulaire ayant été déclaré en faillite, le créancier gagiste émit la prétention d'être admis au passif, en qualité de créancier privilégié sur le prix du fonds.

Le syndic refusa d'admettre ce privilège et soutint qu'il n'y avait pas eu de nantissement valable, le débiteur étant resté en possession de l'objet donné en garantie.

L'affaire ayant été portée devant le tribunal de commerce de Grenoble, celui-ci décida que le fonds de commerce ne pouvait être assimilé à un meuble incorporel. Étant au contraire un meuble corporel, il faut, pour qu'il puisse être valablement donné en gage, que le débiteur s'en dessaisisse d'une façon réelle, une tradition fictive et symbolique étant tout à fait insuffisante. Or, dans l'espèce, il n'y avait pas eu de dessaisissement matériel; la remise au créancier des titres d'acquisition du fonds ne pouvait être considérée comme réalisant sa mise en possession. Le tribunal repoussa donc les prétentions du créancier et déclara le nantissement nul, comme ayant été constitué en violation de l'article 2076 du Code civil.

Le 16 avril 1886, cette décision fut réformée par la Cour d'appel de Grenoble (1) : La Cour pose en principe que le fonds de commerce est une universalité juridique, comprenant : 1° l'achalandage, le nom et l'enseigne; 2° les ustensiles et les marchandises; 3° les créances actives et passives; 4° les droits utiles se rattachant à l'exploitation, tels que le droit au bail. (Il est intéressant de remarquer que, contrairement à la plupart des autres décisions, cet arrêt admet l'idée d'universalité de droit avec ses conséquences logiques, puisqu'elle comprend dans le fonds les créances relatives à l'exploitation.)

Cette universalité a dans tous les cas une nature incorporelle, sans qu'il y ait lieu de rechercher pour chaque espèce quels sont les éléments prédominants : « Au sur-
» plus, dit la Cour, l'appréciation du tribunal est abso-
» lument contraire au principe consacré sans contestation
» par la jurisprudence, qu'un fonds de commerce, quels
» que soient les éléments qui le constituent, est un meuble
» incorporel. »

Le nantissement fut, par suite, déclaré valable; le dessaisissement avait été suffisamment réalisé par la remise des titres, l'art. 2076 du Code civil n'exigeant qu'une tradition symbolique lorsqu'il s'agit de meubles incorporels; et par la signification au bailleur, le seul débiteur en

---

(1) S., 88, I, 302.

l'espèce, l'art. 2075 était respecté. Le syndic s'étant pourvu en Cassation, le 13 mars 1888, la Chambre des requêtes confirma l'arrêt de la Cour de Grenoble (1).

Comme elle, la Cour suprême reconnaît que le fonds de commerce constitue une universalité juridique de nature homogène. Mais si les deux décisions arrivent en l'espèce à un résultat identique, et traitent toutes deux le fonds de commerce litigieux comme une universalité incorporelle, elles ne semblent pas avoir la même portée. On vient de voir, en effet, que pour la Cour de Grenoble cette solution est vraie pour tout fonds de commerce quel qu'il soit; au contraire, la Cour de cassation semble faire des réserves et laisse entrevoir qu'il pourrait en être autrement dans des hypothèses différentes.

« Attendu que le dit fonds de commerce constituait » ainsi une universalité juridique, composée d'éléments » divers, dont les uns, le matériel et le mobilier, étaient » des meubles corporels, et dont les autres, le titre, l'acha- » landage et le droit au bail, avaient le caractère de meu- » bles corporels;

» Attendu que la partie essentielle d'un fonds de com- » merce *de cette nature* est l'enseigne, l'achalandage et le » droit au bail; que ce sont principalement ces éléments » qui le constituent; et que le mobilier proprement dit « n'est qu'un instrument de son exploitation; attendu, » d'ailleurs, que l'arrêt attaqué déclare que, *dans l'es-*

---

(1) Req., 13 mars 1888. S., 88, I, 302; *Gaz. pal.*, 88, I, 649.

» *pèce*, rien ne permet d'attribuer au mobilier et au
» matériel une valeur supérieure à celle des autres élé-
» ments du fonds de commerce objet du nantissement;
» qu'en jugeant, dans ces circonstances, que le dit fonds
» de commerce pris dans son ensemble était un meuble
» incorporel, la Cour de Grenoble n'a violé aucune loi. »

Par l'emploi des expressions qui ont été soulignées, la
Cour suprême semble bien réserver le cas où les éléments
incorporels cesseraient d'être les plus importants. Sa
théorie semble se résumer à ceci. Le juge doit examiner
quels sont les éléments prédominants dans les fonds de
commerce de la nature de celui qui est soumis à son
appréciation ; dans les fonds de commerce consistant en
hôtels garnis, ce sont les éléments incorporels qui l'emportent, mais il peut en être autrement pour des fonds de
nature différente. C'est un système intermédaire entre
ceux que nous avons examinés et dont l'un reconnaît à
tous les fonds de commerce une nature incorporelle et
l'autre déclare cette nature variable dans chaque espèce.

Quoiqu'il en soit, la Cour de Cassation admet que dans
l'hypothèse sur laquelle elle avait à statuer les formalités
applicables sont celles qui sont requises pour le nantissement des choses incorporelles.

On a vu plus haut que le Code civil, tout en parlant
d'une façon générale de meubles incorporels, n'a en réalité prévu que le gage portant sur des créances.

L'article 2075 exige la rédaction d'un acte authentique
ou sous seings privés dûment enregistré et signifié au

débiteur de l'objet engagé; l'article 2076 exige, dans tous les cas, la mise en possession du créancier gagiste.

On a vu comment ces règles s'appliquaient sans difficulté aux créances. Mais aucune règle spéciale n'ayant été édictée pour le nantissement d'un fonds de commerce, il fallait nécessairement se reporter à ces textes, et la Cour de cassation a essayé de les plier à cette matière spéciale. D'abord, comment se conformer à l'exigence de l'article 2075, en ce qui concerne la signification du nantissement au débiteur de l'objet engagé?

On ne peut songer à assimiler le fonds de commerce à une créance ni à une dette; ce n'est qu'un bien d'une nature particulière. A qui peut-on signifier le nantissement dont on veut l'en faire l'objet?

En analysant le fonds en ses divers éléments, la Cour de cassation, comme celle de Grenoble, s'est aperçue que l'un d'eux, le droit au bail, pouvait être considéré comme une créance.

C'est cet élément qui sert de base pour l'application de l'article 2075 du Code civil. La Cour le considère comme l'un des éléments essentiels du fonds. Or, il est possible de signifier l'acte de nantissement au propriétaire de l'immeuble envisagé comme débiteur. Il ne reste plus qu'à appliquer aux autres éléments la règle *Accessorium sequitur principale* pour que l'article 2075 soit respecté.

Reste l'article 2076 et la nécessité du dessaisissement. Les articles 1607 et 1689 du Code civil décident que la tradition des choses incorporelles peut être réalisée par la remise des titres. La Cour de cassation fait l'application de ce principe aux fonds de commerce et considère que l'art. 2076 est suffisamment respecté du moment où le créancier gagiste ou un tiers convenu a été mis en possession des titres qui établissent le droit du débiteur sur le fonds; et, dans le cas où il s'agit d'un acte notarié, elle n'exige même pas la remise de la grosse et se contente d'une expédition.

« Attendu que lorsque la chose donnée en gage est
» incorporelle pour opérer la constitution du nantisse-
» ment et la création du privilège, il faut, mais il suffit :
» 1° que le créancier gagiste ait signifié l'acte de nan-
» tissement au débiteur de la chose engagé ; 2° que celui
» qui constitue le gage ait remis au créancier gagiste le
» titre établissant son droit sur la chose engagée ; que
» dans ce cas, en effet, la tradition matérielle étant impos-
» sible, la mise et le maintien en possession du gage
» exigés par l'art. 2076 résultent de la remise et de la
» tradition du titre aux mains du créancier ;

» Attendu que lorsque ce titre est un acte authentique,
» ce serait ajouter à la loi que d'exiger la remise de la
» grosse ; que la remise d'une expédition suffit pour
» opérer le dessaisissement du débiteur et l'investisse-
» ment du créancier, et satisfait aux prescriptions légales.

» Attendu qu'il est constaté par l'arrêt attaqué que les
» époux Robin ont remis à Poydenot, au moment même
» où le nantissement était par eux consenti, une expédi-
» tion de l'acte notarié établissant leur droit sur le fonds

» de commerce du Splendide-Hôtel, et que Poydenot a,
» par exploit du 27 janvier 1882, fait signifier l'acte de
» nantissement au propriétaire de l'immeuble; d'où il
» suit que l'arrêt attaqué, en déclarant que dans l'espèce
» le nantissement était régulier et devait produire tous
» ses effets légaux, n'a fait qu'une exacte application de
» la loi. »

§ II. — Conséquences de l'arrêt du 13 mars 1888. — Conflit entre la jurisprudence civile et la jurisprudence consulaire.

On a vu que dans l'affaire du Splendide-Hôtel, deux systèmes opposés avaient été soutenus: celui du Tribunal de Commerce, qui repoussait le dessaisissement fictif, et celui de la Cour de Grenoble et de la Cour de Cassation qui admettait la validité du nantissement.

C'était l'origine du conflit qui devait dans la suite passer à l'état aigu entre les deux juridictions.

A) *Système des Tribunaux civils et des Cours d'appel.* — Les Tribunaux civils et les Cours d'appel se sont soumis respectueusement à la jurisprudence de la Cour de Cassation et ont toujours adopté dans la suite la solution de l'arrêt du 13 mars 1888.

Ils ont constamment décidé que le fonds de commerce constituait une universalité juridique de nature homogène et dont les caractères juridiques devaient se déterminer par ceux de ses éléments essentiels.

Il n'y avait de divergences que sur la détermination de ces éléments, et elles ont été signalées dans la première partie de cette étude. Un grand nombre de décisions généralisent la solution adoptée par la Cour de Cassation. Celle-ci, en effet, en déclarant que dans l'espèce qui lui était soumise le fonds de commerce était un meuble incorporel, ne semblait pas avoir voulu poser un principe général.

La jurisprudence postérieure n'a pas toujours tenu compte de la nuance qui séparait l'arrêt du 13 mars 1888, de celui de la Cour de Grenoble, et elle a cru pouvoir en dégager la règle générale, que les éléments essentiels de tout fonds de commerce sont les éléments incorporels, c'est-à-dire l'enseigne, l'achalange et le droit au bail.

Dans un arrêt du 21 juillet 1892 (1), la Cour de Paris s'écarte des termes de l'arrêt de la Cour suprême et proclame d'une façon explicite le caractère toujours incorporel du fonds de commerce. « Considérant que malgré
» la diversité des éléments dont il se compose, un fonds
» de commerce n'en est pas moins une chose unique ayant
» une existence propre et indépendante de ses parties ;
» que pour déterminer la nature juridique de cette chose,
» les principes généraux du droit commandent de s'atta-
» cher à ses éléments essentiels et de leur accorder la
» prédominance sur ceux qui ne sont qu'accessoires, que
» les éléments essentiels d'un établissement commercial,

---

(1) *Gaz. Pal.*, 92, II, 250.

» ceux qui en constituent réellement le fonds sont le
» titre, l'enseigne et l'achalandage, sans lesquels il ne
» saurait subsister dans son identité; que le matériel, les
» ustensiles et les marchandises, simples moyens d'exploi-
» tation qui peuvent être changés et modifiés sans que
» l'existence même du fonds de commerce en soit affectée,
» n'en sont que des éléments accessoires; que le titre,
» l'enseigne et l'achalandage étant de nature mobilière
» et incorporelle, il en résulte que le fonds de commerce
» tout entier revêt le même caractère (1). »

On voit cependant d'autres décisions faire la même réserve que la Cour de Cassation : « Considérant », dit la Cour de Lyon « que *dans l'espèce*, les éléments essentiels
» et permanents d'un fonds de commerce *de la nature de*
» celui de Vinzio sont le titre, l'enseigne et l'achalan-
» dage qui sont de nature incorporelle et imposent ce
» caractère à l'ensemble du fonds (2). »

Dans sont arrêt du 4 janvier 1896, la Cour de Paris, tout en ne voyant dans le fonds de commerce qu'une simple universalité de fait lui reconnaît cependant une nature homogène déterminée par celle de ses éléments essentiels. « Considérant..... que le caractère juridique
» d'une universalité de fait ainsi créé par la volonté des
« parties ne peut être autre que celui de son élément

---

(1) V. aussi Paris, 24 décembre 1896, *Gaz. pal.*, 97. Paris, 26 février 1895, *Gaz. pal.*, 96, II, 199.

(2) Lyon, 14 mars 1895, *J. pal.*, 1897, 2, 89.

» principal et essentiel, que *dans l'espèce*, cet élément a
» consisté dans le fonds de commerce dont le matériel
» et les marchandises n'étaient que l'occasion et se sont
» confondus avec lui dans un ensemble de nature mobi-
» lière et incorporelle (1). La Cour relève aussi cette circonstance que la valeur pécuniaire de l'achalandage était
dans l'espèce supérieure à celle du matériel et des marchandises.

On trouve des réserves analogues dans d'autres décisions : « Attendu qu'un fonds de commerce *de la nature*
« de celui qui a été donné en gage par Bouthors, doit
» être compris parmi les droits incorporels qui peuvent
» faire l'objet d'un contrat de gage (2) ».

Quoiqu'il en soit, et malgré ces divergences, les arrêts
et jugements aboutissent à peu près dans tous les cas à
traiter le fonds de commerce comme un meuble incorporel,
et ils sont unanimes pour décider que les formalités nécessaires et suffisantes pour sa mise en gage sont : 1° la
signification du contrat au propriétaire de l'immeuble
dans lequel le fonds est exploité ; 2° la remise au créancier
ou à un tiers convenu entre les parties des titres qui
constatent le droit du débiteur sur le fonds (3).

---

(1) Paris, 4 janvier 1896, *J. pal.*, 97, II, 89 ; *Gaz. pal.*, 96, I, 140. — V.
aussi Paris, 6 juin 1896, D., 96, II, 471 ; 22 juillet 1896, *Journ. des trib. de
comm.*, 97, 373 ; 26 octobre 1896, *Journ. des trib. de comm*, 97, 392 ; 24 décembre 1896, D., 98, II, 23 ; 7 août 1897, D, 98, II, 437 ; 7 août 1897. D,
98, II, 437 ; 2 novembre 1898, D., 99, II, 196.

(2) Trib. civ. Seine, 15 janvier 1895, *Gaz. Pal.*, 95, I, 388.

(3) V. trib. civ. Seine, 24 juin 1892, *Gaz.*, 92, II, 461. Paris 21 juillet 1892, *Gaz. pal.*, 92, II, 250. Trib. civ. Seine, 13 novembre 1894, *Gaz. pal.*,
59, I, 159. Paris 26 février 1895, *Gaz. pal.*, 95, I, 392 ; S., 97, II, 95.

Il faut mettre à part l'arrêt du 7 novembre 1898, de la Cour de Paris, qui décide que, dans l'espèce, les éléments incorporels n'étant pas la partie principale du fonds, il faut appliquer la règle *accessorium sequitur principale*, et que le nantissement, pour être valable, aurait dû satisfaire aux conditions exigées pour les meubles corporels (1).

On voit cependant dans l'arrêt de la Cour de Paris du 21 juillet 1892 précité, apparaître des doutes sur l'efficacité des formalités prescrites par la Cour de cassation.

Tout en s'inclinant devant son autorité et bien que ne pensant pas que ces formalités puissent être critiquées en droit, la Cour de Paris semble reconnaître que pour être juridique, la solution de la Cour suprême n'est peut-être pas exempte de dangers : « Attendu que, quelle que soit » en fait la réalité du danger signalé par le syndic, la loi » est restée muette sur les moyens de le prévenir, et qu'il » n'appartient pas au juge d'ajouter à ses dispositions. »

B) *Système des tribunaux consulaires.* — Ce danger commençait, en effet, à inquiéter les praticiens. Jusqu'en 1892, les tribunaux de commerce avaient, comme les tribunaux civils, adopté sans résistance la théorie de la Cour suprême : le 5 juin 1891, le tribunal de commerce de la Seine se ralliait à son système et reconnaissait : « ... que le principe qu'un fonds de commerce, *quels que* » *soient les éléments qui le constituent, est un meuble*

---

(1) *Gaz. pal.*, 6 décembre 1898.

» *incorporel*, est consacré sans contestation par la juris-
» prudence » et que, par suite, les formalités requises
par l'arrêt du 13 mars 1888 étaient suffisantes (1).

Mais bientôt on vit la pratique s'émouvoir des résultats
de la jurisprudence des tribunaux civils, dont les syndics
de faillites ne cessaient de signaler les dangers, et au
lendemain de l'arrêt confirmatif de son jugement du
5 juin 1891, le tribunal de commerce de la Seine aban-
donne son premier système et donne le signal de la
résistance (2).

Sans examiner la question de la nature juridique du
fonds de commerce et sans discuter la conception d'universalité juridique, il se place uniquement sur le terrain
des conditions d'opposabilité du nantissement aux tiers et
décide que les formalités exigées par la Cour de cassation
sont des mesures de publicité tout à fait insuffisantes.

Le fonds de commerce constitue le gage commun de
tous les créanciers du commerçant dont il est le principal
sinon le seul élément de crédit. On ne peut donc admettre
que ce gage puisse être soustrait à la masse des créanciers sans qu'il soit possible à ceux-ci d'en avoir connaissance. C'est cependant ce qui arrive avec la théorie de la
Cour de Cassation, et la publicité dont elle se contente
est complètement illusoire. La remise au créancier des
titres constatant le droit du débiteur sur le fonds et la

---

(1) *Gaz. pal.*, 91, II, 34. *Pand.*, 92, II, 161.
(2) Trib. com Seine, 9 janvier 1892, P , 93, II, 13. *Gaz. pal.*, 92, I, 327.

signification au bailleur n'apprennent rien aux intéressés. En voyant le commerçant rester à la tête de ses affaires, ils peuvent légitimement compter sur la valeur de son fonds de commerce et ne lui accorder leur confiance que dans l'espoir d'être désintéressés sur le prix de ce fonds.

Le seul mode de publicité efficace c'est l'abandon, par le commerçant, de son exploitation, qui seul peut réaliser la condition essentielle du dessaisissement, requise par l'article 2076 C. civil.

Toutes les décisions consulaires postérieures se sont bornées à reproduire en substance les motifs du jugement du Tribunal de commerce de la Seine du 9 janvier 1892. Elles sont unanimes pour repousser la tradition fictive et symbolique admise par la jurisprudence civile et pour exiger la mise en possession réelle et effective du fonds entre les mains du créancier. (1)

Nous n'entrerons pas dans l'examen détaillé de ces jugements, qui tous reproduisent à peu près les mêmes arguments ; nous croyons cependant devoir reproduire le jugement du Tribunal de commerce de St-Etienne du 10 janvier 1894, qui résume d'une façon parfaite les reproches adressés par les tribunaux consulaires à la jurisprudence de la Cour de cassation.

---

(1) V. Trib. com. Seine, 24 août 1893, *Gaz. pal.*, 93, II, 347. Trib. com. St-Etienne, 10 janvier 1894, *Gaz. pal.*, 94, I, 152. Trib. com. Seine, 4 août 1894, S., 97, 2, 95 ; id., 13 décembre 1894, *Gaz. pal.*, 95, I, 67 ; id., 26 février 1895, S., 97, II. 95 ; id., 16 août 1895, *Gaz. pal.*, 95, II, 348 ; id., 21 novembre 1895, *Gaz. pal*, 96, I, 194 ; id., 18 janvier 1896, S., 97, II, 95 ; id., 6 mars 1896, *Gaz. pal.* 30 avril 1896.

« Attendu que le contrat de gage est régi, en matière
» de commerce, non seulement par les dispositions des
» articles 2075 et 2076 du Code civil, mais encore par
» celles des articles 91 et 92 du Code de commerce ; qu'il
» est spécialement de l'essence de ce contrat que le
» privilège en résultant ne peut être obtenu et conservé
» qu'autant que l'objet donné en gage a pu être mis et de
» fait a été mis et est resté en la possession du créancier
» ou d'un tiers convenu entre les parties ; qu'il est aisé de
» comprendre, en effet, que si l'objet constitué en gage
» au profit d'un créancier reste entre les mains du débi-
» teur, ce dernier qui ne s'est pas dessaisi et qui, aux yeux
» des tiers, peut et doit être considéré comme restant
» toujours propriétaire de sa chose, sans qu'aucun signe
» extérieur vienne révéler, à ceux qui sont appelés à
» traiter avec lui, que cette chose est grevée d'un
» privilège dont rien n'accuse l'existence, pourra abuser
» du crédit que lui donne la possession d'un meuble incor-
» porel dont en réalité il n'a conservé que la propriété
» nominale ; que c'est pour ce motif que la loi civile et la
» loi commerciale ont prescrit impérativement pour la
» conservation du privilège résultant d'un contrat de
» gage (que le gage s'applique à des meubles corporels
» ou à des meubles incorporels), la tradition matérielle
» aux mains du créancier gogiste de l'objet cédé à titre
» de gage.

» Attendu que les principes ci-dessus doivent s'appli-
» quer à un fonds de commerce, que la fiction juridique

» qui assimile un fonds à un droit incorporel ne peut
» empêcher que ce fonds ne soit inséparable des éléments
» matériels qui font connaître son existence aux tiers ;
» qu'un fonds de commerce constitue au premier chef un
» actif apparent sur l'importance duquel les tiers règlent
» généralement leur crédit ; que c'est donc aller contre
» les principes fondamentaux de la loi du gage que de
» considérer comme valable la dation en gage d'un fonds
» de commerce dont le débiteur conserve la possession et
» continue l'exploitation sans qu'aucun signe extérieur
» avertisse les tiers que cet élément d'actif ne fait plus
» partie du patrimoine de celui qui est appelé à devenir
» leur débiteur.

» ... Attendu que les formalités accomplies par Martel
» (remise du titre d'acquisition et signification au bailleur)
» ne paraissent pas au tribunal suffisantes pour atteindre
» le but que Martel s'était proposé ; que, dans la pensée
» du tribunal, décider le contraire serait non pas appli-
» quer la loi, mais la faire ; qu'en matière de privilège
» tout est de droit étroit et que la loi ayant prescrit impé-
» rativement la tradition matérielle aux mains du créan-
» cier gagiste de l'objet mis en gage, il en résulte que
» toutes les fois que cette formalité n'est pas accomplie
» le contrat de gage reste imparfait et ne saurait donner
» naissance au privilège qui doit en découler.

» Attendu que la tradition matérielle imposée par la
» loi ne saurait être suppléée par une tradition symbo-
» lique du genre de celle adoptée par Martel, car dans

» une matière où tout est de droit étroit, il est impóssible
» de procéder par voie d'équipollents.

» Attendu qu'un principe certain domine en matière
» de gage; qu'il faut que le débiteur se dessaisisse et,
» de plus, se dessaisisse ostensiblement, que par sa
» dépossession le débiteur fasse sortir sa chose de ses
» mains et que ce passage annonce aux tiers qui ont à
» traiter avec lui qu'il est appauvri de cette chose; que la
» sécurité du commerce exige que ce déplacement montre
» la mesure du crédit qu'il convient d'accorder au débi-
» teur; que dès lors de deux chose l'une : ou la tradition
» matérielle de l'objet mis en gage est impossible parce
» que cet objet ne se prête pas à une appréhension phy-
» sique, et alors l'objet dont il s'agit ne peut entrer dans
» la combinaison d'un contrat de gage, ou cette tradition
» matérielle est possible, et alors la chose proposée en
» nantissement peut faire l'objet d'un contrat de gage,
» mais dans ce cas, elle doit pendant toute la durée du
» contrat être possédée par le créancier gagiste. »

Les tribunaux de Commerce reconnaissent d'ailleurs
que leur exigence de la dépossession effective du débiteur
présente de réels inconvénients pratiques et aboutit en fait
à interdire aux commerçants de donner leur fonds en
nantissement.

Le tribunal de commerce de la Seine va même jusqu'à
nier la possibilité juridique de ce procédé (1), et dans un

______

(1) 21 novembre 1895, *Gaz. pal*, 96, I, 194.

jugement du 18 janvier 1896 (1), il fait appel à une notion nouvelle : celle de la condition impossible (art. 1172, C. civ.) Le nantissement n'est valable qu'à la condition que le débiteur se dessaisisse effectivement et ostensiblement de son fonds de commerce. Or, ce dessaisissement ne peut être effectué que par la substitution d'un tiers au débiteur dans l'administration de son commerce et la réalisation de cette condition est impossible en droit. En effet, ou bien le débiteur qui n'a plus la direction de ses affaires, qui n'est, devant le gérant qui le remplace, qu'un spectateur passif, devra cependant être déclaré responsable envers les tiers des fautes commises par ce gérant, et cette solution serait d'une souveraine injustice ; ou bien il n'en sera pas responsable, mais alors à qui incombera cette responsabilité ?

Ce ne pourra être au gérant qui n'agit pas pour son compte, et alors on se trouve en présence d'une nouvelle impossibilité juridique : Les tiers vont se trouver désarmés et n'auront aucun recours à raison des fautes commises envers eux. On est donc bien dans le domaine d'application de l'article 1172 C. civ., et le nantissement d'un fonds de commerce est impossible, comme soumis à l'accomplissement d'une condition impossible.

Telle est la dernière étape de la jurisprudence consulaire qui dès le début s'était montrée hostile à la pratique des nantissements de fonds de commerce. Après en avoir

---

(1) *Gaz. pal* , 96, I, 258. S , 97, II, 95.

rendu le fonctionnement presqu'impossible tout en en admettant le principe, elle devait aboutir à leur refuser toute existence, même théorique.

SECTION III

**Examen critique de la jurisprudence antérieure
à 1898.**

On a vu que la doctrine de la Cour de cassation, suivie par la jurisprudence civile, avait soulevé des protestations, et c'est à juste titre que les syndicts de faillites y voyaient un grave danger pour le crédit public.

Elle permettait, en effet, au commerçant de soustraire à ses créanciers et à leur insu le plus clair de son actif; il est certain que les formalités qu'elle prescrivait ne pouvaient être, au point de vue de la publicité, d'aucune efficacité, et tout le monde s'accordait à le reconnaître.

En ce qui concerne la signification du nantissement au bailleur, elle est complètement illusoire : En matière de gage de créances, la signification au débiteur est censée porter le contrat à la connaissance des tiers qui peuvent se renseigner auprès de lui, mais ce but ne peut être ici complètement atteint.

La signification informe bien le bailleur du nantissement, mais elle n'informe que lui, qui est précisément le tiers ayant le moins d'intérêt à en avoir connaissance.

Le bailleur, dit M. Thézard, dans son rapport au Sénat, « n'a nul intérêt dans l'affaire, ses droits étant toujours

» sauvegardés, tant contre le locataire primitif que contre
» le sous-locataire ou cessionnaire du bail. »

On a fait remarquer aussi qu'en admettant que les autres tiers pussent avoir connaissance de cette signification, ils peuvent croire qu'il ne s'agit que du nantissement du droit au bail et non du fonds tout entier.

De plus, l'accomplissement de cette formalité n'est pas toujours possible. Le droit au bail peut ne pas exister si le commerçant est propriétaire des locaux dans lesquels il exerce son exploitation. Sans doute, cette hypothèse est assez rare, puisque le nantissement est surtout pratiqué par les petits détaillants ne possédant pas d'immeubles, et que les autres ont à leur disposition le procédé plus sûr de l'hypothèque. Il n'en est pas moins vrai que le cas peut se présenter et on ne peut alors exiger du commerçant qu'il se fasse à lui-même cette signification.

Quant à la remise des titres de propriété du fonds, elle est tout aussi impuissante à remplir le but que se sont proposé les rédacteurs du Code civil, en édictant l'art. 2075. En ce qui concerne les créances, on a vu plus haut que les formalités prescrites par cet article ne sont pas sans prêter à la critique. On conçoit cependant qu'elles réalisent jusqu'à un certain point la publicité du nantissement. En privant le créancier du titre de sa créance, on lui enlève bien en fait tout moyen de l'utiliser. Il en est tout autrement du fonds de commerce.

Peut-on dire qu'un commerçant qui reste à la tête de ses affaires a perdu la possession de son fonds ?

« Les tiers qui voient le titre de la créance entre les
» mains du gagiste savent que le débiteur n'a plus la
» libre disposition de sa créance. Au contraire, les tiers
» qui voient le débiteur à la tête de son exploitation
» commerciale ne peuvent se douter qu'un créancier a,
» par un gage fictif et dépourvu de publicité, acquis un
» privilège sur un fonds de commerce, et toutes les forma-
» lités de l'article 2174 et suivants étant édictées pour
» faire connaître le gage à ces tiers, il faut que la posses-
» sion soit visible à tous les yeux. (1) »

On ne voit pas ce que pouvait apprendre aux tiers la
remise au créancier des titres de propriété du fonds ; on
ne pouvait exiger des fournisseurs qu'ils se fassent
représenter ces titres avant toute livraison. Cette précaution elle-même eut d'ailleurs été insuffisante avec le
système de la Cour de cassation, qui se contente de la
remise d'une expédition. Le nombre des expéditions étant
illimité, cette production n'eut rien prouvé, et comme le
fait remarquer M. Pignolet (2), il résultait de cette jurisprudence qu'en la matière un acte sous seings privés était
préférable à un acte authentique.

On peut aussi faire la même observation que pour la
signification au bailleur : la remise des titres pouvait être
impossible si le fonds donné en gage avait été créé par le
débiteur.

---

1) WAHL. Note sous Paris, précitée, N° VII.

(2) ARM. PIGNOLET. Un fonds de commerce peut-il être donné en nantissement, *Rev. du Notariat*, 1896, N° 9584.

Il aurait cependant fallu se résigner à ces inconvénients s'il avait été démontré que la jurisprudence de la Cour de cassation trouvait dans les textes une base certaine et était conforme aux principes essentiels du contrat de gage.

Mais il n'en était rien. On a vu, dans la première partie de cette étude, ce qu'il fallait penser de sa conception du fonds de commerce comme universalité juridique de nature homogène et incorporelle. L'opinion que nous avons admise avec la majorité des auteurs, et d'après laquelle le fonds de commerce ne constituait qu'une simple universalité de fait, dont chaque élément conservait sa nature propre, doit conduire à décider que chacun d'eux devait, pour être valablement donné en gage, obéir aux règles commandées par sa nature intrinsèque. Par conséquent, en admettant que les formalités requises par la Cour de cassation soient suffisantes pour réaliser le nantissement des meubles incorporels en général, elles auraient dû être restreintes aux éléments immatériels du fonds de commerce. Les éléments corporels, outillage et marchandises, auraient dû, suivant les principes généraux du Code civil et du Code de commerce, être mis en la possession réelle et effective du créancier gagiste ou d'un tiers convenu entre les parties.

Mais il faut aller plus loin et, en supposant même admise cette idée d'universalité juridique, il semble que la jurisprudence civile ne la suivait pas dans ses conséquences logiques. L'importance qu'elle a donnée au droit au bail et le rôle qu'elle lui a fait jouer nous paraissent tout à fait injustifiés. Si le fonds de commerce est une véritable universalité juridique, le droit au bail est comme les autres éléments confondu dans son ensemble. Nous avons même vu qu'il n'était jamais qu'un élément accessoire. C'est donc le caractère de cet ensemble qui seul doit être pris en considération, et on ne peut y voir une créance mais un bien d'une nature particulière qui ne connaît ni créancier ni débiteur. La signification au bailleur ne repose par conséquent sur rien.

Admettons également un instant que cette universalité juridique soit de nature incorporelle. Il n'en reste pas moins vrai que pour être donnée en gage elle doit être mise en la possession du créancier, conformément aux principes essentiels de la matière, contenus dans les articles 2076 du Code civil et 92 du Code de commerce ; et cette mise en possession ne peut être réalisée que par une mainmise physique, une appréhension matérielle, et non par une simple tradition fictive et symbolique.

Sans doute, cette tradition fictive peut être considérée comme suffisante en ce qui concerne les créances pour lesquelles on conçoit difficilement un autre procédé de dessaisissement : et c'est ce qui explique que les rédacteurs du Code aient fait fléchir les principes rigoureux de la possession devant les nécessités pratiques.

Mais c'est à tort que la jurisprudence a voulu étendre cette solution à tous les meubles incorporels dont l'article 2075 ne s'est pas occupé. Le véritable mode de possession juridique est celui qui consiste dans l'exercice du droit, celui qu'indique l'article 1607 Code civil, d'après lequel la tradition des droits incorporels peut résulter de l'usage qu'en fait l'acheteur du consentement du vendeur, et c'est le seul qui doit être admis lorsqu'il est possible.

Or, on ne peut nier qu'il en soit ainsi pour le fonds de commerce, qui apparaît au plus haut degré comme susceptible de possession matérielle. Il est évident que posséder un fonds c'est l'exploiter au vu et au su de tous et, logiquement, la jurisprudence qui y voyait une universalité juridique, aurait dû exiger que cette universalité fut mise réellement en possession du créancier gagiste ou d'un tiers convenu, ce qui n'a rien d'impossible.

En voyant le débiteur abandonner son exploitation aux mains d'une tierce personne, le public eut été averti d'une façon certaine de la constitution du nantissement et les art. 2076 du Code civil et 92 du Code commercial eussent été respectés.

La résistance des tribunaux consulaires était donc légitime et elle avait obtenu l'approbation de tous les auteurs.

Il faut cependant reconnaître que leur doctrine, pour être la seule juridique, ne présentait pas moins de très réels inconvénients et équivalait en fait à l'interdiction des nantissements de fonds de commerce.

Mais c'était aller trop loin que de les déclarer, comme le faisait le tribunal de commerce de la Seine, impossibles en droit. Comme l'a fait très justement remarquer

M. Wahl (1), « ce n'est qu'une objection de sentiment;
» elle explique que la jurisprudence se soit crue obligée
» de permettre au débiteur de rester en possession du
» fonds donné un gage, et elle appelle une modification
» législative, mais elle n'a aucune importance en droit.
» Le créancier ou le tiers convenu qui exploitent le fonds
» de commerce remis en gage n'en sont pas propriétaires;
» les actes qu'ils accomplissent sont donc faits pour le
» compte du débiteur. Cela est fâcheux pour celui-ci,
» sans doute, mais comme le gage est un contrat, c'est-
» à-dire un acte volontaire, le débiteur serait mal venu
» de répudier les obligations qui de cette exploitation
» naissent à sa charge. »

Nous n'entrerons pas dans de plus longs développements sur cette jurisprudence et nous nous contenterons de renvoyer à la note très documentée de M. Wahl et à l'article de M. Arm. Pignolet, déjà cités.

En somme, avec la théorie soutenue par la jurisprudence civile, on aboutissait à sacrifier l'intérêt des tiers en ouvrant toute grande la porte à la fraude, par l'établissement de nantissements occultes; avec celle des tribunaux de commerce on ne protégeait les tiers qu'aux dépens du débiteur. Tout le mal venait de l'insuffisance de notre législation en matière de sûretés réelles, et il y avait là une situation qui n'était pas sans précédents. Nous avons montré que certains biens, par leur nature, répugnent à

____

(1) Note précitée, N° V.

la constitution d'un gage ; c'est ainsi qu'avant 1874, on s'était trouvé en présence de difficultés semblables lorsqu'on avait voulu appliquer ce procédé aux navires. L'expérience avait prouvé qu'il n'en était pas autrement des fonds de commerce.

Par leur nature, ces biens sont complètement rebelles à la pratique du gage et incompatibles avec un dessaisissement réel. La solution intermédiaire proposée par MM. Magnier et Pruvost, sorte de transaction entre la validité consacrée par la jurisprudence civile et la nullité radicale, était inadmissible (1). Il aurait fallu, d'après ces auteurs, rechercher si, en fait, pour chaque espèce, l'élément qui représente la valeur dominante du fonds est l'élément incorporel ou l'élément matériel. Dans le premier cas, la tradition symbolique aurait suffi pour rendre le nantissement valable : « Il y aura partout une question d'espèce. »

Cette théorie prête aux mêmes objections que celle de la Cour de cassation. Même dans ce cas, et en supposant le nantissement réduit aux éléments incorporels, le dessaisissement réel s'imposait. De plus, comme le fait remarquer M. Pignolet, une telle solution est antijuridique : « Voici un acte de nantissement. Est-il nul ? » Est-il valable ? Attendons, pour le savoir, que le tribunal » ait pris la peine de nous le dire. On ne sera fixé sur le

---

(1) *Du nantissement constitué sur un fonds de commerce*, Nos 15, 23, 24 et 33.

» sort d'un acte que lorsque la justice se sera spéciale-
» ment prononcée à son égard. Théorie réjouissante pour
» les seuls mortels voués à la procédure (1). » Ce n'est
que dans une autre institution qu'on pouvait trouver la
solution du problème, mais il fallait pour cela une intervention législative (2).

(1) Op. cit., p. 407.

(2) Sur la question du nantissement avant 1898, V. aussi R. Barbier *De la dation en nantissement des fonds de commerce*, p. 10 à 22. — Catalan. Op. cit., p. 57 et suiv. — Nantet. Op. cit., 2ᵉ partie. sect. II. — Bellom. Op. cit., p. 67 et suiv. — Montier. *Des nantissements de fonds de commerce*, p. 15 et suiv.

CHAPITRE II

La loi du 1ᵉʳ Mars 1898.

SECTION I

Précédents de la loi.

L'antinomie chaque jour plus forte qui existait entre les deux juridictions, les inconvénients respectifs des deux systèmes en présence et leur impuissance à aboutir à une solution satisfaisante, avaient eu sur les affaires une répercussion fâcheuse.

Régulièrement les nantissements étaient annulés par les tribunaux de commerce, dont les décisions étaient non moins régulièrement infirmées par les Cours d'appel. En se prolongeant, cette situation aurait eu pour résultat certain la disparition des nantissements.

Etait-il possible de remédier aux dangers de la solution de la jurisprudence civile sans pour cela interdire l'utilisation du fonds de commerce comme instrument de crédit ?

Certains auteurs l'ont nié : « Comme le fonds de » commerce répugne par sa nature même à la constitution

» du gage », dit M. Pignolet (1), « on s'est imaginé que
» le législateur pouvait décréter l'impossible et qu'un
» système de publicité allait rendre le nantissement
» pratique.

» C'est toujours la même superstition du texte; c'est
» l'éternelle erreur sur l'efficacité des lois, il n'y a rien
» là qui puisse surprendre : la réglementation compliquée
» est l'expédient d'une institution vermoulue ou le signe
» qu'elle l'est. »

Il y a là une exagération. Sans doute, le fonds de commerce n'est pas susceptible de gage, cela ne fait aucun doute, et tant que l'on restera sur ce terrain, on rencontrera des difficultés insolubles. Mais le gage n'est pas le seul mode de constitution de sûreté et on aurait pu, tout aussi bien avant 1874, soutenir que les navires n'étaient pas susceptibles de sûretés réelles, puisque leur adaptation aux règles du gage avait rencontré les mêmes obstacles.

L'expérience a cependant montré qu'il n'en était rien et que l'emploi du procédé de l'hypothèque permettait d'aplanir les difficultés.

Or, nous avons fait remarquer l'analogie qui existe entre les fonds de commerce et les navires ; le rapprochement qui vient d'être fait à propos de leur mise en gage ne peut que confirmer cette idée. Il eut donc été logique de songer à leur appliquer le même procédé d'impignoration et de chercher, comme on l'avait fait pour les navires,

---

(1) Op. cit., p. 408.

à organiser la publicité sur une autre base que le dessaisissement.

Le législateur pouvait trouver une précieuse indication dans le régime des hypothèques et dans le précédent créé par la loi de 1874.

Il est si vrai que l'hypothèque est la seule sûreté applicable au fonds de commerce, que les efforts de la jurisprudence civile n'avaient abouti, en réalité, qu'à la création d'une véritable hypothèque, puisqu'elle avait supprimé le dessaisissement. Mais c'était une hypothèque occulte, avec tous les dangers que présentent, pour les tiers, celle du droit romain et de l'ancien droit.

Il suffisait, pour la rendre inoffensive, de la compléter par un bon système de publicité qui aurait concilié d'une façon heureuse les intérêts du débiteur et ceux des tiers.

L'organisation de cette publicité n'était nullement impraticable.

Les caractères de stabilité qui différéncient les fonds de commerce des meubles ordinaires permettent l'établissement d'un centre d'informations et la solution du problème était beaucoup plus simple qu'on aurait pu le penser.

M. Wahl, dans son étude de la jurisprudence antérieure à 1898, avait déjà dégagé cette idée : « Le système de » la jurisprudence, dit-il, ressuscite l'hypothèque mobi-
» lière que le Code civil a supprimée : En effet, le carac-
» tére de l'hypothèque est d'être un droit réel sur des
» objets laissés en possession du débiteur, et tel est le

» cas d'un nantissement qui ne dépouillerait pas le
» débiteur de sa chose. Or, on sait les inconvénients de
» l'hypothèque des meubles et pourquoi le Code civil l'a
» interdite. Le principal de ces inconvénients est l'absence
» de publicité, et nous avons ici une hypothèque dépour-
» vue de publicité....... Un remède législatif doit donc
» être cherché. Il est facile à indiquer. On supprimera
» les inconvénients pratiques des deux systèmes en
» permettant au débiteur de garder la possession du
» fonds donné en nantissement, et en organisant des
» mesures de publicité qui permettent aux tiers de
» connaître le nantissement et le privilège qu'il confère
» au créancier vis-à-vis d'eux. Il suffira pour cela
» d'établir un registre dans lequel seront inscrits les
» nantissements ou, si l'on veut, les hypothèques des
» fonds de commerce. Ce registre a pu être institué pour
» les navires; pourquoi n'existerait-il pas pour les fonds
» de commerce ? » (1)

C'était, en effet, la seule solution possible ; il fallait se
placer résolument sur le terrain de l'hypothèque. Restait à
organiser sa publicité. Diverses propositions qu'il faut
examiner sommairement ont été faites dans ce but.

Deux d'entre elles émanent de M. Poulain de Corbion (2).
Il proposait d'abord de remplacer le dessaisissement du
débiteur par la publication du nantissement, par la voie

---

(1) Note précitée, Nos VIII et IX.
(2) *France vinicole*, cité par MM. MAGNIER et PRUVOST, op. cit., No 31.

de la presse. L'article 92 du Code de commerce aurait été complété par un paragraphe ainsi conçu : « En ce qui » concerne les fonds de commerce, le nantissement ne » pourra être constitué que dix jours après que le pro- » priétaire du fonds aura fait mentionner son inten- » tion dans un journal d'insertions légales. Pendant ce » délai les créanciers auront le droit d'y faire oppositon » au greffe du tribunal de commerce et le nantissement » ne pourra avoir lieu que sur un certificat du greffier » constatant qu'il n'y a pas d'oppositions ou sur la justi- » fication du paiement ou du consentement des créanciers » opposants. »

Il proposait aussi un autre moyen dont semble s'être inspiré le législateur de 1898. Les nantissements auraient été rendus publics par une inscription prise sur les regis- tres de la conservation des hypothèques.

MM. Magnier et Pruvost, proposaient également de recourir à la publicité par la voie de la presse. Un extrait de l'acte de nantissement, indiquant le nom du créancier et le montant de la créance garantie aurait été inséré dans un journal judiciaire de l'arrondissement du lieu d'exploi- tation (1).

Enfin, sans parler du précédent créé dans notre droit par les lois du 10 décembre 1874 et du 10 juillet 1885, sur l'hypothèque maritime, et par la proposition de loi déposée par M. Plichon et adoptée en première délibéra-

---

(1) Op cit., N° 35.

tion par la Chambre des députés, le 24 mai 1897, pour étendre à la batellerie fluviale le régime hypothécaire, le législateur pouvait s'inspirer de certaines dispositions des législations étrangères, sur lesquelles nous aurons à revenir, et qui admettent pour certains meubles la constitution de gages sans déplacement accompagnés de mesures de publicité tels que l'inscription sur des registres publics.

On pouvait reprocher aux moyens proposés par MM. Magnier et Pruvost et Poulain de Corbion de n'atteindre qu'imparfaitement le but auquel ils tendaient. On a d'abord reproché à l'emploi de la voie de la presse d'être dangereux pour le crédit du débiteur, en divulguant à tous une situation qui peut n'être que momentanée. Il importe, dit-on, que la publicité soit aussi discrète que possible et ne s'adresse qu'aux intéressés (1). Mais le plus grave défaut de la publicité par la voie de la presse c'est de manquer nécessairement d'efficacité. Elle ne s'adresse qu'à un cercle de personnes relativement restreint; les intéressés peuvent ne pas en avoir connaissance. En tout cas, elle a le défaut de nécessiter de multiples recherches et, au bout de quelque temps, il n'en reste plus trace. Aussi ce procédé n'est-il admissible que subsidiairement et pour renforcer des mesures de publicité confiées aux soins de fonctionnaires spéciaux, comme les conservateurs des hypothèques ou les greffiers des tribunaux de commerce.

---

(1) V. Bellom. Op. cit., p. 96.

Quant au premier moyen proposé par M. Poulain de Corbion, il aboutit, comme le font remarquer MM. Magnier et Pruvost, à poser en principe qu'un commerçant qui veut donner son fonds en garantie ne doit avoir aucun créancier (1).

Son second procédé, c'est-à-dire l'inscription du nantissement à la conservation des hypothèques, était bien préférable. C'était peut-être même la solution la plus simple et la plus heureuse. On aurait ainsi créé sans contestations l'hypothèque des fonds de commerce, dont on aurait réglé le fonctionnement sur celui des hypothèques immobilières, ce qui n'eût sans doute pas soulevé de bien grandes difficultés.

Mais cette proposition souleva des protestations parmi ceux qui poussent jusqu'au culte le respect des principes du Code civil. On lui reprochait de bouleverser les règles de notre crédit mobilier et de jeter à bas la distinction surannée entre meubles et immeubles, qui est la base de tout notre régime hypothécaire. Elle instituait une hypothèque mobilière et c'était là porter une main sacrilège sur l'édifice élevé par le législateur de 1804. Il n'en fallut pas plus pour la faire rejeter, comme si la vieille règle « meubles n'ont pas de suite par hypothèque » n'avait pas déjà été battue en brèche et comme si notre législation avait, en matière de sûretés réelles, atteint la perfection. Nous verrons bientôt, d'ailleurs, que le reproche fait à

(1) Op. cit., N° 35.

M. Poulain de Corbion peut, si c'en est un, être adressé au législateur de 1898.

Il faut encore citer les mesures transitoires proposées par MM. Magnier et Pruvost, pour rendre publics les nantissements de fonds de commerce, en attendant une réforme législative. Une circulaire ministérielle aurait décrété que tous les actes de nantissement seraient enregistrés au bureau d'enregistrement du lieu d'exploitation du fonds.

Conformément à l'art. 58 de la loi de frimaire an VII, le receveur aurait été tenu de déliver, sur le vu d'une ordonnance du juge de paix, un extrait de ses registres concernant le nantissement.

Section II

Elaboration de la loi.

L'élaboration de la loi du 1ᵉʳ mars 1898 fut très simple et très imparfaite ; elle ne donna pour ainsi dire lieu à aucune discussion. L'initiative en est due à M. Millerand, député, qui le 1ᵉʳ mai 1893 déposa sur le bureau de la Chambre des députés une proposition ainsi conçue : (1)

Article unique. L'article 2075 du Code civil est ainsi complété :

« En outre, chaque dation en nantissement d'un fonds

----

(1) *Journal officiel*, débats parlem., Chambre des dép., séance du 1ᵉʳ mai 1893, p. 1316 ; docum. parlem., juillet 1893, p. 663.

» de commerce devra, à peine de nullité, recevoir mention
» sur le registre public tenu à cet effet au greffe du
» Tribunal de commerce du domicile du cédé. »

Cette proposition était accompagnée de l'exposé des
motifs suivants : « L'article 2075 du Code civil, contenu
au titre XVII, *Du Nantissement*, chapitre I, *Du Gage*,
est ainsi conçu :

« Le privilège énoncé en l'article précédent ne s'établit
sur les meubles incorporels, tels que les créances mobilières que par acte public ou sous seings privés, aussi
enregistré et signifié au débiteur de la créance donnée
en gage.

Une jurisprudence constante qui se justifie, au point de
vue économique aussi bien que juridique, par les raisons
les plus fortes, range les fonds de commerce au nombre
des meubles incorporels.

» En conséquence, pour que le propriétaire d'un fonds
en opère le nantissement il ne lui est pas nécessaire de
s'en déposséder. Le contrat de gage demeure donc caché
aux tiers. L'enregistrement de l'acte sous seings privés
tout comme l'authenticité de l'acte public impriment au
contrat date certaine, ils n'en assurent pas la publicité.

« Le simple bon sens suffit, en effet, pour apercevoir
les inconvénients graves pour les tiers du secret qui
enveloppe cette dation en gage. L'expérience les a du
reste mis en plein relief. Pour faire disparaître des
relations commerciales, cette cause de méfiance et d'insé-
curité, il n'est pas besoin d'apporter au texte de l'article
2075 aucune modification.

» Une simple addition est nécessaire et suffisante. Il n'est utile que de prescrire la publication de toute dation en nantissement d'un fonds de commerce.

» Cette innovation ne fait aucune brèche dans le système que le législateur de 1804 a appliqué au contrat de gage. Nous inspirant des besoins du commerce, nous proposons seulement d'adapter à une situation particulière une publicité spéciale.

» Peut-être pourra-t-on transporter avec avantage cette disposition nouvelle dans l'organisation du crédit agricole si l'on veut permettre au travailleur des champs de transformer son instrument de labour en instrument de crédit et d'engager sans déplacement sa charrue, ses bestiaux, ses récoltes pendantes.

» Nous ne vous demandons, par la proposition dont le texte suit, que de mettre un terme aux abus dont la mise en gage des fonds de commerce a fourni de trop fréquents exemples. »

La Commission d'initiative parlementaire conclut à sa prise en considération, votée le 19 juin 1893, sur le rapport de M. Buvignier, qui rappelle les lacunes de notre législation, en ce qui concerne la publicité des cessions et nantissements des meubles incorporels en général (1).

Atteinte de caducité par suite du renouvellement de la législature, la proposition fut reprise le 18 mai 1895 (2),

____

(1) Chambre des dép., seance du 8 juin 1893, *Journ. off.*, doc parlem., annexe, N° 2803.

(2) *Journ. off.*, doc. parlem., annexe, N° 1324, p. 516.

et prise en considération sur un rapport sommaire de M. Laurençon, le 21 juin 1897 (1). Elle donna lieu à un rapport plus détaillé de son auteur, le 5 novembre 1897 (2), et fut votée par la Chambre des Députés, le 12 novembre 1897, telle qu'elle avait été présentée.

Transmise au Sénat, elle y fit l'objet d'un rapport de M. Thézard, qui proposa quelques modifications de texte, dont la plus importante réside dans la suppression des mots « en outre » par lesquels elle débutait primitivement (3).

M. Thézard fait remarquer dans son rapport le caractère illusoire de la signification au bailleur et la nécessité de laisser le débiteur en possession du fonds.

En conséquence, il proposa de donner à la loi la rédaction suivante : « l'article 2075 du Code civil est ainsi » complété : tout nantissement d'un fonds de commerce » devra, à peine de nullité vis-à-vis des tiers, être inscrit » sur un registre public, tenu au greffe du tribunal » de commerce dans le ressort duquel le fonds est » exploité. »

Ce texte fut voté par le Sénat, le 8 février 1898 (4).

---

(1) *Journ. off.*, doc. parlem , annexe, N° 2533, p. 1406. *Journ. off.* du 22 juin 1897, déb parlem., p. 1596.

(2) *Journ. off.*, doc. parlem , session extraord. de 1897, annexe, N° 2771, p. 93-94. *Journ. off.* du 13 novembre 1897, déb. parlem., p. 2391.

(3) Exposé des motifs : *Journ. off* , doc. parlem., session extraord. de 1897, annexe, N° 24, p. 614. Texte du rapport : *Journ. off.* du 20 février 1898, session extraord. de 1897, doc parlem., annexe, N° 94, p. 809.

(4) *Journ. off.* du 9 février 1898, déb parlem., p. 118.

Transmise de nouveau à la Chambre des députés (1), la loi fut votée dans la séance du 25 février 1898 (2), avec les modifications introduites par la Commission du Sénat, et promulguée le 1er mars 1898.

SECTION III

Idée générale de la réforme. — Nature de la sûreté nouvelle créée par la loi du 1er mars 1898.

Une idée très nette se dégage de l'examen des travaux préparatoires. C'est qu'on a voulu mettre un terme au conflit de jurisprudence qui s'était élevé, et remédier aux inconvénients respectifs des deux systèmes en présence.

Les quelques documents qui composent les travaux préparatoires ne sont, en somme, qu'un commentaire des débats judiciaires.

La théorie admise par les tribunaux de commerce rendait en fait les nantissements impraticables. On pensa qu'il y avait avantage à les favoriser.

Leur fonctionnement ne rencontrait guère de difficultés avec le système de la jurisprudence civile, mais tout en reconnaissant en principe la légalité de l'arrêt du 13 mars 1888, les travaux préparatoires font ressortir les dangers qui en résultaient pour le crédit public.

---

(1) Exposé des motifs : *Journ. off.*, doc. parlem. de 1898, annexe, N° 3022. Texte du rapport de M. Millerand : *Journ. off.*, doc parlem , session extraord. de 1898, annexe, N° 3034, p. 680

(2) *Journ. off.* du 26 février 1898, déb. parlem., p. 848.

Un premier point qui se dégage nettement de leur étude, c'est qu'on a voulu permettre d'appliquer à tous les éléments du fonds de commerce une formalité unique et globale. Comme nous l'avons vu dans notre première partie, le rapport de M. Millerand et celui de M. Thézard sont d'accord pour approuver la jurisprudence qui considérait le fonds de commerce comme ayant une nature homogène, mobilière et incorporelle. En édictant une formalité unique applicable à la fois aux objets matériels et aux meubles incorporels qui entrent dans la composition du fonds de commerce, la loi a réalisé la solution du problème de l'homogénéité, et au point de vue de leur mise en gage, ces éléments ne doivent plus être envisagés séparément les uns des autres.

Une préoccupation constante qu'on relève également dans les travaux préparatoires, c'est celle de permettre au débiteur de rester à la tête de son exploitation tout en donnant son fonds au nantissement.

Dans la proposition de M. Millerand, la nécessité du dessaisissement subsistait pour le gage des fonds de commerce comme pour celui de tout autre objet. Seulement, il suffisait d'un dessaisissement symbolique réalisé par la remise des titres de propriété du fonds. C'était la consécration législative de la théorie de la jurisprudence civile qu'on complétait par des mesures de publicité, ajoutées aux conditions de validité exigées par les articles 2075 et 2076.

M. Millerand pouvait donc, sans trop d'inexactitude,

proclamer que l'innovation qu'il proposait ne faisait
« aucune brèche dans le système que le législateur de
» 1804 a appliqué au contrat de gage ».

Mais la portée de la disposition votée par le Sénat est
autrement importante. Il résulte des termes du rapport
de M. Thézard, que désormais, l'inscription au greffe du
tribunal de commerce est la seule formalité requise pour
la validité du nantissement.

Il n'est plus question de desssaisissement, soit réel,
soit fictif. C'est ce que dit formellement M. Thézard :
« La portée de la disposition nouvelle va plus loin. Elle
» supprime aussi nécessairement, en matière de nantisse-
» ment de fonds de commerce, l'application de l'article
» 2076 du Code civil, c'est-à-dire la mise de l'objet en
» possession du créancier et d'un tiers.

» Cette mise en possession est en réalité incompatible
» avec la nature du fonds de commerce, et si l'arrêt de
» 1888 l'avait cependant appliquée à l'acte du bail, c'était
» par la nécessité de rattacher d'une façon quelconque
» aux règle du Code civil, une matière que celui-ci n'avait
» point prévue et tout en laissant entrevoir par ses motifs
» mêmes l'utilité d'une solution différente.....

« .... En donnant aujourd'hui droit de cité au fonds
» de commerce parmi les universalités de droit et en
dation en nantissement des règles
. nature, nous supprimons par là même
utiles et sans objet auxquelles il avait
. »

Il est vrai que malgré la netteté de ces déclarations on a refusé une telle portée à la loi de 1898 et qu'on a nié qu'elle ait supprimé en notre matière la nécessité du dessaisissement. Nous aurons à revenir sur ce point et à examiner en détail les objections qui ont été faites contre la solution que nous venons d'indiquer. Supposons la cependant dès maintenant démontrée ; on voit de suite quelles conséquences importantes elle entraîne : En réalité, l'expression nantissement appliquée à la sûreté dont sont aujourd'hui susceptibles les fonds de commerce est complètement inexacte. Il faut appeler les choses par leur nom, et une garantie constituée sur une chose dont le débiteur conserve la possession ne peut être autre chose qu'une hypothèque. Gage et absence de dessaisissement sont deux notions absolùment contradictoires.

Aussi est-il difficile de comprendre qu'on ait pu, tout en reconnaissant que la loi de 1898 a supprimé la nécessité de la mise en possession du créancier, contester le caractère hypothécaire du droit qui lui appartient, et les objections qui ont été faites contre cette idée paraissent peu sérieuses : « C'est un gage sans déplacement », dit M. Magnin, « qui présente avec l'hypothèque des ressem-
» blances plus sensibles que celui de la loi de 1898 sur
» les warrants agricoles, mais on commettrait une erreur
» en le considérant comme une résurrection pure et
» simple de l'hypothèque mobilière. Aucun texte n'écarte
» la règle que les meubles ne sont pas susceptibles
» d'hypothèque, comme les lois de 1874 et de 1885.

» L'expression nantissement renferme encore une grande
» part de vérité (1). »

En somme, le seul argument invoqué c'est la place
occupée par la loi nouvelle et l'absence dans son texte du
mot hypothèque.

Que le législateur ne se soit pas rendu compte de la
portée de la réforme qu'il réalisait, nous le reconnaissons
volontiers. M. Millerand se défendait de porter aucune
atteinte aux principes du contrat de gage et nulle part
dans les travaux préparatoires il n'est question d'hypothèque. Mais cela nous paraît totalement indifférent. La
nature d'une institution ne doit pas se déterminer par le
nom qu'elle porte, mais par ses caractères intrinsèques. Il
ne faut pas oublier, d'ailleurs, avec quelle hâte et quelle
imperfection a été élaborée la loi de 1898. Il y avait
urgence à mettre fin à un conflit devenu insoluble entre
les juridictions civiles et commerciales, et dans la préci-
pitation qu'il a mise à remédier à cette situation, on conçoit
que le législateur ne se soit pas aperçu de l'étendue de la
transformation qu'il opérait.

Qu'on ne dise pas non plus que le gage porte sur les
meubles et l'hypothèque sur les immeubles. Il n'y a là
qu'une simple règle de droit positif qui ne tient nullement
à la nature de ces deux institutions. Elle n'a pas toujours
existé, et déjà avant 1898 elle avait subi une grave
atteinte.

---

(1) Magnin. *Essai sur le nantissement des fonds de commerce et sur les
résultats de la loi du 1er mars 1898. Annales de dr. comm.*, 1899, No 14.

On ne saurait trop le répéter, la différence fondamentale qui sépare le gage de l'hypothèque, celle qui est liée à leur essence même, c'est que cette dernière seule se constitue sans déplacement de possession, et cela suffit pour affirmer que la loi de 1898 a instituée une nouvelle hypothèque mobilière.

Nous ne voyons pas pourquoi cette idée rencontre tant de résistance. Elles ne peuvent s'expliquer que par un respect exagéré des principes du Code civil que l'on considère comme l'expression immuable de la perfection législative ; on ne peut cependant nier que ces principes, inspirés par des notions économiques par trop rudimentaires et différentes de celles qui existent aujourd'hui, aient vieilli. Aussi, vouloir les maintenir systématiquement, c'est entraver la marche du droit, dont la transformation doit être parallèle à l'évolution économique.

Ainsi entendue, la réforme de 1898 nous paraît très heureuse. L'hypothèque est la seule sûreté réelle applicable aux fonds de commerce. Toutes les difficultés qu'on a rencontrées dans leur utilisation comme instruments de crédit venaient de l'impossibilité de leur appliquer pratiquement les règles essentielles du gage ; elles disparaissent, au contraire, avec l'hypothèque.

Cela est si vrai que, comme l'a fait justement remarquer M. Wahl, la jurisprudence civile était arrivée, sous le nom de nantissement, à la constitution d'une véritable hypothèque.

Nous croyons donc que c'est sur ce terrain qu'il faut

se placer résolument aujourd'hui, pour donner à la loi de 1898 toute la portée qu'elle comporte. On a critiqué la place qui lui a été donnée. Il eut été préférable, a-t-on dit, de l'insérer à la suite des articles 92 et 93 du Code de commerce. Cette place ne lui convenait guère mieux que celle qu'elle occupe, puisque, comme l'art. 2075 du Code civil, les articles 92 et 93 du Code de commerce sont relatifs au gage. Il eut fallu réserver à l'hypothèque des fonds de commerce un cadre spécial, comme aux hypothèques immobilière et maritime.

Quoiqu'il en soit, c'est là le point capital de la réforme. Mais si elle est heureuse dans son principe, il faut reconnaître que, par suite du laconisme de la loi, elle laisse place, dans l'application, à de nombreuses difficultés. Il appartient à la jurisprudence et à la pratique d'essayer de la compléter sans se laisser hypnotiser par l'idée de gage qui ne peut être que la source de complications. Le principe posé, il faut en accepter les conséquences, et à notre avis, c'est aux règles qui régissent les hypothèques qu'il faut autant que possible se référer en cas de doute.

CHAPITRE III

Etude de la loi du 1ᵉʳ mars 1898.

SECTION PREMIÈRE

Domaine d'application de la loi.

En raison de l'imprécision de la notion fonds de commerce, il importe avant tout de délimiter exactement le domaine d'application de la loi du 1ᵉʳ mars 1898.

L'extrême diversité qu'on rencentre dans la composition de cette catégorie de biens, l'absence de définition légale peuvent faire que dans certains cas on se trouve embarrassé pour décider si l'on se trouve bien dans l'hypothèse prévue par la loi, si l'on est en présence du fonds de commerce, au sens légal du mot.

Avant 1898, on n'était guère d'accord sur ce qu'il fallait entendre par là. Il faut donc rechercher l'esprit qui a guidé le législateur, et, à l'aide des indications contenues dans les travaux préparatoires et des principes généraux, essayer de dégager une règle directrice, un criterium qui permette de déterminer dans quels cas la loi est applicable.

Comme le fait remarquer M. Catalan (1), les rédacteurs de la loi ont conçu le fonds de commerce sous une formation typique déterminée. Ayant pour but de mettre fin à un conflit de jurisprudence, il est naturel qu'ils aient envisagé surtout les espèces qui avaient donné lieu à ce conflit.

Aussi ont ils pris pour base de leurs discussions un fonds de commerce type directement emprunté aux applications sur lesquelles les tribunaux avaient eu à statuer. Or, les hypothèses soumises à leur appréciation variaient peu. Les actes de nantissement comprenaient régulièrement : 1° le fonds de commerce proprement dit, c'est-à-dire l'achalandage (clientèle, enseigne, nom commercial); 2° le droit au bail des locaux où s'exerçait l'exploitation; 3° le matériel et les marchandises. Ce sont ces mêmes éléments qui composent le fonds de commerce type sur lequel on raisonne dans les travaux préparatoires.

Voilà donc une hypothèse, et c'est celle qui se présentera le plus fréquemment en pratique, pour laquelle l'application de la loi ne peut faire aucun doute : Tout nantissement constitué sur un établissement commercial achalandé et comprenant l'outillage, les marchandises et le droit au bail, devra, pour être valable, satisfaire aux conditions validité édictées par la loi du 1er mars 1898. Une seule formalité globale suffira pour cet ensemble ou,

---

(1) Op. cit., p 415 et 416.

13

pour parler le langage courant, pour cette universalité juridique (1).

Mais on peut concevoir un fonds de commerce qui ait une composition différente, qui comprenne des éléments autres que ceux qui viennent d'être indiqués, ou au contraire ne les comprenne pas tous.

Ainsi, on ne peut supposer qu'un commerçant veuille ne comprendre dans le nantissement que sa clientèle, soit seule, soit avec les valeurs qui s'y rattachent directement, telles que le titre, les marques de fabrique ; il peut aussi vouloir y joindre des brevets d'invention, des droits de propriété artistique et littéraire.

D'autre part, on peut aussi concevoir qu'il offre en garantie son matériel, son stock de marchandises, le droit au bail des locaux qui les renferment maïs sans l'achalandage. La loi du 1er mars 1898 sera-t-elle applicable à toutes ces hypothèses ? La question revient à se demander ce qui constitue le signe distinctif, l'essence du fonds de commerce. Elle sera facilement résolue avec la théorie que nous avons admise dans notre première partie et d'après laquelle le fonds de commerce proprement dit est constitué par l'achalandage auquel, dans un langage rigoureusement exact doit être réservée cette dénomination. C'est cette valeur qui représente à elle seule l'individualité d'un établissement commercial. Souvent, en fait, des éléments d'une importance parfois

---

(1) CATALAN. Op. cit., p. 417.

considérable y sont rattachés, et dans la terminologie usuelle, on les englobe dans la même notion, mais en réalité ces éléments sont distincts du fonds lui-même, dont ils ne sont que les accessoires.

Il ne parait pas douteux, si l'on examine les travaux préparatoires, que cette conception est bien celle du législateur de 1898; on y trouve cette idée que tous les éléments qui peuvent composer un fonds de commerce ne sont pas également essentiels pour constituer l'objet auquel doit s'appliquer la loi nouvelle. Dans son rapport au Sénat, M. Thizard donne la définition suivante empruntée au *Répertoire encyclopédique du droit français* de M. Labori (mot : *fonds de commerce*) : « Le fonds de commerce est
» l'ensemble des éléments qui constituent, à l'égard des
» tiers, la personnalité d'un établissement commercial
» ou industriel et servent à son exploitation. La réalité,
» l'essence du fonds de commerce, c'est l'achalandage
» avec, le plus souvent, la désignation sous laquelle
» l'établissement est connu, les marques qui caractérisent
» ses produits d'une façon générale, ce qui le distingue
» pour la clientèle et la rattache à lui. Le matériel de
» l'exploitation est d'ordinaire compris dans le fonds,
» mais il n'en est qu'un élément accessoire et séparable.
» On s'imagine même des fonds de commerce sans maté-
» riel et réduits simplement à la clientèle. Il en est ainsi
» pour certains intermédiaires qui exercent le commerce
» dans leurs appartements. »

Voilà donc un critérium certain pour l'application de

la loi. Toutes les fois qu'on se trouvera en présence de cette valeur achalandage, il y aura un fonds de commerce au sens de la loi et pour le nantissement duquel on devra observer les formalités prescrites par le nouvel article 2075, *in fine*, du Code civil.

Par contre, lorsque parmi un groupe d'objets donnés en gage, cet élément fera défaut, il faudra recourir aux procédés du droit commun. En somme, l'article 2075 modifié crée une hypothèque, dont l'objet principal est ce droit d'une nature spéciale qu'on nomme achalandage, mais qui atteint également certains objets qui doivent être considérés comme en étant légalement les accessoires, de la même façon que les hypothèques immobilière et maritime frappent les meubles immobilisés par destination et les agrès et apparaux des navires.

Nous aurons souvent à revenir sur cette idée qui nous semble déterminer exactement la condition juridique des éléments du fonds autre que l'achalandage.

Aussi peut-on constituer un nantissement, ou plutôt une hypothèque, sur l'achalandage d'un établissement commercial exclusivement ? Nous admettons sans hésiter l'affirmative. Cet élément constituant à lui seul l'essence du fonds de commerce, il tombe sous l'application de la loi sans qu'il soit besoin d'y joindre d'autres objets. Sans doute, cette hypothèse ne se rencontrera guère en pratique, les créanciers se contenteront rarement d'une sûreté portant sur un bien d'une estimation aussi délicate et aussi aléatoire ; ils exigeront le plus souvent qu'on y joigne d'autres valeurs plus sûres et plus stables. Le cas peut cependant se présenter. Nous avons vu que certains fonds de commerce se réduisent à un simple achalandage. Il n'est pas impossible qu'ils soient donnés en nantissement, d'autant plus qu'à la valeur clientèle se rattache souvent des biens incorporels d'une valeur intrinsèque plus facilement appréciable, tels que titres, marques de fabrique, etc.

Et alors même que cette application ne devrait jamais se rencontrer, il n'en faut pas moins retenir cette idée, qui conserve toute sa valeur théorique, que parmi tous les éléments qui peuvent entrer dans la composition d'un fonds de commerce, il n'y en a qu'un dont l'existence soit à la fois nécessaire et suffisante pour l'application de la loi du 1ᵉʳ mars 1898.

Au contraire, un commerçant veut-il engager en bloc son stock de marchandises, son outillage, le droit au bail des locaux où il exerce son commerce. Il y a là une universalité à laquelle on pourrait être tenté d'appliquer le nouvel article 2075. Ce serait une erreur, et c'est aux règles du droit commun qu'il faudrait se référer. Les marchandises et le matériel devraient être mis en la possession effective du créancier ou d'un tiers, et en ce qui concerne le droit au bail, le nantissement devrait être signifié au bailleur. Il n'y aurait pas d'hypothèque, mais un gage ordinaire. C'est qu'il n'y a plus ici de fonds de commerce, mais seulement des éléments accessoires d'un fonds de commerce.

Comme nous l'avons vu, ces éléments peuvent être

assimilés aux immeubles par destination ou aux agrès des navires qui sont englobés dans l'hypothèque constituée sur l'immeuble ou sur le navire, mais qui, pris séparément, ne sont pas susceptibles d'hypothèque et peuvent seulement faire l'objet d'un gage (1).

On trouve généralement formulée d'une façon différente la règle à suivre pour trancher les questions qui viennent d'être examinées. On pose souvent en principe la distinction suivante. Le nantissement est-il constitué sur un ensemble de biens relatifs à une exploitation commerciale et formant une universalité juridique, il tombe sous l'application de la loi de 1898. Il y échappe au contraire s'il ne porte que sur un objet isolé : « A vouloir poser un principe » dit M. Catalan (2), « on pourrait dire que les » éléments du fonds de commerce doivent être, si on les » envisage isolément, soumis aux règles spéciales qui leur » sont propres. » On trouve des termes analogues dans la *Revue du Notariat* (3). « La loi nouvelle ne s'applique » qu'aux fonds de commerce et non pas aux divers » éléments les composant, lorsqu'on envisage isolément » ces éléments. Il n'y a donc que l'universalité de droit » que constitue maintenant le fonds de commerce qui » soit régie par la loi du 1er mars 1898. »

Ces affirmations ne nous paraissent contenir qu'une

---

(1) AUBRY et RAU, III, No 259, p. 127 ; No 284, p. 408, 409. — LYON-CAEN et RENAULT. *Traité*, VI, Nos 1622-1626. — V. aussi CATALAN. Op. cit , p. 418.

(2) CATALAN. Op. cit., p. 419.

(3) *Rev. du Notariat*, juillet 1898, No 10119.

part de vérité ; au point de vue qui nous occupe, l'idée d'universalité est inutile et insuffisante. Nous venons de voir qu'il y a un élément du fonds auquel la loi est applicable même s'il est envisagé isolément, tandis que le nantissement, constitué sur l'ensemble des éléments autres que l'achalandage, reste soumis au droit commun.

Le fonds de commerce forme un tout dont les parties sont étroitement liées, mais c'est l'achalandage qui produit cette cohésion. Sans lui, il n'y a plus que des objets isolés, sans rapport juridique les rattachant les uns aux autres.

Il nous reste à rechercher quelles sont les valeurs susceptibles d'être englobées dans l'hypothèque et à nous demander si celle-ci peut atteindre tous les biens qui se rattachent à une exploitation commerciale.

A priori il semblerait naturel de décider que tous les objets qui, à un titre quelconque, servent à l'exercice d'un commerce peuvent, quelle que soit leur nature, trouver place dans cette conception et être hypothéqués comme l'achalandage. Ce serait la conséquence logique de l'idée d'universalité juridique entendue dans un sens large et complet.

Il est certain cependant que dans l'état actuel de la législation, cette solution doit être écartée. Le fonds de commerce tel qu'on l'entend aujourd'hui ne se confond pas avec l'établissement dont il ne représente qu'une partie.

Il y a toute une classe de biens qui d'ores et déjà peut

être mise à part : ce sont les immeubles qui servent à l'exploitation. Avant 1898, on ne comprenait sous le nom de commerce que des valeurs exclusivement mobilières (1), et il est incontestable que la conception des rédacteurs de la loi de 1898 a été la même.

Sans doute, il serait logique qu'une seule et même hypothèque put frapper l'ensemble des biens relatifs à l'exploitation, en y comprenant même les élements immobiliers. Le droit serait mis en harmonie avec les faits et et on éviterait la dualité de procédure qui s'impose aujourd'hui. Mais nous avons vu que c'est en vain qu'on chercherait à arriver à ce résultat et qu'on ne peut se permettre qu'une conception législative (2).

La question doit donc être restreinte aux objets mobiliers, mais même en ce qui concerne certains d'entre eux, on a émis des doutes. On a fait remarquer que qans les travaux préparatoires, il a été fait allusion à certaiues valeurs, celles qui entrent le plus fréquemment dans la composition des fonds de commerce et on s'est demandé s'il fallait s'en tenir là et décider que seules ces valeurs pourraient trouver place dans les constitutions d'hypothèques régies par la loi nouvelle.

S'il fallait considérer le fonds de commerce comme une véritable universalité de droit, c'est-à-dire comme un patrimoine spécial, la question serait par là même

______

(1) V. *supra*, chap. II, sect. II, § II (1re partie).
(2) V. *supra*, chap. II, section II, § II.

résolue : L'hypothèque porterait de plein droit sur tout ce qui compose le patrimoine commercial.

Ce serait aller trop loin et on sait en quel sens il faut admettre l'idée d'universalité juridique.

Il paraît cependant certain qu'on ne doit pas s'en tenir aux exemples proposés dans les travaux préparatoires et qu'on peut, à ce point de vue, « élargir la capacité de la » valeur fonds de commerce » (1). Les éléments cités par les rédacteurs de la loi ne le sont qu'à titre d'exemple, et il ne faudrait pas y voir une énumération limitative. La composition du fonds de commerce est trop variable pour qu'on ait pu songer à prévoir toutes les hypothèses et cette énumération ne doit servir qu'à rechercher l'esprit qui a guidé le législateur.

Or, il n'est pas douteux que son intention a été de permettre d'engager, par une formalité unique et globale, l'ensemble des éléments constitutifs du fonds, c'est-à-dire, pour nous servir de la définition donnée par M. Thézard : « l'ensemble des éléments qui constituent à l'égard des » tiers la personnalité d'un établissement commercial ou » industriel et servent à son application. »

Il semble donc qu'on peut poser le principe suivant : Tout objet mobilier ayant le caractère d'instrument d'exploitation fait partie du commerce au sens de la loi du 1er mars 1898 et est atteint, à titre d'accessoire, par l'hypothèque dont l'achalandage est l'objet principal.

---

(1) Catalan. Op. cit., p. 421.

Quant à la question de savoir si tel ou tel objet peut être considéré comme un instrument d'exploitation, c'est là une question de fait à examiner dans chaque espèce.

Dans une autre opinion, l'hypothèque des fonds de commerce aurait un domaine beaucoup plus restreint et ne pourrait porter que sur des meubles incorporels. On la trouve exposée dans un arrêt de la Cour d'Amiens, du 7 juillet 1900 (1).

« Considérant que la loi du 1er mars 1898 a organisé
» pour le fonds de commerce un mode spécial de consti-
» tution de gage, que le fonds de commerce, tel que la
» loi l'envisage, est l'objet d'un droit incorporel compre-
» nant seulement : la clientèle, l'achalandage, l'enseigne,
» la marque spéciale, le droit au bail ; qu'il constitue une
» universalité de fait indépendante des objets corporels
» que le fonds peut contenir ; que le fonds de commerce
» représente parfois une part importante des biens, que
» le législateur a voulu permettre à un débiteur d'en
» disposer, comme de toutes les autres parties de sa
» fortune au mieux de ses intérêts ; qu'il ajoute un élément
» nouveau au crédit des commerçants en les autorisant
» à se créer des ressources par le nantissement légal du
» fonds lui-même, mais qu'il n'a rien voulu changer
» relativement au gage des objets corporels, tels que les
» marchandises et le matériel...

» Par ces motifs, dit que le nantissement ne comprend

____

(1) D , 1901. I, 97. *Rev. du Notariat*, novembre 1900, N° 10618.

» ni le matériel ni les marchandises… que le nantissement
» portait exclusivement sur le fonds de commerce pris
» séparément (1). »

Cette théorie peut paraître séduisante au premier abord.
La loi de 1898 aurait rendu susceptibles d'hypothèque
une classe particulière de meubles incorporels. Or, c'est
surtout pour le gage des meubles de cette nature qu'on
rencontre des difficultés à les adapter à des règles édictées
uniquement pour des objets corporels et n'ayant de raison
d'être que pour eux.

On comprendrait donc que le législateur ait simplement
voulu faire cesser les difficultés relatives au nantissement
des valeurs incorporelles entrant dans la composition du
fonds de commerce, estimant le droit commun suffisant
en ce qui concerne les meubles corporels, et que, par suite,
il ait pris le terme fonds de commerce dans son sens le
plus restreint.

Mais l'examen des travaux préparatoires suffit pour se
convaincre que toute différente a été sa conception.

On a vu qu'il avait pris comme type un fonds de commerce emprunté aux données de la jurisprudence. Or, il
est absolument certain que dans toutes les espèces soumises aux tribunaux il s'agissait de fonds de commerce
dans le sens large du mot, comprenant à la fois des éléments matériels et des meubles incorporels : achalandage,

---

(1) V. dans le même sens, Trib. com. Châlon-sur-Saône (infirmé), 17 décembre 1900, D , 1901, II, 97.

outillage et marchandises. Et précisément on voulait résoudre la difficulté résultant de cette diversité de nature juridique. La jurisprudence antérieure à 1898 entendait par ces mots fonds de commerce l'ensemble des éléments utiles à une exploitation commerciale, et la définition donnée par M. Thézard suffit pour se convaincre que la conception du législateur a été la même, les mots « éléments qui servent à son exploitation » désignant le matériel et les marchandises (1).

En outre, la solution donnée par la Cour d'Amiens rend inutile la loi de 1898. C'est à propos des éléments corporels du fonds que s'était élevé le conflit de jurisprudence, et si le fonds de commerce doit être considéré comme ne comprenant que des valeurs incorporelles, les formalités prescrites par la jurisprudence civile, strictement conformes aux dispositons du Code civil. devaient suffire. Elles prètent à certaines critiques, mais les inconvénients sont les mèmes pour tous les meubles incorporels autres que les créances, et il n'était pas besoin de créer une publicité spéciale aux fonds de commerce :

« Attendu... que le législateur aurait fait une œuvre » inutile ou à peu près s'il n'avait visé, sous la dénomi- » nation de fonds de commerce, que ceux qui ne com- » prennent qu'un droit au bail, une clientèle ou achalan-

---

(1) V. en ce sens, CATALAN. Op. cit., p 416. — BELL'M. Op cit., p 123. — BARBIER. Op. cit., p. 51. — MONTIER. *Nantissement des fonds de commerce*, Paris, 1900, chap. V. — MAGNIN. Op. cit , p. 28.

» dage ; tandis que pour les autres où se rencontrent des
» éléments corporels tels que des marchandises, il fau-
» drait recourir en cas de nantissement à deux formes de
» publicité, l'une résultant de la loi de 1898, l'autre des
» articles 92 Code de commerce, ou 2076, Code civil;
» qu'une telle distinction ne se trouve assurément pas
» dans le texte de la loi nouvelle ni dans les travaux
» préparatoires de cette loi; que ce texte énonce les fonds
» de commerce en général, dont les éléments constitutifs
» réunis en un même faisceau étaient manifestement
» connus des auteurs de la dite loi; que la distinction
» qu'on tente de consacrer entre ces divers éléments, pour
» appliquer à chacun d'eux des formes de publicité
» différentes, ne se conçoit même plus raisonnablement
» aujourd'hui, puisque la publicité faite au greffe ren-
» seigne les tiers aussi complètement que possible sur
» l'étendue et l'importance du nantissement conféré;.....
» qu'il faut donc actuellement considérer comme contraire
» au but de la loi la séparation des divers éléments du
» fonds de commerce donné en nantissement, pour,
» nonobstant la réunion que les parties ont entendu en
» faire en vue d'une garantie unique et indivisible,
» appliquer aux uns tels principes de droit et aux autres
» des principes absolument différents (1). »

---

(1) Trib. civ. des Andelys, 6 novembre 1900, D , 1901, II, 97, 8ᵉ espèce, et
dans le même sens : Trib. com. Rouen, 12 juillet 1900 (indirectement), ibid.,
5ᵉ espèce. Trib. com. Elbœuf, 29 mai 1900, ibid., 6ᵉ espèce. Trib. com d'Angers, 7 décembre 1900, ibid , 9ᵉ espèce. Grenoble 14 novembre 1900, D., 1901,

La théorie admise par la Cour d'Amiens se trouve consacrée par une proposition de loi déposée devant la Chambre des députés par M. V. Authier, le 17 juin 1902 (1). Nous aurons à l'examiner plus loin.

On trouve dans d'autres décisions de jurisprudence une conception voisine de la précédente mais qui reconnaît au fonds de commerce une étendue un peu moins restreinte.

On admet dans cette opinion que le fonds proprement dit se compose bien exclusivement des meubles incorporels relatifs à l'exercice du commerce, mais on y rattache à titre d'accessoires les aménagements et le matériel nécessaires à l'exploitation, et par suite, on permet au titulaire de les comprendre dans le nantissement.

·Au contraire, on refuse aux marchandises ce caractère d'éléments accessoires et on dénie aux parties la faculté de stipuler par une simple convention qu'elles seront englobées dans le nantissement.

Cette théorie est exposée dans un jugement du tribunal de commerce du Havre du 30 mai 1899 (2).

II, 471. Besançon, 20 mars 1901, D , 1901, II, 97, 13ᵉ espèce Dijon, 17 mai 1901 (infirmant Châlon-sur-Saône précité), rapporté dans BARBIER, op. cit., p. XXI. Caen, 29 juin 1901, S., 1902, II, 98. Poitiers, 1ᵉʳ juillet 1901, BARBIER, op. cit., p. XXVI. Rouen, 11 décembre 1901, ibid , p. XXXV. Paris, 29 janvier 1901, ibid., p. XXXVIII. Bordeaux, 24 février 1902, ibid., p. XL.

(1) *Journ. officiel*, déb parl., séance du 17 juin 1902, p. 545.

(2) *Gaz. pal.*, 1900, I, 360 ; *Moniteur judiciaire* de Lyon, 11 janvier 1900 ; *Revue du Notariat*, janvier 1900, Nº 10408.

Après avoir déclaré que l'inscription au greffe est la seule formalité requise pour l'opposabilité du privilège aux tiers, ce jugement s'exprime en ces termes : « Attendu » que le but de la loi de 1898 a été de faciliter au com- » merçant la possibilité de se créer de nouvelles res- » sources, comme crédit, en donnant en nantissement » son fonds de commerce qu'il continue à exploiter per- » sonnellement sans se dessaisir, que le fonds de com- » merce comprend nécessairement la clientèle et l'acha- » landage, et toutes les charges et à priori tous les » avantages incorporels tels qu'ils existent et qui sont » attachés à l'exercice du commerce ; qu'il est également » de jurisprudence constante de comprendre comme » accessoires et faisant partie du fonds de commerce les » aménagements et le matériel nécessaires à l'exploita- » tion, et qu'alors comme accessoires dépendant du prin- » cipal ces aménagements et matériel restent sous la » garde et responsabilité du débiteur, qui ne doit s'en » dessaisir qu'avec l'autorisation du créancier ; qu'ainsi » se trouve rempli le but de la loi, qui permet au com- » merçant de ne plus laisser immobilisées des valeurs » parfois très importantes ;

» Attendu que les marchandises sont assurément indis- » pensables pour l'exercice du commerce, mais qu'elles » ne font pas légalement partie de ce qu'on entend par » « fonds de commerce », et qu'à moins de méconnaître » tous les principes qui doivent caractériser le gage, on » ne saurait permettre qu'il soit licite aux parties de les

» constituer en nantissement par une simple convention
» stipulant qu'elles seront comprises dans le fonds de
» commerce ; que la loi du 1er mars 1898 a voulu que le
» commerçant pût continuer à exercer sa profession et
» qu'il n'est pas possible d'arriver à un tel résultat sans
» laisser à ce commerçant la faculté de vendre libre-
» ment ; qu'ainsi donc, si par hypothèse les marchan-
» dises se trouvaient englobées dans le fonds donné
» en nantissement, le créancier, bien loin d'être nanti
» à leur égard aurait pour gage des objets aliénables
« sans contrôle à la seule volonté du débiteur et qui
» se transformeraient en actif au profit de la masse
» dès le moment où ils seraient convertis en espèce ou
» valeurs ; qu'autrement dit, le gage n'existerait pas ;
» Attendu d'ailleurs que pour bien se convaincre que le
» législateur n'a pas entendu comprendre les marchan-
» dises dans le nantissement des fonds de commerce, ni
» constituer un gage avec cet élément mobile, il suffit de
» rappeler que le but poursuivi a été de créer de nou-
» velles ressources pour les commerçants, et de constater
» que le nantissement des marchandises sous cette forme
» aurait au contraire pour résultat de ruiner le crédit com-
» mercial et de rendre les affaires impraticables ; qu'en effet
» les marchandises sont le plus souvent vendues à terme,
» surtout à ceux qui ont le plus de propension à emprun-
» ter sur leur fonds de commerce, et que la confiance du
» vendeur repose, non seulement sur la bonne gestion et
» la moralité de l'acheteur, mais encore sur la certi-

» titude que les marchandises se trouveront soit en
» nature, soit en contre-valeur dans l'actif, gage com-
» mun des créanciers ;

» Attendu qu'il est donc indiscutable que le vendeur,
» sachant que ce qu'il livrerait au commerçant qui a
» donné son fonds en gage serait le privilège du créan-
» cier nanti, ne consentirait plus le moindre découvert, et
» que même si le fonds était libre, il hésiterait encore à
» vendre à crédit, dans la crainte qu'un nantissement
» postérieur ne vînt absorber tout l'actif; que sans nul
» doute le commerçant peut actuellement faire dispa-
» raître de son actif des marchandises achetées à crédit
» et les constituer en gage dans la forme générale, qu'il
» peut également les warranter, et qu'ainsi le créancier
» court certains dangers; mais que les très grandes faci-
» lités accordées et la simplicité même de la dation en
» nantissement augmenteraient ces dangers dans une
» telle proportion que personne n'oserait plus s'y
» exposer ;

» Attendu qu'ainsi donc, si le nantissement d'un fonds
» de commerce peut amoindrir déjà le crédit à découvert,
» en absorbant dans le gage les droits incorporels et le
» matériel, ce nantissement entraînerait la suppression
» de tout crédit, dès lors que les marchandises ne reste-
» raient plus comme actif commun à l'égard des tiers ...
» Que d'après les considérations ci-dessus énumérées,
» il demeure établi que, dans l'esprit de la loi du
» 1er mars 1898, les marchandises dépendant du fonds

» de commerce ne peuvent être comprises dans le nan-
» tissement (1). »

Ici, la question est plus délicate. On sait, en effet, que
d'une façon générale, la question de savoir si les marchandises font partie du fonds de commerce est très
discutée. Nous l'avons examinée dans notre première
partie et nous avons repoussé la distinction qu'on a voulu
faire entre les marchandises et le matériel. Nous ne
croyons pas devoir admettre une solution différente au
point de vue spécial du nantissement.

D'après le tribunal de commerce du Havre, les rédacteurs de la loi de 1898 n'ont pas entendu comprendre les
marchandises dans le nantissement. C'est là une affirmation purement gratuite et qui est au contraire démentie
par les travaux préparatoires. Nous nous contenterons
de renvoyer aux considérations exposées plus haut à
propos du matériel. « Rien ne permet de supposer que
» le législateur ait voulu répudier la théorie juridique
» universellement admise, de l'ensemble constituant un
» fonds de commerce, lorsqu'il a organisé, pour la vali-
» dité de la mise en gage des fonds de commerce, un
» système de publicité spéciale, destiné à suppléer la mise
» en possession effective de l'objet donné en gage » (2).

Les autres arguments invoqués par le tribunal ne nous

______

(1) V. aussi en ce sens : Amiens, 7 juillet 1900. Trib. com. d'Angers,
7 décembre 1900. Trib. com. Châlon-sur-Saône, 17 décembre 1900, précités
(*supra*, p. 190, 191, 193). — MONTIER Op. cit., p. 30 à 54.

(2) *Rev. du Not.*, janvier 1900, N° 10408, note sous le jugement précité.

paraissent guère plus convaincants. En reprochant à
l'opinion que nous défendons de « méconnaître tous les
» principes qui doivent caractériser le gage », il ne se
rend pas un compte exact de la portée de la réforme de
la loi de 1898 et il subit l'influence des vieux principes.
Nous nous sommes précisément attachés à établir que
l'expression nantissement, appliquée aux fonds de commerce, est aujourd'hui inexacte et qu'il n'y a plus qu'une
hypothèque. Nous reconnaissons volontiers que le créancier n'est pas nanti des marchandises, mais il ne l'est
pas davantage des autres éléments, puisqu'il est dans la
situation d'un créancier hypothécaire.

Ce serait, dit-on, encore donner au créancier une
garantie illusoire qui ne porterait que sur des objets
aliénables sans contrôle à la volonté du débiteur. Il faut
remarquer d'abord que les marchandises ne constituent
qu'une partie du gage et qu'en admettant même qu'il n'en
existe plus au moment de la réalisation, il y aura toujours
d'autres valeurs, celles qui composent le fonds proprement dit. C'est au créancier à prévoir cette éventualité.
Mais le tribunal semble considérer que le nantissement
porterait sur les marchandises en tant que corps certains,
et que dès lors, le privilège ne pourrait atteindre que
celles existant en magasin ou nommément désignées lors
de sa constitution. Sans doute, dans ce cas, toute aliénation serait une atteinte aux droits du créancier, dont elle
viendrait diminuer le gage. Mais cette manière de voir
est inexacte ; déjà en droit romain, Scaevola, dans le

texte cité dans l'introduction historique (1), décidait que l'hypothèque constituée sur une *taberna* atteignait toutes les marchandises qui s'y trouvaient au moment du décès du débiteur. Nous ne voyons pas de raison pour adopter aujourd'hui une solution différente. Les marchandises nouvelles sont subrogées à celles qui ont été vendues. Nous avons déjà signalé cette idée dans l'arrêt de la Cour de cassation du 20 avril 1814, cité plus haut (2), et elle nous paraît bien déterminer la condition juridique des marchandises. On peut, du reste, dans notre droit même trouver des analogies. Ainsi on a comparé le droit du créancier sur les marchandises au droit du bailleur sur le troupeau qui garnit la ferme. Nous préférons assimiler la condition des marchandises à celle du matériel ou des immeubles par destination. Le matériel peut être renouvelé, le droit du créancier portera sur les nouveaux ustensiles ; des meubles nouveaux peuvent être introduits dans l'immeuble hypothéqué et acquérir le caractère immobilier, l'hypothèque les atteindra, de même qu'elle cessera de grever les immeubles par destination désaffectés et rendus à la circulation. La même solution doit être admise en ce qui concerne les marchandises dépendant d'un fonds de commerce et pour la même raison. C'est une conséquence de leur caractère d'éléments accessoires. Et nous ajouterons qu'au point de vue pratique

---

(1) Dig., XX, I, *de pignor et hypoth.*, 34 pr.
(2) S., 1812-14, I, 553.

cette solution a l'avantage de permettre au commerçant de tirer de son exploitation tout le crédit qu'elle est susceptible de lui donner, et cela sans enlever aux objets qui la composent leur destination économique.

Sans doute, il faut admettre sur ce point une certaine indétermination dans l'objet du nantissement, mais il ne s'ensuit pas nécessairement, comme le prétend le tribunal de commerce du Havre, que la garantie du créancier se trouvera par là illusoire. Il ne lui est pas impossible de parer au danger qu'on a signalé : le nantissement portant sur les marchandises considérées non pas en tant que corps certains, mais en tant qu'universalité et comme quantité et valeur, rien ne l'empêche de stipuler, comme nous le verrons plus loin, que le débiteur devra toujours avoir en magasin une certaine quantité de marchandises et, qu'à défaut par lui de remplir cette condition, la créance deviendra exigible.

Les raisons d'ordre économique invoquées par le tribunal de commerce du Havre nous paraissent plus sérieuses. Que l'extension donnée au nantissement par la loi de 1898 doive avoir pour résultat de rendre certaines affaires impraticables et de ruiner le crédit commercial, nous serions assez enclin à le penser. Il est certain, notamment, qu'en cas de faillite, tout l'actif du commerçant va se trouver absorbé au profit des créanciers inscrits, sans qu'il reste rien pour la masse chirographaire, et les appréhensions du tribunal sont assez fondées, mais c'est au législateur qu'il faudrait adresser ces reproches. On peut faire des vœux pour qu'il apporte à son œuvre les modifications exigées par l'intérêt du commerce, mais il ne saurait appartenir aux tribunaux d'étendre ou de restreindre arbitrairement le sens et la portée de dispositions qu'il a cru devoir édicter, et des considérations économiques, quelques puissantes qu'elles soient, ne sauraient prévaloir contre son intention qui, en l'espèce, paraît bien établie.

Nous croyons donc, non seulement que les marchandises peuvent être englobées dans l'hypothèque constituée sur le fonds, mais nous verrons qu'elles sont atteintes par elle de plein droit, sans qu'il soit besoin de stipulation spéciale, comme l'exige le tribunal de commerce de Honfleur dans son jugement du 7 mai 1900 (1).

Pour d'autres éléments du fonds de commerce, comme les brevets d'invention, les marques, modèles et dessins de fabrique, les droits de propriété artistique et littéraire, la question a été posée également, de savoir si on pouvait les comprendre dans l'hypothèque sans avoir recours aux procédés ordinaires de nantissement, par exemple, pour les brevets d'invention, sans remplir la condition, généra-

---

(1) *Gaz. jud.* de Lyon, 1900, p. 872. — V. en notre sens : Trib. civ. de Rouen, 25 juillet 1899, *Gaz. pal.*, 99, 2, 382. Trib. com. d'Elbœuf, 29 mai 1900, D., 1901, 2, 97. Trib. com. d'Augers, 7 décembre 1900. Grenoble, 14 novembre 1900. Besançon, 20 mars 1901. Dijon, 17 mai 1901. Caen, 29 juin 1901. Poitiers, 1er juillet 1901. Rouen, 11 décembre 1901. Paris, 29 janvier 1901. Bordeaux, 24 février 1902, précités (*supra*, p. 193). — CATALAN. Op. cit. p. 416. — MAGNIN. Op. cit , p. 28. — BELLOM. Op. cit., p. 124 à 132. — BARBIER. Op. cit., p. 48 à 51.

lement exigée par la jurisprudence, de la remise de l'acte de brevet au créancier ?

La question a été posée surtout à cause du silence des travaux préparatoires en ce qui concerne cette catégorie de valeurs, mais la réponse ne peut, à notre avis, être douteuse. On peut tout d'abord remarquer que pour ces meubles incorporels, la publicité qui résulte de l'inscription au greffe du tribunal de commerce est beaucoup plus satisfaisante et plus efficace que l'expédient grossier, le semblant de tradition imaginé par la jurisprudence.

On ne voit donc pas pourquoi ces valeurs seraient exclues de l'hypothèque. Elles ont essentiellement le caractère d'instruments d'exploitation et d'accessoires du fonds. Il est inutile d'insister sur l'importance que présentent, par exemple, pour un éditeur, les droits de propriété littéraire et artistique dont il est titulaire. Ces droits constituent en fait le principal élément de son exploitation, dont on peut dire qu'ils sont l'outillage incorporel, et il est conforme à l'esprit de la loi de les assimiler à l'outillage matériel et de leur reconnaître une condition juridique semblable. (Il est évident que la même solution s'impose aux partisans de la théorie de l'universalité juridique). Les usages en matière de cessions de fonds sont favorables à cette solution ; on reconnaît généralement que lorsqu'un acte de vente de fonds en bloc n'a point mentionné expressément les dessins et modèles exploités, la vente les comprend si le cédant ne se les est pas réservé (1). La jurisprudence n'a pas encore eu à statuer sur ce point, mais son intérêt pratique est considérable.

La question la plus délicate qui se pose dans cet ordre d'idées est relative aux créances dépendant de l'exploitation. Un commerçant pourra-t-il comprendre dans le nantissement les créances relatives à son commerce, en se contentant de la formalité globale de l'inscription au greffe du tribunal de commerce et sans signifier le nantissement à chaque débiteur ?

On l'a soutenu, toujours en s'appuyant sur l'idée d'universalité juridique. Le fonds de commerce constituant une sorte de patrimoine commercial ayant son actif et son passif propres, tout acte juridique ayant pour objet ce patrimoine en atteint tous les éléments, aussi bien les créances que les autres (2).

Mais on sait en quel sens il faut entendre cette notion d'universalité juridique, et il semble que, d'une façon générale au moins, les créances dépendant d'un fonds de commerce sont restées en dehors des prévisions du législateur de 1897.

En effet, lorsqu'avant cette date on parlait d'universalité juridique, on n'en tirait pas les conséquences logi-

---

(1) Trib. com. Seine, 4 décembre 1867, *Ann. propr. industr.*, 1858, p. 56, — Pouillet. *Dessins et modèles de fabrique*, N° 107, et en notre sens : Catalan. Op. cit., p. 420, 421. — Montier. Op. cit , p. 28. — Bellom. Op. cit , p. 123. — Barbier. Op. cit., p. 53.

(2) Magnin. Op. cit., p. 20.

ques en ce qui concerne les créances et les dettes dont il n'était pas question dans les nantissements soumis aux tribunaux. Nous pensons que ce point de vue a été aussi celui du législateur, et que si l'on veut englober dans le nantissement du fonds les créances relatives à l'exploitation, il faudra recourir au procédé de droit commun et signifier le contrat à chaque débiteur, ces valeurs ne pouvant en principe être considérées comme instruments d'exploitation. Ici encore nous ferions volontiers, avec M. Catalan, (1) un rapprochement entre l'hypothèque des fonds de commerce et celle des navires. On s'est demandé si la créance du frêt pouvait être comprise dans une hypothèque maritime et être considérée comme accessoire du navire, au même titre que les agrès, machines, apparaux, etc., et on s'accorde généralement pour admettre la négative (2).

Il y a en outre en notre matière une raison qui paraît décisive. L'extension du nantissement global aux créances conduirait à des résultats pratiques inacceptables. Si l'on veut considérer le fonds de commerce comme un patrimoine commercial, il faut tirer de cette idée toutes ses conséquences, et si le nantissement porte sur les créances, il doit aussi comprendre les dettes qui en sont la contre-partie. Cette solution aurait plus d'inconvénients que d'avantages : il arriverait souvent en fin de compte que la

---

(1) Op. cit., p. 423.
(2) Lyon-Caen et Renault, V, 98 ; VI, 1625. '

garantie porterait sur une valeur négative. Quel créancier voudrait accepter une telle éventualité ? La question s'est présentée devant la jurisprudence. Une société avait donné en nantissement le fonds de commerce qu'elle exploitait et le créancier soutenait que les créances de de cette société faisaient partie de son gage. Le tribunal de commerce de Flers (1) repoussa sa prétention, en décidant que la loi de 1898 n'avait porté aucune atteinte à la disposition de l'article 2075 du Code civil, relative aux créances. Il est vrai que dans l'espèce on pouvait soutenir que l'intention des parties avait été d'exclure les créances du nantissement, puisque l'acte constitutif était muet sur ce point, alors que toutes les autres valeurs y étaient énumérées.

Mais nous ne saurions approuver l'argument que le tribunal tire de ce fait, que la plupart des créances dont il était question n'étaient pas nées à l'époque de la constitution du nantissement. Si l'on admettait la possibilité de les y comprendre, il faudrait adopter une solution analogue à celle qui a été indiquée pour les marchandises et le matériel : elles seraient atteintes à titre d'accessoires du fonds et non en tant que corps certains et, par suite, le nantissement porterait sur toutes celles qui viendraient à être acquises postérieurement à sa constitution.

La règle que les créances sont étrangères au domaine

---

(1) 15 mai 1900, D , 1901, II, 97. — V. aussi BARBIER. Op. cit., p. 52. — BELLOM. Op. cit., p. 132.

d'application de la loi de 1898 est-elle absolue, et n'y a-t-il pas des hypothèses spéciales dans lesquelles on pourrait y apporter des exceptions? Il existe, en effet, certains fonds de commerce dans la composition desquels entrent presque exclusivement des créances; il en est ainsi, notamment, des entreprises d'assurances dont l'actif le plus clair réside dans le portefeuille, composé du stock des polices, c'est-à-dire de créances. On peut dire que les créances sont alors, en réalité, des instruments d'exploitation, et il faut remarquer qu'on a toujours admis pour ces fonds de commerce d'une nature spéciale des solutions particulières. Il suffit de rappeler qu'on objecte à l'argument tiré du texte de Papinien (1) par les partisans de la théorie de l'universalité de droit, cette circonstance que ce texte parle non pas d'un fonds de commerce quelconque, mais d'une *mensa argentaria*, c'est-à-dire d'un établissement de banque composé principalement de créances et de dettes. C'est donc reconnaître implicitement à ces établissements une nature particulière et différente de celle du fonds de commerce ordinaire.

Ces considérations ont amené à soutenir que, dans ces cas spéciaux, il fallait s'écarter de la solution ordinaire et admettre que les créances peuvent être comprises dans le nantissement et rentrent dans le domaine d'application de la loi (2).

---

(1) Dig., XXXI, *De leg*, 77, § 16.

(2) V. Rossy. *Des cessions de portefeuille et réassurances générales* (Thèse, Paris, 1899, p. 256). — Catalan. Op. cit., p. 256.

Cette opinion peut paraître assez séduisante. Si, en effet, on écartait les créances du nantissement, il se trouverait souvent réduit à un objet insignifiant, et d'autre part, il semble que dans une entreprise de banque ou d'assurances, les créances qui en dépendent présentent bien le caractère d'instruments d'exploitation. Elle serait conforme à la règle que nous avons posée plus haut, à savoir que toute valeur servant à l'exploitation d'un établissement commercial peut être comprise dans son nantissement et que la question de savoir si tel ou tel objet réunit ces conditions est une question de fait à résoudre suivant les circonstances.

Nous préférons, cependant, même dans les cas qui viennent d'être examinés, nous en tenir à la solution admise par le tribunal de commerce de Flers et écarter les créances d'une façon absolue, à cause de l'obligation, grosse de conséquences pratiques, qui résulterait de la solution contraire, de faire également rentrer le passif dans l'objet du nantissement.

Il ne nous paraît pas possible de fixer sur tous ces points des règles plus certaines. On reprochera peut-être à notre système de manquer de base solide, en ce qu'il laisse trop de place à l'arbitraire du juge qui aura à décider dans chaque espèce si tel objet doit être considéré comme faisant partie du fonds de commerce tel que l'a conçu le législateur, mais il ne pouvait en être autrement et la faute en est au laconisme de la loi. Il n'y a pas, en effet, de texte indiquant la composition du fonds de commerce. Les travaux préparatoires permettent bien de trancher d'une façon à peu près certaine les questions qui se présentent le plus fréquemment en pratique, mais il serait désirable de trouver au moins dans la loi des principes directeurs. Sans doute, la notion d'universalité de droit, entendue d'une façon complète, met fin à toutes les controverses, mais il n'est pas possible de l'admettre, actuellement au moins, avec toutes ses conséquences, et au point de vue du nantissement, sa consécration législative ne serait pas sans inconvénients.

SECTION II

Conditions de validité du nantissement.

A) ENTRE LES PARTIES

Sur ce point, le nantissement d'un fonds de commerce reste soumis aux principes généraux du droit commun. Il résulte nettement des travaux préparatoires que le législateur n'a pas entendu s'occuper de cette question. Il s'agissait seulement de sauvegarder les intéréts des tiers et de déterminer dans quelles conditions pourraient leur être opposé le privilège résultant du nantissement.

Cependant, d'après l'opinion générale, il n'est pas complètement exact de dire que la loi du 1er mars 1898 n'a apporté aucune modification aux conditions de validité du contrat entre les parties; dans le contrat de gage, en effet, la mise en possession du créancier ou d'un tiers est requise à la fois pour la validité du contrat entre les parties et pour son efficacité à l'égard des tiers. Or, la loi de 1898 ayant supprimé cette exigence à l'égard des tiers, à plus forte raison doit-il en être de même entre les parties (1).

B) A L'EGARD DES TIERS. — DE L'INSCRIPTION AU GREFFE

Nous abordons ici le point capital de la réforme : Désormais, le privilège résultant du nantissement ne pourra être opposé aux tiers que s'il a été rendu public par une inscription au greffe du Tribunal de commerce dans le ressort duquel le fonds est exploité.

C'était là, en effet, un centre d'informations tout indiqué. Il est déterminé par la situation du fonds ; les intéressés sauront avec certitude où trouver les renseignements, et par contre, le nombre de ceux qui auront connaissance du nantissement sera forcément plus restreint que si l'on avait eu recours à la voie de la presse.

Il faut entendre par tiers les ayants cause à titre particulier des parties et les personnes que Dumoulin appelle les tiers *penitus extranei*, c'est-à-dire, d'une façon générale, tous ceux auxquels la constitution du nantissement pourrait porter préjudice ; par exemple, un autre

---

(1) *Pand. franc.*, Répert , V° *Fonds de commerce*, N° 1131. — F Chesney. Note dans *Pand. franc.* périod , 1898, III, 82.

créancier gagiste (ou plutôt hypothécaire) ou les créanciers chirographaires qui ont tout intérêt à faire disparaître un privilège qui porte atteinte à leur gage général sur les biens du débiteur, et qui, soit agissant individuellement, soit par l'intermédiaire du syndic de la faillite, pourront invoquer le défaut d'inscription.

De l'inscription au greffe. — C'est en cette matière que se fait surtout sentir l'insuffisance de réglementation de la loi de 1898. Elle se contente de poser le principe et de décider que la publicité du nantissement est réalisée par une inscription sur un registre public tenu au greffe du tribunal de commerce, mais en négligeant complètement de régler dans ses détails le fonctionnement pratique de cette publicité.

Quelle est la forme de l'inscription? Quelles énonciations doit-elle contenir? Comment s'opèrera sa radiation ou sa péremption? Y a-t-il des évènements qui en arrêtent le cours? Par quels moyens sera-t-il possible d'en constater l'existence? Autant de questions qu'il est impossible de résoudre avec certitude et dont la solution est laissée à l'arbitraire des tribunaux, la loi étant complètement muette ou ne contenant que des dispositions insuffisantes.

Leur examen nous montrera la nécessité d'une intervention législative; le besoin s'en est fait si vivement sentir que moins d'un an après la promulgation de la loi, le 25 février 1899, un projet de réforme, élaboré dans les bureaux du ministère de la justice et que nous aurons également à étudier, a été deposé sur le bureau de la Chambre des Députés (1).

En attendant son adoption par le Parlement, c'est à la pratique d'essayer de suppléer tant bien que mal à l'insuffisance de la loi

Si l'on admet, comme nous l'avons fait, que le droit nouveau créé par elle est un véritable droit d'hypothèque, il semble qu'on doit s'inspirer autant que possible des règles qui régissent les hypothèques et maritimes.

§ I. — Forme de l'inscription

1° *Qui peut prendre inscription.* — Ce point ne soulève guère de difficultés : Il semble qu'il y a lieu, en ce qui concerne tant les personnes au nom desquelles l'inscription peut être prise que celles qui ont qualité pour la requérir, d'appliquer purement et simplement les règles des inscriptions hypothécaires.

L'inscription peut donc être prise par l'une ou l'autre des parties et elle doit être prise en principe au nom du titulaire de la créance garantie.

Il est possible que le créancier soit décédé avant d'avoir rendu son privilège public. Dans ce cas, au moins jusqu'au partage, l'inscription peut être prise au nom de sa succession indivise ou de ses héritiers, sans qu'il soit nécessaire que ceux-ci y soient tous indiqués nominativement. Une simple mention collective suffit.

---

(1) *Journ. officiel*, 1899, docum. parlem., annexe, N° 759, p. 814.

On peut supposer aussi que le créancier ait cédé son droit avant d'avoir pris inscription. Le privilège étant transmis avec la créance, c'est au cessionnaire qu'il appartiendra de prendre l'inscription, soit au nom de son cédant, soit en son nom personnel. Et comme il ne s'agit ici que d'une mesure conservatoire, il pourrait remplir cette formalité même avant la signification ou l'acceptation du transport requis par l'article 1690 Code civil ; conformément à la solution admise par la jurisprudence en matière hypothécaire (1).

Enfin, l'inscription pourrait encore être requise en vertu du principe de l'article 1166 Code civil, par les créanciers du titulaire de la créance garantie.

Les personnes qui ont qualité pour prendre l'inscription peuvent la requérir soit par elles-mêmes, soit par l'intermédiaire d'un mandataire.

Le mandat donné à cette effet n'est d'ailleurs soumis à aucune forme et peut être conféré par acte sous seings privés. Et vis-à-vis du greffier, la preuve de ce mandat résulte du seul fait que le tiers qui requiert l'inscription au nom de son mandant est porteur, soit de l'un des originaux de l'acte constitutif de nantissement, si cet acte est sous seings privés ; soit d'une expédition ou d'un extrait analytique, s'il est notarié.

Nous pensons, avec M. E. Lepage (2), qu'il suffirait

---

(1) E. Lepage. *Commentaire de la loi du 1er mars 1898, Revue du Notariat,* mai 1898, N° 10057, p. 309.

(2) Op. cit., p. 310.

à cet effet d'insérer dans l'acte de nantissement une clause en vertu de laquelle, pour en opérer la publication, tous pouvoirs sont donnés au porteur d'une expédition ou d'un extrait si l'acte est authentique, ou au porteur de l'un des originaux s'il est sous seings privés. Cette stipulation semble d'ailleurs être devenue de style dans la pratique.

2° Pièces à produire pour faire opérer l'inscription. — La loi ne nous donne aucune explication sur ce point ; elle ne s'est nullement préoccupée de déterminer exactement le rôle du greffier du tribunal de commerce ni sa responsabilité.

Aussi ce dernier a-t-il toujours eu une tendance à simplifier sa tâche, et il faut reconnaître que dans le silence de la loi, son rôle est purement passif. Contrairement à ce qui existe en matière hypothécaire, il est impossible d'exiger la production de bordereaux dont l'un resterait entre les mains du greffier. Il suffit d'une simple déclaration accompagnée de la présentation de l'acte constitutif du nantissement, et on pourrait même soutenir que la déclaration est suffisante, sans qu'il soit besoin de la production d'aucun acte lorsqu'il s'agit d'un nantissement commercial. En effet, bien qu'il y ait là une hypothèque, il n'est pas possible de lui faire l'application de l'article 2127 du Code civil, et elle reste un contra commercial soumis seulement, pour la preuve de son existence, aux règles de l'article 109 du Code de commerce (1).

Mais même lorsqu'un acte écrit est présenté au greffier, ce qui pratiquement se produira toujours, celui-ci n'est pas autorisé à le conserver et il doit le restituer au requérant une fois l'inscription opérée.

Aucune justification, aucune légalisation de signature n'est exigée ; il ne reste donc aucune trace de la déclaration dont il est impossible de contrôler l'exactitude.

Il est facile de voir qu'il y a là un grave danger et que c'est la porte toute grande ouverte à la fraude. Qu'un individu se présente au greffe muni d'un acte de nantissement fabriqué de toutes pièces (il suffit de confectionner un acte sous-seings privés et de le faire enregistrer), le greffier, qui n'a pas à juger la validité de cet acte, inscrit le nantissement, puis il restitue l'acte faux. Voilà le fonds engagé à perpétuité, car comme nous le verrons plus loin, la loi du 1er mars 1898 ne permet pas d'obtenir la radiation des inscriptions, et le commerçant verra son crédit gravement atteint sans qu'il lui soit même possible de déjouer après coup la fraude dont il est victime.

Qu'on ne dise pas que la crainte de tomber sous le coup de la loi pénale suffira pour arrêter les tentatives de ce

---

(1) Montier. Op. cit , p. 54. — Bellom. Op. cit , p. 136 et 137. — Barbier. Op. cit., p. 41. — Cependant, en fait, certains greffiers refusent de procéder à l'inscription si un acte écrit et enregistré ne leur est pas produit Cette exigence, que M. Barbier (Op. et loc. cit.) trouve abusive, semble cependant justifiée par l'article 42 de la loi du 28 frimaire, an VII.

genre. En restituant l'acte faux, le greffier se défait du corps du délit dont il ne reste plus trace. Et il est certain qu'il se gardera bien de sortir de son rôle passif, de peur d'engager sa responsabilité. Un texte seul pourrait remédier à cette situation qui présente encore l'inconvénient de rendre impossible le contrôle de la sincérité de l'inscription de la part du greffier.

On a reproché à la loi de n'avoir par exigé l'authenticité de la constitution du nantissement (1). En effet, le danger de fraude disparaît avec l'acte authentique qu'il est impossible de fabriquer de toutes pièces, mais le remède apporté par le projet du Gouvernement, du 25 février 1899, paraît bien préférable.

Ce projet s'inspire des règles qui régissent les inscriptions hypothécaires, accentuant ainsi le caractère que nous avons reconnu à la sûreté nouvelle.

Son article 2, calqué sur l'article 2148 du Code civil, exige la production de deux bordereaux : « Pour opérer
» l'inscription, il est représenté au greffier du tribunal de
» commerce, soit par le créancier lui-même, soit par un
» tiers, l'original enregistré du titre constitutif du nan-
» tissement s'il est sous-seings privés ou reçu en brevet,
» ou une expédition s'il en existe minute.
» Il y est joint deux bordereaux écrits sur papier
» timbré et signés par le requérant ; l'un d'eux peut être

---

(1) *Revue du Notariat*, juillet 1898, Nº 10119, Pratique notariale : *Application de la loi du 1er mars 1898*.

» porté sur l'original ou sur l'expédition du titre. »
La tâche du greffier est précisée par l'article 3 :

« Le greffier transcrit sur son registre le contenu aux
» bordereaux et remet au requérant tout le titre ou
« l'expédition du titre que l'un des bordereaux, au pied
» duquel il certifie avoir fait l'inscription. »

C'est la reproduction de l'article 2150 du Code civil.
Ces deux articles suppriment le double danger qui a
été signalé plus haut. Il serait désormais impossible d'obtenir une inscription frauduleuse sans commettre un faux
dont il restera une preuve matérielle avec le bordereau
déposé au greffe et signé par le requérant. D'autre part,
grâce au certificat exigé par l'article 3, le créancier aurait
une action récursoire contre le greffier qui aurait négligé
d'opérer l'inscription et soutiendrait n'en avoir jamais été
requis.

Il faut ajouter, d'ailleurs, que dans la pratique actuelle
les greffiers ont pris l'habitude d'exiger la signature de
la partie déclarante.

3° *Où doit être prise l'inscription ?* — L'inscription
doit être prise, dit la loi, « au greffe du tribunal de com-
» merce dans le ressort duquel le fonds est exploité ».
Donc, pas de difficulté s'il se compose d'un établissement
unique.

Mais il est possible que le fonds soit exploité dans le
ressort de plusieurs tribunaux différents. S'il y a un établissement principal bien déterminé et se distinguant
nettement des magasins ou dépôts qui n'en sont que les

dépendances, il semble qu'une seule inscription suffit et qu'elle doit être prise au greffe du tribunal de commerce dont dépend l'établissement principal (1).

Mais il se peut aussi que l'exploitation comprenne plusieurs établissements similaires d'une égale importance, sans qu'on puisse déterminer avec certitude quel est le principal, ou bien que le commerçant ait laissé régner l'équivoque pour la détermination du principal établissement.

On pourrait être tenté d'appliquer alors la règle de l'unité de domicile qui domine notre législation et d'adopter la solution enseignée par la doctrine et la jurisprudence en matière de domicile (2). On déciderait alors qu'une seule inscription est encore suffisante et que le choix du greffe appartient au créancier, le commerçant devant être seul victime de l'équivoque qu'il entretient.

Mais cette solution qui se comprendrait avec le texte primitif de la loi voté par la Chambre des députés nous paraitrait peu conforme au texte actuel. De plus, elle serait susceptible de porter préjudice aux tiers, et les créanciers locaux seraient fondés à soutenir qu'en raison de l'insuffisance de la publicité, le nantissement ne leur est pas opposable.

---

(1) BELLOM. Op. cit., p. 134 et 135.

(2) AUBRY et RAU, I, § 145, p 586. — DEMOLOMBE, I, N° 547. — BAUDRY-LACANTINERIE et HOUQUES-FOURCADE. *Des personnes*, I, N° 1014. — Cass , 7 juillet 1885, S., 86, I, 152. Bordeaux, 21 février 1895, D., 95, II, 33 ; Cass , 4 août 1896, *Gaz. pal.*, 96, II, 450. — BELLOM. Op. et loc. cit.

Il paraît donc plus équitable et plus prudent d'adopter la même solution que lorsqu'il s'agit d'une hypothèque constituée sur des immeubles situés dans des arrondissements différents et de décider que le privilège devra être inscrit au greffe des différents tribunaux dans le ressort desquels se trouvent des succursales de l'établissement (1).

4° En quoi consiste l'inscription. — *Enonciations qu'elle doit contenir.* — La loi a complètement négligé de préciser en quoi doit consister l'inscription. Elle ne nous dit pas si la déclaration faite par le requérant est suffisante, ni si la transcription littérale de l'acte est nécessaire.

Il semble, cependant, qu'on ne peut exiger la transcription littérale et qu'il suffit d'un simple enregistrement de la déclaration faite par l'une des parties ou par son fondé de pouvoirs (2).

La pratique a essayé de suppléer à l'insuffisance de la loi, mais elle est encore dans la période de tâtonnements.

Le greffe du Tribunal de commerce de la Seine, où la loi du 1er mars 1898 est devenue d'une application courante, a établi une règlementation, mais cette règlementation est variable suivant les Tribunaux. On peut, cependant, constater chez les greffiers des Tribunaux de

---

(1) E. Lepage. Op. cit , § II, p. 310. — Catalan. Op. cit , p. 442.
(2) Montier. Op. cit., p. 55. — Bellom. Op. cit., p. 134. — Barbier. Op. cit., p. 42.

commerce, en présence du silence de la loi, une tendance à simplifier leur tâche le plus possible, aux dépens des tiers, qui ont intérêt à ce que la publicité soit complète.

Au greffe du Tribunal de la Seine, l'inscription est opérée sur un registre spécial sur lequel le greffier dresse acte de la représentation qui lui a été faite par de l'acte constitutif de nantissement. Elle consiste en une simple mention analytique; on n'a pas cru pouvoir suivre la méthode plus prudente que l'administration supérieure impose aux conservateurs des hypothèques (1).

Il importe, cependant, pour que l'inscription réalise, à l'égard des tiers, une publicité efficace, qu'elle renferme certaines énonciations, qu'à la simple lecture de cette inscription, ils puissent y trouver des renseignements suffisants pour les éclairer sur la situation de leur débiteur. Il serait nécessaire qu'elle contînt la désignation précise de ce débiteur, qu'elle indique exactement quel est le fond grevé, qu'elle mentionne la date et la nature du titre constitutif de la créance garantie.

Il faudrait aussi que les tiers pussent savoir jusqu'à concurrence de quelle somme le fonds est grevé, à quelle époque cette somme deviendra exigible.

En matière hypothécaire, le Code civil a réglé minutieusement le contenu des inscriptions : L'article 2148 indique quelles énonciations doivent renfermer les bordereaux qui doivent être remis au conservateur pour être

---

(1) Nantet. Op. cit , 2e partie, sect. VI. — Magnin. Op. cit., N° 15.

reproduits sur son registre. Il n'y a malheurensement
rien de pareil dans la loi de 1898 et elle a laissé aux
greffiers des tribunaux de commerce le soin de suppléer
à son laconisme pour réaliser une publicité effective
et non seulement nominale. La forme de l'inscription
importerait peu si le procédé adopté faisait connaître aux
tiers toutes les indications utiles. Il n'en est malheureusement rien. Au greffe du tribunal de commerce de la
Seine, la mention analytique portée sur le registre du
greffier contient les indications qui permettent d'identifier
le fonds de commerce, le montant de la somme garantie,
et les noms du débiteur et du créancier. Mais ce sont
les seuls renseignements que les intéressés peuvent y
trouver (1).

C'est en vain qu'ils y chercheraient s'il y a une
stipulation d'intérêts, qui sont cependant conservés par
l'inscription et les conditions d'exigibilité de la créance
garantie.

La connaissance de ces faits est cependant nécessaire
à ceux qui veulent se rendre un compte exact des charges
qui grèvent le fonds ; ils ne peuvent même pas se référer
à l'acte de nantissement, puisque dans la pratique actuelle
il est rendu au requérant sans qu'aucun extrait demeure
au greffe.

Dans d'autres greffes, la publicité est plus rudimentaire

---

(1) Nantet. Op. cit., 2e partie, section VI. — Magnin. Op. cit , No 15. —
Bellom. Op. cit., p. 138.

encore. Les greffiers, craignant d'engager leur responsabilité par une mention inexacte de la dette garantie et de
ses intérêts, indiquent seulement d'une façon précise quel
est le fonds donné en nantissement.

Cette pratique continuera vraisemblablement à être
suivie par les greffiers ; aucun texte ne les astreignant à
formaliser l'inscription, ils se refuseront à faire l'analyse
complète de l'acte qui leur est présenté. D'autre part, rien
n'oblige les parties à la rédaction de bordereaux comme
en matière hypothécaire, et en admettant même que des
bordereaux de cette nature soient présentés, le greffier ne
serait pas tenu davantage de les transcrire.

Il est facile de voir le peu de garanties qu'un tel système présente pour les tiers et pour les parties ; les respon-
sabilités ne sont nullement définies. Faut-il cependant
décider que dans le silence de la loi aucune énonciation
n'est exigée à peine de nullité et que toute inscription au
greffe, si informe et si laconique qu'elle soit, est valable ?

Cette solution serait certainement inadmissible. L'inscription est prescrite par la loi comme mesure de publicité et elle ne peut réaliser cette publicité que si elle contient certaines énonciations. Il est évident, par exemple
qu'aucun tribunal ne reconnaîtrait comme valable une
inscription qui ne contiendrait pas l'indication du fonds
grevé de nantissement.

Il faut tenir compte d'un principe qui domine toute
notre législation en matière de sûretés réelles : celui de
la spécialité. Il faut que l'inscription réalise cette spécia-

lité, tant au point de vue de l'objet engagé qu'à celui de la créance garantie.

Nous serions assez disposé à faire ici l'application de la théorie des énonciations substantielles. Mais quelles sont ces énonciations dont l'existence est requise à peine de nullité ? Là est la difficulté et la solution de cette question ne laisse pas que d'être délicate.

En matière hypothécaire, Aubry et Rau définissent ainsi les énonciations substantielles : « Celles qui sont » nécessaires à la complète réalisation du double principe » de la spécialité et de la publicité des hypothèques », et la jurisprudence reconnaît ce caractère à : 1° la désignation précise du débiteur (1) ; 2° la mention de la date et de la nature du titre (2) ; 3° l'indication du montant de la créance; 4° l'indication de l'époque de son exigibilité (arg^t. art. 3 et 4, loi du 4 sept. 1807) (3); 5° la désignation de la nature et de la situation de l'immeuble hypothéqué (4).

Il semblerait logique de faire l'application de ces principes à la matière si voisine de l'hypothèque des fonds de commerce. Toutes les énonciations qui viennent d'être indiquées devraient se retrouver dans l'inscription requise par la loi de 1898, et elles présentent le même caractère de nécessité que pour les hypothèques immobilières. La

---

(1) Bordeaux, 20 mai 1892, D., 92, II, 416.
(2) Cass., 9 janvier 1888, D., 88, I, 176.
(3) Bordeaux, 12 janvier 1887, S., 88, II, 108.
(4) Cass., 11 novembre 1890, S , 91, I, 199.

théorie d'Aubry et Rau s'applique à merveille à cette hypothèse ; il suffit de remplacer les mots immeuble hypothéqué par ceux de fonds de commerce.

Le tribunal de commerce de Rouen a eu à statuer sur cette question, dans son jugement du 13 juillet 1900 (1). Le créancier avait négligé dans l'inscription au greffe de mentionner le montant de sa créance. Le syndic de la faillite du débiteur ayant soutenu que cette omission devait entraîner la nullité de l'inscription, le tribunal rejeta sa prétention par les motifs suivants :

« Attendu ... que s'il est vrai que cette mention (du
» montant de la créance) ne fut point faite au moment
» de l'inscription, on ne saurait en tirer un argument
» suffisamment plausible pour prétendre à la nullité de
» cette inscription et par suite du nantissement. Que la
» loi de 1898 ne parle que d'inscription au greffe et ne
» détaille nullement ce que devra comprendre cette ins-
» cription ; d'autre part, elle n'ordonne ni la transcription
» ni le dépôt de l'acte de nantissement, d'où il suit qu'elle
» a voulu une publicité aussi réduite que possible, un
» simple avertissement aux négociants qui auraient à
» traiter avec le débiteur.

» Attendu que le rôle du greffier consiste seulement à
» inscrire au procès-verbal les mentions nécessaires pour
» qu'aucune confusion ne soit possible sur l'idendité du
» débiteur ni sur celle du fonds de commerce sur lequel

---

(1) D., 1901, II, 97.

» le nantissement est consenti ; que l'indication des noms,
» prénoms et domiciles des parties est plus importante
» que l'indication du montant de la créance. Attendu que
» les nullités ne se présument pas ; qu'il y a lieu de dire,
» dans l'espèce, que c'est à tort que le syndic ès-qualités
» voudrait se prévaloir du défaut de cette mention » (1).

L'affirmation du tribunal, que le législateur de 1898 a voulu une publicité aussi réduite que possible, nous paraît purement gratuite ; rien ne permet de supposer qu'il ait entendu abandonner le principe fondamental de la spécialité ; et ce principe ne peut être complètement respecté que si l'inscription contient toutes les mentions indiquées plus haut.

Cependant, à s'en tenir à une interprétation stricte de la loi, la solution admise par le tribunal de commerce de Rouen peut être défenduc, et quelque séduisante que soit la théorie des énonciations substantielles, il est difficilo, en droit strict et dans l'état actuel de la législation, de l'adopter, au moins dans son intégralité.

Il est certain, comme le fait remarquer le jugement précité, que l'indication précise du fonds grevé est beaucoup plus importante pour les tiers que celle du montant de la créance.

Il ne faut pas oublier non plus qu'il s'agit d'une nullité et qu'il serait rigoureux de la faire supporter aux parties, étant donnée la pratique suivie par les greffiers. Nous

---

(1) V. aussi Rennes, 27 juin 1901, BARBIER, op. cit., p. XXIV.

avons vu, en effet, qu'il est impossible de forcer les greffiers à faire sur leur registre l'analyse complète de l'acte de nantissement et à y faire figurer tous les renseignements désirables. Il serait injuste de faire supporter au créancier les conséquences d'omissions dont il n'est pas responsable et qu'il est même impuissant à empêcher. On ne peut donc exiger qu'un minimum, mais sous peine de violer le principe de la spécialité, nous pensons que l'indication du fonds et celle de la créance garantie, sont au moins nécessaires.

Quoiqu'il en soit, il faut reconnaître qu'il y a là une grave lacune dans la loi. Ce serait le cas pour la jurisprudence d'établir une sorte de réglementation prétorienne et de chercher à vaincre la résistance des greffiers.

Le projet du gouvernement complète heureusement sur ce point la loi de 1898. Les bordereaux dont son article 2 .exige la production doivent contenir des énonciations analogues à celles qui sont requises par l'article 2148 du Code civil :

« Ils contiennent : 1° les noms, prenoms, domiciles du » créancier et du débiteur et leur profession s'ils en ont une. »

Mais seule la mention du domicile réel du créancier serait exigée. Il n'est pas question, comme en matière immobilière, de domicile élu dans le ressort du tribunal Le besoin d'une élection de domicile se fait ici moins sentir : Il n'y a pas, en effet, de purge légale et les tiers qui voudraient se mettre en rapport avec le créancier devraient s'adresser à son domicile réel.

« 2° La date et la nature du titre ;

« 3° Le montant du capital des créances exprimées » dans le titre, ou leur évaluation, comme aussi le » montant des accessoires de ces capitaux et l'époque de leur exigibilité. »

Il semble que ces mots « leur évaluation » se réfèrent aux hypothèses prévues par l'art. 2148 du Code civil, 4° (rentes, prestations, droits éventuels, conditionnels ou indéterminés).

Dans tous les cas, le créancier devrait indiquer dans les bordereaux le montant des accessoires de la créance, principalement les intérêts échus à l'époque de la prise de l'inscription et les frais. Ces accessoires étant garantis de plein droit par le nantissement, les tiers ont intérêt à en connaître le montant. C'est pourquoi si la créance était productive d'intérêts dans l'avenir, il faudrait le dire et en même temps indiquer le taux de l'intérêt. Enfin l'époque de l'exigibilité qui présente également pour les tiers un intérêt considérable devrait aussi être mentionnée.

4° « Les noms et prénoms du propriétaire du fonds de » commerce donné en nantissement, ainsi que l'indication » de la nature et du siège de ce fonds de commerce, sans » préjudice de toutes autres énonciations propres à le » faire connaître. »

On devrait notamment mentionner l'enseigne, s'il y en avait une, la raison de commerce, le nom commercial s'il était distinct du nom patronymique du titulaire. Ces derniers renseignements seraient d'autant plus faciles à fournir que les actes de nantissement énumèrent tout en détail les droits et valeurs qui composent le fonds. C'est une habitude antérieure à 1898 qui date de l'époque des controverses sur la nature du fonds.

Cet article 2 du projet remédie d'une façon très satisfaisante aux imperfections de la loi du 1er mars 1898.

On ne peut que louer ses auteurs de s'être inspirés des dispositions qui régissent les hypothèques immobilières. Étant données la nature du droit créé par la loi nouvelle et l'analogie qui existe entre les fonds de commerce et les immeubles, il était logique de leur étendre les règles relatives aux inscriptions hypothécaires. On peut seulement regretter, avec M. Magnin (1), que le projet n'ait pas prévu le cas où le lieu de l'exploitation viendrait à changer. Il faudrait que les intéressés fussent obligés d'avertir les tiers de ces changements, par une mention en marge de l'inscription primitive, car faute de cette précaution, les greffiers pourraient délivrer des extraits inexacts.

Avec les procédés actuellement en vigueur, la publicité est des plus imparfaites; comme le dit le tribunal de commerce de Rouen, les tiers ne peuvent trouver dans l'inscription qu'un « simple avertissement. »

C'est à eux, s'ils veulent des renseignements plus complets, de les rechercher à leurs risques et périls. Il serait à

____

(1) Op. cit., No 15.

souhaiter qu'en attendant le vote du projet du 25 février 1899, un décret réglementaire vînt au moins préciser la tâche des greffiers et les forcer à faire, dans les inscriptions, l'analyse complète des actes qui leur sont présentés.

5° *Frais de l'inscription.* — Dans le silence de la loi, nous croyons qu'il y a lieu d'appliquer par analogie l'article 2155 du Code civil. En l'absence de stipulation contraire, les frais seraient donc à la charge du bébiteur, ce qui est logique, puisqu'ils sont faits dans son intérêt. Mais l'avance en doit être faite par celui qui requiert l'inscription.

Ajoutons que ces frais sont réglés par l'article 10 du projet du gouvernement : « Le droit d'inscription des » créances garanties au moyen du nantissement d'un » fonds de commerce est fixé à cinquante centimes pour « mille francs (0 fr. 50 °/‰) du capital des créances.

» Les actes de dépôt, récipissés, bordereaux, mentions, » états et certificats faits óu délivrés en exécution de la » présente loi, ainsi que les réquisitions adressées aux » greffiers en vertu de l'article 8, ne donneront lieu à » aucun autre droit que le coût du papier timbré employé; » ils seront, le cas échant, enregistrés gratis. Le registre » des inscriptions, tenu par le greffier, en exécution de » l'article 3, sera en papier timbré. »

§ II. — Publicité des registres

Il s'agit maintenant de déterminer comment se réalise,

au point de vue matériel, la publicité de l'inscription, et par quels moyens pratiques les intéressés pourront s'assurer de l'existence ou de la non-existence d'inscriptions sur un fonds de commerce déterminé.

Ici encore nous nous heurtons au laconisme de la loi. On sait qu'en matière hypothécaire, si les registres d'inscriptions sont publics, ils ne sont cependant pas directement à la disposition des intéressés. Il y a entre eux et les particuliers qui veulent y recourir, un intermédiaire obligé : le conservateur. Il serait, en effet, impraticable de laisser le public consulter directement les registres, et en matière de nantissement de fonds de commerce, ce procédé semble tout indiqué. Malheureusement, il augmente la responsabilité des greffiers des tribunaux de commerce, et ceux-ci profitent du silence de la loi pour diminuer le plus possible cette responsabilité.

La pratique actuellement suivie est diverse : certains greffiers, s'appuyant sur le silence de la loi, se bornent à autoriser les particuliers à compulser leurs registres et à y chercher, à leurs risques et périls, les renseignements dont ils ont besoin.

D'autres, au contraire, emploient le procédé usité en matière hypothécaire et consentent à délivrer des extraits.

Au tribunal de commerce de la Seine, les inscriptions, une fois enregistrées, sont relevées sur un répertoire alphabétique qui permet de donner à tout intéressé des renseignements verbaux (1).

---

(1) Nantet. Op. cit., 2e partie, section VI.

Il est certain que le procédé qui consiste à délivrer des extraits est de beaucoup préférable ; mais il y a plus : il semble qu'il est le seul légal et que les greffiers n'ont nullement le droit de se refuser à cette délivrance. C'est en vain qu'ils invoquent le silence de la loi du 1ᵉʳ mars 1898, on peut leur opposer un texte qui leur impose cette obligation, c'est l'article 853 du Code de procédure : « Les greffiers et dépositaires de registres publics en » délivreront, sans ordonnance de justice, expédition, » copie ou extrait, à tous requérants, à la charge de leurs » droits, à peine de dépens, dommages et intérêts. »

Ce texte règle, en effet, d'une manière générale la manière dont les particuliers pourront prendre connaissance des registres publics confiés à un fonctionnaire. Il doit donc s'appliquer à tous les registres de cette nature, et notre hypothèse rentre parfaitement dans son domaine (1).

Il est cependant regrettable que le législateur n'ait pas cru devoir s'expliquer sur ce point. Il aurait ainsi évité toute difficulté et on n'aurait pas eu à compter avec la mauvaise volonté des greffiers. Avec le système usité aujourd'hui dans certains greffes, les tiers qui veulent se renseigner sur la situation d'un commerçant se heurtent à une quasi impossibilité matérielle. Ils seront obligés de compulser un amas de registres, et leur tâche sera d'autant plus difficile que la durée des inscriptions étant, comme nous le verrons plus loin, illimitée, il leur faudra remonter à l'origine de la loi.

(1) En ce sens, MONTIER. Op. cit., p. 61.

L'article 8 du projet du Gouvernement condamne ce procédé rudimentaire et impose aux greffiers l'obligation de délivrer des extraits : « Les greffiers des tribunaux » de commerce sont tenus de délivrer, à tous ceux qui le » requièrent, copie des inscriptions subsistantes ou certi- » ficat qu'il n'en existe aucune. »

Cette disposition était d'ailleurs nécessaire, même en présence de l'article 853 C. proc. En effet, aucun texte n'oblige les greffiers à délivrer des états négatifs attestant qu'il n'existe aucune inscription. Aussi, dans la crainte d'engager leur responsabilité, ceux-ci se sont-ils toujours refusés à produire des certificats de cette nature. Le propriétaire d'un fonds de commerce ne peut donc justi- fier qu'il est libre de toute inscription ou grevé seulement jusqu'à concurrence d'une certaine somme ; il faudra encore que les tiers aillent consulter les registres eux-mêmes.

Sans doute, lorsqu'ils auront découvert l'existence d'une inscription, ils pourront demander au greffier une expédition qu'il ne pourra leur refuser, mais comme il n'est pas tenu de certifier qu'il n'en existe aucune, il leur faudra toujours, s'ils veulent s'assurer de la liberté du fonds, faire les recherches eux-mêmes.

§ III. — Des événements qui arrêtent le cours des inscriptions

L'inscription, pour être valable, doit être prise en temps utile. La loi ne fixant aucun délai, elle peut l'être en principe à toute époque. Mais on sait qu'en matière d'hypothèques immobilières, certains évènements arrêtent le cours des inscriptions. Ce sont : la transcription de l'acte d'aliénation de l'immeuble grevé, la faillite du débiteur ou sa mort suivie de l'acceptation sous bénéfice d'inventaire de sa succession.

Ces événements ont-ils une influence sur la validité des inscriptions du nantissement d'un fonds de commerce?

1° *Evénements prévus par l'article 2146 du Code civil.*

On a soutenu que l'article 2146 du Code civil était inapplicable à notre matière : « Il ne faut donc pas » aujourd'hui vouloir assimiler trop complètement le » nantissement des fonds de commerce à l'hypothèque. » Les événements qui arrêtent le cours des inscriptions » hypothécaires, n'arrêteront pas nécessairement celui » des inscriptions de nantissement. Elles pourront, » notamment, être prises malgré l'acceptation sous béné- » fice d'inventaire de la succession du débiteur (1). »

Nous ne saurions souscrire à cette opinion et nous croyons, au contraire, qu'il faut appliquer l'article 2146. La loi du 1er mars 1898 a créé, selon nous, une véritable hypothèque dont elle a négligé d'organiser le fonctionnement, et le seul moyen de la rendre pratiquement applicable est de suppléer à son insuffisance par des emprunts aussi larges que possible à la législation des hypothèques immobilières.

---

(1) MAGNIN. Op. cit., N° 16.

Mais en admettant même que ce caractère hypothécaire soit discutable, l'article 2146 est rédigé en termes suffisamment larges pour pouvoir s'appliquer sans difficulté aux nantissements de fonds de commerce. Il vise, en effet, à la fois les hypothèques et les privilèges inscrits. Or, si l'on se refuse à considérer la sûreté nouvelle comme une véritable hypothèque, il est impossible de ne pas y voir un privilège soumis à inscription et cela suffit, à notre sens, pour qu'on soit dans les termes de cet article.

Les raisons qui l'ont fait édicter se retrouvent du reste avec la même force en notre matière.

A) *Mort du débiteur suivie d'acceptation de sa succession sous bénéfice d'inventaire.* — C'est le cas pour lequel l'application de l'article 2146 paraît la plus douteuse. En effet, on s'accorde généralement pour reconnaître que cette disposition (article 2146 *in fine*) doit recevoir une interprétation restrictive,

On dit aussi que les motifs qui l'ont fait édicter sont assez discutables et que, même en matière d'hypothèques immobillères, le besoin ne s'en faisait guère sentir. La loi belge du 16 décembre 1851 l'a d'ailleurs supprimée (1).

On se contente souvent, en effet, d'en donner cette explication que l'acceptation bénéficiaire de la succession d'un débiteur implique son insolvabilité, raison sans

---

(1) Baudry-Lacantinerie. *Précis de droit civil*, t. II, Nos 1671 et 1675

valeur lorsque cette acceptation est prescrite par la loi.

On conçoit donc qu'on soit tenté d'écarter l'application de cette partie de l'article 2146, puisque cette solution serait sans inconvénients.

On a dit aussi que l'inscription étant en quelque sorte la confirmation de l'hypothèque, elle ne peut plus être prise après l'acceptation bénéficiaire, parce que la confirmation ne peut avoir lieu quand la constitution est impossible (1).

Cette explication ne nous paraît guère plus satisfaisante que la précédente et nous préférons celle de MM. Baudry-Lacantinerie et de Loynes (2) :

" Lorsqu'à la mort du débiteur sa succession est
" acceptée sous bénéfice d'inventaire, les créanciers qui
" avaient jusque-là un débiteur personnel engagé sur
" tous ses biens présents et à venir perdent le bénéfice
" de cette situation. Ils continuent d'avoir pour gage le
" patrimoine de leur débiteur décédé; mais ce patrimoine
" est immuablement fixé; il n'est susceptible ni d'accrois-
" sement ni de diminution, La personne du débiteur
" disparaît d'une manière définitive, elle n'est pas con-
" tinuée, il faut procéder à la liquidation de ce patri-
" moine.

" Les droits des parties seront réglés comme si cette
" liquidation s'opérait instantanément au moment même

---

(1) COLMET DE SANTERRE, IX, N° 119 *bis*.
(2) *Nantissement, Privil. et Hypoth.*, t. II. N° 1574, p. 649.

» du décès. A partir de cette époque il devient impos-
» sible de s'assurer une cause de préférence. Ainsi
» s'explique le rapprochement fait par la loi entre la
» faillite et le bénéfice d'inventaire.

» Dans les deux cas il y a également lieu de procéder
» à la liquidation d'un patrimoine; dans les deux cas la
» condition des créanciers hypothécaires sera la même
» et les inscriptions qu'ils pourront requérir seront
» également frappées d'inefficacité. Peu importe que
» l'acceptation bénéficiaire soit volontaire ou forcée :
» Par l'effet de l'une et de l'autre, le *de cujus* n'a pas de
» continuateur de sa personne, la liquidation du patri-
» moine s'opèrera dans les mêmes conditions. »

Si l'on admet cette explication, il est difficile de ne pas
décider que l'acceptation bénéficiaire de la succession d'un
débiteur, titulaire d'un fonds de commerce, rend impossible la prise d'inscriptions de nantissement valables sur
ce fonds. Les considérations qui précèdent ont la même
valeur qu'en matière d'hypothèques immobilières, et nous
venons de voir que le texte de l'article 2146 est favorable
à cette solution (1).

Il en serait autrement si le fonds de commerce constituait une personne morale survivant au commerçant, ou
au moins un patrimoine d'affectation, mais on a vu que
ces deux conceptions ne pouvaient être admises dans l'état
actuel de notre législation.

---

(1) En ce sens, Bellom. Op. cit., p. 145 à 148.

B) *Faillite du débiteur*. — On sait que les hypo-thèques immobilières sont soumises sur ce point aux règles suivantes :

1° La faillite du débiteur ne porte aucune atteinte aux inscriptions prises avant les 10 jours qui précèdent l'époque fixée comme étant celle de la cessation des paiements ;

2° Les inscriptions prises après le jugement déclaratif de faillite sont nulles par rapport à la masse ;

3° Les inscriptions prises *medio tempore* peuvent être déclarées nulles s'il s'est écoulé plus de quinze jours entre la date de l'acte constitutif de l'hypothèque ou du privi-lège et celle de l'inscription, sauf prolongation du délai à raison de la distance (art. 448 du Code de commerce).

Ces règles sont-elles applicables à l'hypothèque d'un fonds de commerce ? M. Magnin (1) soutient que l'inscrip-tion pourra être prise même après le jugement déclaratif de la faillite du débiteur. Le nantissement doit, selon lui, être traité comme gage et non comme hypothèque, et par suite l'article 448 du Code de commerce doit être écarté. L'article 446 seul est applicable.

En d'autres termes, le nantissement lui-même serait nul de droit s'il avait été constitué pendant la période suspecte pour sûreté d'une dette antérieure.

M. Magnin ne fait d'ailleurs aucune difficulté pour reconnaître la défectuosité de cette solution, et il est d'avis

____

(1) Op. cit., N° 16.

que l'assimilation des inscriptions de nantissement aux inscriptions hypothécaires est commandée au point de vue législatif, à la fois par l'équité et par la logique.

Mais nous pensons que dans l'état actuel de la législation cette assimilation n'est pas impossible et est même commandée par les textes. Elle va de soi si l'on admet, comme nous l'avons fait, que la loi de 1898 a créé une nouvelle hypothèque, mais elle nous paraît également s'imposer à ceux qui, comme M. Magnin, repoussent cette idée, et il nous semble, que non seulement l'article 446, mais aussi l'article 448 du Code de commerce, sont applicables au nantissement des fonds de commerce.

Il faut remarquer tout d'abord que ces deux articles se réfèrent à des hypothèses toutes différentes. Il faut, en effet, distinguer entre l'acquisition de l'hypothèque ou du privilège et sa conservation.

Or, l'article 446 du Code de commerce règle l'influence de la faillite du débiteur sur l'existence même de la sûreté ; l'article 438, au contraire, suppose une hypothèque ou un privilège valablement acquis, mais non encore inscrits, et il s'occupe de l'effet de la faillite du débiteur sur leur conservation.

L'article 446 étant aussi général que possible et visant toute sûreté réelle (hypothèque, antichrèse ou nantissement) son application à notre matière ne souffre aucune difficulté : le nantissement constitué sur un fonds de commerce pendant la période suspecte sera nul de droit s'il a été consenti pour sûreté d'une dette antérieure. Ce qu'il faut considérer ici, c'est la date de la constitution et non celle de l'inscription. Il faut aussi faire une distinction : si le nantissement est civil, il ne sera considéré comme antérieur à la période suspecte qu'autant que l'acte constitutif aura acquis date certaine avant son commencement ; est-il, au contraire, commercial, le juge déterminera librement la date à laquelle il a été constitué.

Supposons, au contraire, un nantissement valablement constitué avant le commencement de la période suspecte, auquel, par conséquent, l'article 446 est inapplicable, mais qui à cette époque n'a pas encore été inscrit.

D'après M. Magnin, l'inscription pourra être prise par le créancier même plus de quinze jours après la constitution du nantissement et nonobstant le jugement déclaratif de faillite, et la seule raison qu'il en donne, c'est que le nantissement « doit être traité comme gage et non comme » hypothèque ».

Admettons un instant que cette assertion soit exacte. Il ne s'ensuit pas, à notre avis, que l'article 448 du Code de commerce doive être écarté. Ce texte est, en effet, général et vise tous les droits d'hypothèque et de privilège soumis à la formalité d'une inscription pour être opposables aux tiers. S'il est étranger au gage, c'est uniquement parce qu'il n'y a pas d'inscription requise pour sa conservation, et il suffit que dans un cas particulier il en soit autrement pour que ce privilège rentre dans son domaine d'application.

Qu'on admette ou non le caractère hypothécaire du

droit nouveau, il est certain, en tout cas, que nous sommes en présence d'un privilège qui, pour sa conservation, a besoin d'être inscrit et rentre, par conséquent, dans les termes de l'article 448 (1).

Sans doute, on pouvait dire que les rédacteurs du Code de commerce n'ont prévu que les hypothèques et privilèges immobiliers inscrits à la conservation des hypothèques, mais cette objection serait peu sérieuse. Ils n'avaient pas prévu non plus l'hypothèque maritime, et cependant on ne fait aucune difficulté pour lui appliquer l'article 448.

D'ailleurs, si notre solution est conforme à la lettre de cet article, elle est commandée par son esprit. En effet, le principe général qui s'en dégage, c'est que dans tous les cas où des formalités sont exigées pour rendre un droit efficace à l'égard des tiers, ces formalités ne peuvent plus être remplies à l'encontre de la masse après le jugement déclaratif de faillite. Il est vrai que l'article 448 du Code de commerce édictant une déchéance, ne doit pas être étendu par analogie, mais, comme le font remarquer MM. Lyon-Caen et Renault, il y a lieu de tenir compte de ce que, par suite du dessaisissement, le jugement déclaratif de faillite entraîne au profit des créanciers, une sorte de mainmise sur les biens du failli et a des effets analogues à ceux d'une saisie. Aussi s'accorde-t-on généralement pour faire l'application de l'article 448 au

(1) V. en ce sens, *Rev. du Notariat*, juillet 1898, N° 10119.

cas où le failli ayant cédé une créance, le cessionnaire n'a pas, lors du jugement déclaratif, rempli les formalités prescrites par l'article 1690, Code civil, et pour décider qu'il ne pourra plus le faire utilement à l'encontre des créanciers de la masse (1).

Et on admet la même solution dans une hypothèse qui se rapproche singulièrement de la nôtre; celle où le failli ayant, avant le jugement déclaratif constitué une créance en gage, le créancier gagiste n'a pas signifié le contrat au débiteur de la créance. Or, en matière de nantissement de fonds de commerce, l'inscription au greffe a le même but que la signification prescrite par l'article 2075 du Code civil, qu'elle remplace. La même solution doit donc être admise a fortiori. La Cour de Rennes, dans un arrêt du 26 juin 1902 (2), a jugé que l'inscription ne pouvait être prise après le jugement déclaratif de faillite, mais que les inscriptions prises pendant la période suspecte ne pouvaient être annulées. Cette distinction nous paraît injustifiée et nous pensons que l'article 448 doit être appliqué dans son intégralité.

Aucune inscription ne pourra être prise après le jugement déclaratif de faillite; quant à celles qui ont été prises avant ce jugement, mais pendant la période suspecte, c'est-à-dire après l'époque de la cessation des paiements ou dans les 10 jours qui la précèdent, elles pourront être

---

(1) Lyon-Caen et Renault. *Manuel*, N° 1088, p. 662.
(2) *Revue du Notariat*, janvier 1903, jurisprudence analytique, N° 11125.

annulées s'il s'est écoulé plus de quinze jours depuis la constitution du nantissement (1).

L'exposé des motifs du projet du gouvernement réalise sans réserve l'assimilation des inscriptions de nantissement aux inscriptions hypothécaires et leur applique les. règles ordinaires du droit civil et du droit commercial. L'acceptation sous bénéfice d'inventaire de la succession du débiteur, la faillite ou la liquidation judiciaire mettent obstacle, d'après ses auteurs, à la prise d'inscriptions.

Il déclare, en outre, que les inscriptions antérieures au jugement déclaratif de faillite pourront être annulées dans les conditions de l'article 448 du Code de commerce, consacrant ainsi la solution qui vient d'être exposée.

Mais le projet lui-même est muet sur la question; ses rédacteurs ont sans doute pensé comme nous, que les textes actuellement en vigueur étaient suffisants.

Cependant, la question étant encore discutée, on peut regretter, avec M. Magnin, que cette affirmation n'ait pas trouvé place dans le texte même. Une loi n'est jamais trop explicite et on aurait tari toute source de difficultés sur ce point.

---

(1) « Attendu... qu'on en arrive naturellement à conclure que le créancier est libre d'apprécier l'opportunité du moment où il devra prendre inscription, à la condition toutefois, par exemple, que cette inscription soit faite avant la déclaration de faillite ou de liquidation judiciaire de celui qui a constitué le nantissement, ou qu'elle ne se trouve pas dans les conditions qui permettraient, aux termes de l'article 448 du Code de commerce, d'annuler une inscription de privilège ou d'hypothèque... » (Dijon, 17 mai 1901, BARBIER, op. cit., p. XXI). — En ce sens : BELLOM. Op. cit., p 148 à 151.

2° Transmission du fonds donné en nantissement.

Un troisième événement met obstacle à l'inscription des hypothèques immobilières. C'est la transcription de la vente de l'immeuble grevé.

Les ventes de fonds de commerce n'étant soumises à aucune transcription, il ne saurait être question d'appliquer à la lettre cette disposition aux inscriptions de nantissement. Mais le principe qui s'en dégage, à savoir que la vente de l'objet hypothéqué met obstacle à la prise d'inscriptions à partir du moment où elle est opposable aux tiers, reste vrai et est applicable à notre matière. Ce n'est donc qu'en apparence que, comme le dit M. Magnin (1), la condition juridique du nantissement des fonds de commerce se sépare sur ce point de celle de l'hypothèque.

En principe, la vente est valable *solo consensu*, mais il faut faire une distinction en ce qui concerne l'époque à laquelle elle devient opposable aux tiers. Est-elle commerciale (c'est l'hypothèse normale), elle est parfaite à l'égard des tiers à dater du jour de sa conclusion. En effet, l'article 109 du Code de commerce exclut l'application de l'article 1328 du Code civil. Le seul fait de la vente arrêtera donc le cours des inscriptions.

Si, au contraire, elle est civile, ce qui sera plus rare, elle est bien parfaite entre les parties aussitôt sa conclusion, mais elle ne peut être opposée aux tiers que lors-

---

(1) Op. cit., N° 16.

qu'elle a acquis date certaine par l'un des procédés indiqués par l'article 1328 du Code civil.

Ce dernier système est généralisé par l'exposé des motifs du projet du gouvernement, mais c'est dans son texte même que cette solution devrait être consacrée. Plus satisfaisante que celle qui doit être admise aujourd'hui en cas de vente commerciale, elle est cependant encore insuffisante.

Actuellement, ce fait que la transmission des fonds de commerce n'est soumise à aucune transcription permet au vendeur peut scrupuleux de se prêter librement à toutes les fraudes que pouvait pratiquer le vendeur d'immeubles sous l'empire du Code civil, avant la modification introduite par les articles 834 et 835 du Code de procédure et avant la réforme de la loi du 23 mars 1855.

Il peut constituer un nantissement sur le fonds qu'il vient de vendre, sans que le créancier puisse soupçonner l'existence d'une aliénation survenue depuis quelques jours seulement et sans qu'il puisse conjurer la fraude dont il est victime. Le système de la date certaine adopté par le projet du gouvernement ne suffirait pas à la rendre impossible.

Aujourd'hui, la mutation des fonds de commerce est encore soumise aux règles qui régissent la propriété mobilière, mais l'analogie qui, par suite de leur importance et de leur fixité, les rapproche des immeubles, le droit de suite qui, comme nous le verrons, découle de la réforme du 1er mars 1898, rendent ces règles bien insuffisantes et l'institution d'une publicité spéciale pour leur transmission est aussi nécessaire que pour celle des immeubles.

Il y a là un besoin si pressant que, bien avant 1898, la pratique a essayé tant bien que mal de suppléer à l'insuffisance législative en instituant une publicité coutumière. La pratique commerciale a cherché non seulement à imposer une publicité, mais aussi à obliger l'acquéreur d'un fonds de commerce à suspendre le paiement de son prix pendant un certain délai. C'est là une grave dérogation au droit commun, qu'on justifie en invoquant la fréquence des fraudes.

A Paris, il est d'usage de publier les cessions de fonds de commerce par la voie des journaux. Le cessionnaire doit en outre suspendre son paiement pendant un certain délai, de façon à ce que les intéressés aient le temps d'être informés de la cession et que les oppositions puissent se produire.

Les publications indiquent généralement la date de la cession, le nom des parties, le domicile où seront reçues les oppositions et le délai pendant lequel elles pourront être faites. Ce délai, fixé par l'usage, varie suivant les localités. Ainsi, il est de dix jours à Paris, de huit à Marseille. Une fois la cession ainsi portée à la connaissance des créanciers, ceux-ci peuvent intervenir en formant saisie-arrêt sur le prix (1).

---

(1) V. FUZIER HERMAN. *Répert.*, art. *Fonds de commerce*, chap. III, sect. IV. — RUBEN DE COUDER. *Dictionnaire de droit commercial*, art. *Fonds de commerce*, N° 36. — LÈBRE. Op. cit., N°s 145 et suiv.

17

Mais on remarque dans la pratique une tendance à admettre sur ce point des règles spéciales. En effet, un créancier ne peut en principe former d'opposition qu'autant que sa créance est exigible. Donc, un créancier auquel la cession du fonds de commerce de son débiteur porte préjudice peut se trouver impuissant. Si à l'expiration du délai imposé par l'usage à l'acquéreur, sa créance n'est pas encore arrivée à terme, il ne pourra intervenir par une saisie-arrêt, qui est le seul procédé possible. Il paraît cependant qu'en fait, à Paris les tribunaux valident souvent des oppositions faites en vertu de créances dont l'exigibilité n'est pas certaine au moment de la cession.

On trouve aussi dans ces usages commerciaux une tendance à la simplification des formes usitées en matière d'oppositions. Ainsi, on admet généralement que les oppositions peuvent être faites sous forme d'une simple lettre recommandée dont on délivre un accusé de réception. On admet un procédé analogue pour la mainlevée des oppositions : On se contente d'un simple bon signé par le créancier opposant (1).

S'il y a plusieurs créanciers opposants, on règle généralement leur concours à l'amiable. Après l'expiration des délais on les convoque, par lettre recommandée, à une réunion dans laquelle on vérifie les oppositions et on procède, sauf contestations, à la distribution des deniers.

---

(1) PÉLISSIER. *Des conditions de validité d'une vente de fonds de commerce,* N° 88.

Cette pratique est fréquemment suivie, mais on reconnaît généralement qu'il n'y a pas là une coutume absolument générale, bien qu'il soit assez difficile de se prononcer sur ce point. En effet, comme cela arrive souvent en matière de coutumes, il y a souvent des contestations sur le point de savoir si l'usage existe réellement dans telle ou telle localité. A Paris, son existence est reconnue d'une façon certaine et son origine paraît très ancienne. On trouve aussi des usages analogues dans plusieurs villes, notamment à Lyon, Marseille, Bordeaux. Il faut signaler aussi une disposition règlementaire prescrivant des formalités analogues qui a été longtemps en vigueur en Algérie. C'est un arrêté du gouverneur, de décembre 1831, abrogé par un décret du 15 septembre 1874.

Mais l'existence de ces usages reconnue, une question importante se pose et donne lieu à de vives contestations : Quelle est leur valeur et jusqu'à quel point les acquéreurs de fonds de commerce sont-ils obligés de s'y soumettre?

Un premier système reconnaît une entière force obligatoire. Ils ont force de loi (1) : En effet, il s'agit d'un usage commercial ; or, les usages commerciaux font loi, et même, en cas de désaccord entre l'usage et la loi civile, c'est l'usage qui doit prévaloir, a condition, toutefois, que la loi civile ne soit ni impérative ni prohibitive.

---

(1) Boistel. Op. cit., N° 442. — Lyon-Caen et Renault. *Traité*, III, N° 253.

L'article 1873 Code civil admet la prépondérance de l'usage pour les sociétés ; il n'y a pas de motif pour appliquer un principe différent aux autres contrats (1). Et cette solution est d'autant plus satisfaisante en l'espèce qu'il s'agit ici d'une coutume inspirée par le sens de l'honnêteté dans les affaires. La publication est nécessaire pour limiter les droits du créancier contre le cessionnaire. Tant qu'elle n'a pas été faite, l'acheteur n'a pu se libérer valablement au regard des créanciers du cédant, qui ne sont alors soumis à aucun délai pour former opposition.

Au contraire, la publication a-t-elle été effectuée, les parties sont liées vis-à-vis des créanciers, dans les conditions fixées par l'usage. Cet usage est pour les tiers un droit absolu auquel la volonté contraire manifestée par les parties ne saurait porter atteinte ; les stipulations qu'elles feraient pour s'y soustraire seraient non avenues par rapport à eux. Cette opinion a eu peu de succès auprès des tribunaux.

Un second système, d'ailleurs assez peu répandu, prend le contrepied du précédent. D'après ses partisans, il ne faut voir là qu'un simple usage auquel les parties sont absolument libres de se soumettre ou de se soustraire et qui ne s'impose nullement à elles. On le trouve consacré dans un jugement du tribunal civil de la Seine, du 5 février 1869 (2).

---

(1) Lyon-Caen et Renault. *Manuel*, N° 13 ; *Traité*, I, N° 85.

(2) S., 69, II, 56. — V. aussi Ruben de Couder. *Dictionnaire de droit commercial*, supplément, art. *Fonds de commerce*, N° 18.

Entre ces deux solutions extrêmes se place une opinion intermédiaire qui est la plus répandue et triomphe en jurisprudence : on reconnaît que, puisqu'il s'agit d'un usage commercial, il faut lui reconnaître la force obligatoire des usages de cette nature, mais il faut s'en tenir là et ne pas lui donner une valeur plus grande. Or, les usages commerciaux ne sont obligatoires qu'en vertu de la volonté présumée des parties. Si donc elles gardent le silence, elles sont censées avoir entendu se référer à l'usage, mais dès qu'elles manifestent une volonté contraire, celle-ci doit prévaloir, même à l'égard des tiers, car un simple usage ne peut créer un droit à leur profit.

Il n'y a pas de raison pour appliquer des principes différents à l'usage qui nous occupe. On présumera donc, en cas de silence des parties, qu'elles ont entendu se soumettre à l'usage, et le cessionnaire serait fondé à refuser de se libérer entre les mains du vendeur avant d'avoir publié la cession et avant l'expiration du délai. Mais les tiers créanciers n'ont aucun droit et ne peuvent se plaindre de l'absence de publication (sauf bien entendu le cas de fraude). Vis-à-vis d'eux, que le contrat de vente contienne ou non des stipulations contraires à l'usage, les parties conservent toute leur liberté. Mais il en est autrement si les formalités d'usage ont été accomplies, si les parties ont procédé à la publication de la vente, surtout si cette publication contient, comme cela se produit ordinairement, une invitation aux créanciers de produire leurs oppositions.

Il y a alors, de la part de l'acheteur, une pollicitation, un engagement de ne pas payer son prix avant l'expiration du délai fixé, et cette offre l'oblige envers tout créancier qui l'accepte (1).

D'après la jurisprudence, l'acceptation résulte de tout acte par lequel un créancier manifeste clairement sa volonté (2). Quant au mode de calcul du délai, il dépend de la coutume, mais on reconnaît généralement qu'il faut le considérer comme franc.

Si la coutume a été violée, le créancier lésé qui a régulièrement exercé ses droits, peut réclamer au cessionnaire ce qu'il aurait obtenu si elle avait été respectée. Bien entendu, la cession peut toujours être attaquée dans les termes du droit commun, en vertu des articles 1167 du Code civil et 447 du Code de commerce.

C'est à cette dernière solution que nous croyons devoir nous rallier, et nous pensons que l'existence des usages relatifs à la publicité des ventes de fonds de commerce n'empêche pas celles-ci d'être opposables aux tiers, à dater de leur conclusion, ou dès qu'elles ont acquis date certaine.

Il n'en est pas moins vrai que ces usages peuvent avoir pour effet de reculer l'époque jusqu'à laquelle les inscriptions de nantissement peuvent être prises sur le fonds vendu. Le privilège qui en résulte ne peut, en effet,

---

(1) Lèbre. Op. cit., N° 147. — Paris, 29 avril 1897, D., 98, II, 37.

(2) Trib. civ. Seine, 9 février 1898, *Ann. de dr. comm.*, 1898, 3° partie; *Bulletin judiciaire*, p. 358.

s'exercer que sur le prix, et tant que celui-ci n'est pas payé, le créancier auquel il est conféré peut le conserver à l'égard des créanciers chirographaires au moyen d'une inscription qui lui permettra d'exercer son droit de préférence. Il pourra donc, lorsque la publication aura été faite, s'inscrire utilement jusqu'à l'expiration du délai fixé par la coutume.

Quoiqu'il en soit, il faut reconnaître que ces usages sont bien insuffisants. Leur force obligatoire est discutée et ils n'existent pas partout. Il est donc nécessaire qu'ils soient modifiés et transformés en loi. Leur existence est une indication pour le législateur, auquel elle montre la voie à suivre.

La Chambre de commerce de Dijon a pris l'initiative d'une enquête pour consulter les autres Chambres de commerce. Trente-huit Chambres de France et d'Algérie ont répondu à cet appel et trente-cinq se sont montrées favorables au principe de la publicité obligatoire, tout en y apportant quelques variantes. La Chambre de commerce de Paris demandait l'étude de dispositions plus larges, celle de Dijon trouvait la réforme insuffisante : Avec le procédé actuellement suivi et l'emploi de la presse, la publication a bien des chances de ne pas parvenir à la connaissance des créanciers éloignés, qui se trouveront ainsi injustement mis dans une situation désavantageuse par rapport aux créanciers locaux et pourront être victimes de fraudes. Aussi la Chambre de commerce de Dijon proposait-elle de remédier à la fraude par une disposition pénale, en faisant de la cession qui en serait entachée un cas de banqueroute frauduleuse. Au contraire, les chambres de Nantes et de Reims se montraient défavorables à l'établissement d'une législation spéciale, estimant que c'est là une dérogation injustifiée aux principes généraux et une source de complications. Ce serait surtout le commerçant honnête qui serait gêné par les formalités, tandis que les individus peu scrupuleux trouveraient toujours moyen d'éluder la loi. La Chambre de Reims estime qu'on a exagéré la gravité du mal à conjurer. Ceux qui en sont victimes ne doivent s'en prendre qu'à eux-mêmes, et il n'y a pas là de quoi justifier une restriction à la liberté des conventions.

Plusieurs propositions législatives ont été élaborées, dont quelques-unes très vastes, comme celle de MM. Lèbre et Marchand (1). Il faut surtout citer celle qui a été déposée au Sénat, par MM. Mazeau et Dietz-Monnin, le 16 juillet 1885 (2). Elle comportait l'adjonction, à l'article 109 du Code de commerce, d'un paragraphe prescrivant la publication dans un journal local, de toute cession de fonds de commerce. Cette publication devait servir de point de départ à un délai de quinze jours, pendant lequel les créanciers pourraient faire opposition entre les mains de l'acquéreur et au domicile élu par lui au siège du tribunal de commerce.

---

(1) Lèbre. Op. cit., p. 186.
(2) *Journ. officiel*, 1885, documents parlem , p. 325 et suiv.

Dans leur exposé des motifs, les auteurs de la proposition s'attachent à réfuter les objections faites contre le principe de la publicité. On dit que les créanciers lésés ne seront victimes que de leur imprudence, mais la prudence peut toujours être mise en défaut, et c'est dans ces cas là que la loi doit intervenir pour protéger la bonne foi. On a objecté aussi que la réforme aurait l'inconvénient de transformer les liquidations amiables en liquidations judiciaires. A cela, les auteurs répondent que la publicité sera souvent une précaution utile, mais elle procurera, à ceux qui voudront en user, une garantie plus grande et éloignera de l'esprit des autres la tentation de combinaisons frauduleuses.

On a fait à la publicité un autre reproche. La discrétion est souvent indispensable en matière commerciale, et les parties peuvent avoir un grand intérêt à tenir la cession secrète et à lui conserver son caractère privé. Mais, MM. Mazeau et Dietz-Monnin font observer que la formalité n'est, jusqu'à un certain point, que facultative. L'acheteur qui a confiance en son cédant et ne craint pas le recours des créanciers peut toujours s'en dispenser à ses risques et périls. Mais la publicité est esssentielle pour opérer au profit de l'acquéreur une libération entière et définitive en cas de paiement du prix du vendeur. Aussi est-elle d'ordre public, en ce sens que la convention ne pourrait l'interdire à l'acheteur.

Cette proposition, après un avis unanimement favorable de la commission d'initiative parlementaire, a été prise en considération le 5 décembre 1885 (1). La Commission d'examen décida de demander au gouvernement une enquête près des chambres et tribunaux de commerce. La proposition a été, depuis, atteinte de caducité et on n'y a fait aucune allusion pendant l'élaboration de la loi de 1898.

Il est certain que toutes les objections faites contre le principe même de la publicité ne sont pas également sérieuses. Celle qui a trait à la discrétion en affaires a peu de valeur; les usages actuellement en vigueur montrent suffisamment que le danger signalé est illusoire. On a objecté aussi que c'était un obstacle à la liberté des transactions et une complication; mais on peut simplifier les formalités le plus possible; celles que prescrivent les usages sont peu gênantes.

La question la plus délicate est celle du fonctionnement pratique de la publicité. Parmi les reproches qui ont été faits à la proposition qui vient d'être examinée, il en est un qui nous paraît fondé, c'est celui qui a trait à son insuffisance (2). C'est avec raison que la Chambre de commerce de Dijon fait remarquer que la publicité par la voie de la presse et la brièveté du délai créent une inégalité choquante entre les créanciers. Nous avons vu

----

(1) V. rapport Munier, Sén., sess. ord., 1885, *J. off.*, doc. parlem., N° 339. — Lèbre. Op. cit., p. 188 et suiv.

(2) Lèbre. Op. cit., p. 191. — Muscat. Observations sur le projet de loi de MM. Mazeau et Dietz-Monnin, *La loi*, N° du 19 avril 1885. — Magnin. Op. cit , N° 17.

déjà que toute publicité par la presse est forcément incomplète. Il faut un centre de publicité où tout intéressé puisse se procurer les renseignements dont il a besoin, et une réforme analogue à celle du 23 mars 1855 est nécessaire ; si l'on ne veut pas transplanter chez nous l'institution des registres commerciaux où chaque établissement trouve la narration de son histoire juridique, au moins faudrait-il créer un registre public constatant les cessions de fonds de commerce.

Dans l'état actuel de notre législation, la réforme est tout indiquée. La loi du 1er mars 1898 a fait un premier pas dans la voie de la publicité appliquée aux actes juridiques intéressant le fonds de commerce. Elle a choisi pour centre d'informations le greffe du tribunal de commerce dans le ressort duquel le fonds est exploité. Le plus simple serait de tirer parti de cette indication. A côté du registre constatant les nantissements, il suffirait d'en créer un second sur lequel seraient transcrites les transmissions. Le greffe deviendrait ainsi pour les fonds de commerce ce qu'est le bureau des hypothèques pour les immeubles. Il aurait là deux institutions parallèles et la nouvelle hypothèque des fonds de commerce serait complétée, comme l'a été l'hypothèque immobilière en 1855, par la transcription, et comme l'est l'hypothèque maritime par la mutation en douane.

Mais quelles cessions devraient-elles être publiées ?

La chambre de commerce de Nantes a fait remarquer qu'en ne soumettant à la publicité que les cessions de

fonds de commerce proprement dits, c'est-à-dire de l'achalandage, soit seul, soit accompagné de ses accessoires, il
serait facile d'éluder la loi en aliénant séparément les
éléments du fonds. Aussi, pour restreindre encore le
champ des aliénations occultes, MM. Lèbre et Marchand,
dans leur projet, soumettent aux mêmes formalités que la
vente du fonds la cession isolée de ses éléments constitutifs : enseigne, droit au bail, ensemble des marchandises.
Au contraire, la vente d'un lot de marchandises ne serait
soumise à aucune formalité.

Nous pensons que c'est tomber dans l'exagération.
Les formalités deviennent trop minutieuses et il y a là
une grave atteinte au principe de l'article 2279. Il est
préférable de se contenter d'un remède simple et lar-
gement appliqué. La publicité des cessions du fonds
proprement dit donnerait déjà des résultats satisfaisants,
et la fraude qui consisterait à en vendre séparément les
éléments paraît devoir être peu pratiquée.

Nous ne croyons pas non plus qu'il soit nécessaire de
suspendre le paiement du prix pendant un certain délai.
Il faut remarquer d'abord qu'il y a là pour les créanciers
une garantie insuffisante. Ils ne peuvent faire opposition
que sur le prix déclaré, et rien n'empêche les parties
de le dissimuler. L'enregistrement, malgré ses moyens
d'investigation, est souvent impuissant à rétablir le prix
véritable, à plus forte raison les créanciers.

Il semble préférable de leur laisser les ressources du
droit commun. C'est à eux, s'ils ont des doutes sur la

solvabilité de leur débiteur, de se faire donner des garanties. Quant aux créanciers chirographaires, s'ils sont lésés, ils ne doivent accuser que leur imprudence.

Il n'y a pas plus de raisons pour suspendre le paiement de prix en leur faveur, qu'il n'y en a pour le faire après la transcription de la vente d'un immeuble ou la mutation en douane d'un navire. Même ainsi réduite dans ses effets, la publicité aurait de grands avantages. Le crédit des commerçants serait mieux assuré et les transmissions successives d'un même fonds rendues impossibles.

La loi de 1898 a rendu une réforme encore plus nécessaire, de façon à ce qu'entre acquéreur et créancier hypothécaire le rang de priorité ne soit plus uniquement réglé par la date de l'acte d'aliénation, mais par celles de la transcription de cet acte et de l'inscription.

En outre, cette réforme serait utile pour pouvoir combler une des lacunes les plus graves de la loi de 1898, et permettre à l'acquéreur d'un fonds de commerce de purger les hypothèques qui le grèvent.

En résumé, l'acceptation bénéficiaire de la succession du débiteur, sa mise en faillite ou en liquidation judiciaire, arrêtent le cours des inscriptions. Il en est de même de la cession du fonds, soit du jour de sa conclusion, soit de celui où elle a acquis date certaine. Mais s'il y a des usages relatifs à sa publication et suspendant le paiement du prix pendant un certain délai, le créancier pourra, si cette publication a été faite, s'inscrire utilement jusqu'à l'expiration du délai et conserver son privilège sur le prix.

§ IV. — Péremption et radiation des inscriptions

La péremption des inscriptions d'hypothèques est nécessaire pour faciliter la tâche des conservateurs, qui se seraient trouvés, sans cela, exposés à de fréquentes erreurs. Elle a encore l'avantage de permettre de faire disparaître sans frais et par une simple omission des inscriptions dont les causes n'existent plus. Il y avait les mêmes raisons pour limiter la durée des inscriptions de nantissements de fonds de commerce. Malheureusement, la loi du 1er mars 1898 ne contient sur ce point aucune disposition.

Il en résulte qu'une seule inscription suffit pour conserver le privilège aussi longtemps que la créance qu'il garantit, c'est-à-dire en principe pendant trente années ; mais comme la créance peut vivre indéfiniment par suite de suspensions ou d'interruptions de prescription, l'inscription peut produire son effet pendant un temps extrêmement long après l'époque où elle a été prise. Il est, en effet, impossible de lui étendre la péremption décennale qui frappe les inscriptions d'hypothèques immobilières.

Cet état de choses est fécond en conséquences fâcheuses : Nous avons vu, en effet, que dans beaucoup de greffes c'est aux intéressés qui veulent se renseigner sur la situation d'un fonds de commerce à faire les recherches eux-mêmes. Il leur faudra donc remonter à l'origine de la loi et compulser un amas de registres qui ne fera que s'accroître. Pour les greffiers, la tâche ne sera pas moins écrasante, et c'est surtout par suite de cette durée illimitée des inscriptions qu'ils se refusent à délivrer des états négatifs. Il est probable qu'ils craindraient moins d'engager leur responsabilité si leurs recherches étaient limitées à une courte période.

Si encore les inscriptions disparaissaient avec leurs causes, s'il était possible, comme en matière immobilière ou maritime, d'en obtenir la radiation, le champ des recherches serait déjà singulièrement restreint. Sans doute, il n'y aucun obstacle qui empêche cette radiation, mais il faut compter avec la mauvaise volonté des greffiers. Les instructions du Tribunal de commerce de la Seine prescrivent au greffier de n'accepter aucune mainlevée, et dans de nombreux greffes on se refuse à délivrer des certificats de radiation. Si donc le privilège disparaît par suite du paiement ou d'une renonciation du créancier, il est actuellement impossible au débiteur de faire disparaître les inscriptions qui grèvent son fonds de commerce. Mais s'il ne peut forcer le greffier à opérer la radiation en marge de l'inscription, en vertu d'une mainlevée volontaire, nous croyons qu'il pourrait faire ordonner cette radiation par le juge. C'est ce qu'a décidé le tribunal civil de Nancy, dans un jugement du 28 mai 1901 (1), qui, tout en donnant raison au greffier qui avait refusé de mentionner une mainlevée d'inscription sur son registre, ordonne la radiation :

(1) BARBIER. Op. cit., p. XXVIII. — S., 1902, I, 121.

« Attendu qu'il suit de ce qui précède que le défendeur
» n'avait pas l'obligation de procéder soit à la radiation,
» soit à la mention, en marge de l'inscription de la
» mainlevée consentie par le créancier ;

» Mais attendu qu'aucune considération d'ordre public
» ne s'oppose à ce que l'inscription de cette mention de
» mainlevée soit ordonnée par le tribunal ; que d'une
» part, la responsabilité éventuelle du greffier se trouvera
» couverte par une décision judiciaire, et que, d'autre
» part, on ne voit pas de raison pour ne point autoriser
» la partie intéressée à poursuivre par la voie judiciaire,
» sinon la radiation de l'inscription, du moins l'inscrip-
» tion en marge d'une mention de mainlevée,...

» Attendu, d'ailleurs, que l'article 548 du Code de
» procédure civile autorise les tribunaux à prononcer et
» à ordonner des mainlevées ; que cette expression est
» employée dans un sens général et s'applique, par con-
» séquent, aux saisies, aux inscriptions, et aux droits de
» préférence... »

C'est là un système lent, coûteux et peu pratique ;
cependant, la Cour de Nancy a été plus loin. Dans son
arrêt du 26 octobre 1901 elle a infirmé le jugement du
tribunal civil et décidé que la radiation judiciaire n'est
pas plus possible que la radiation volontaire, à cause du
mutisme de la loi de 1898 et de l'inapplicabilité de tout
article des Codes ou de lois antérieures (1) :

---

(1) Barbier. Op. cit., p. 45 et XXVIII. — S., 1902, I, 121.

« Attendu que les greffiers sont des officiers publics et
» ministériels qui ne peuvent recevoir que les actes pour
» lesquels la loi leur a attribué compétence ; qu'ils sor-
» tiraient évidemment du cercle de leurs attributions
» légales en remplaçant la formalité que les époux Petit
» entendent exiger d'eux, alors que leurs prétentions ne
» s'appuient sur aucun texte législatif, que c'est donc
» avec raison que le tribunal a reconnu que la résistance
» du greffier Mariotte aux injonctions des intimés était
» juste et justifiée ;

» Mais attendu que le jugement attaqué a néanmoins
» décidé que les tribunaux avaient le droit d'ordonner
» l'inscription de la mention de la mainlevée sur le regis-
» tre du greffier, après avoir constaté l'existence et la
» validité de cette mainlevée ; qu'il base son apprécia-
» tion sur l'article 548 du Code de procédure civile, qu'il
» suffit de se reporter aux termes de cet article pour être
» convaincu qu'il ne saurait avoir la portée que les pre-
» miers juges lui ont donnée ; qu'il est certain, en effet,
» qu'il ne s'occupe que des jugements qui ont prononcé
» des mainlevées, alors qu'il y avait eu une contestation
» à leur sujet ; que telle n'est pas la situation que crée le
» litige soulevé par les époux Petit, qui a trait non pas
» à une mainlevée judiciairement contestée ou judi-
» ciairement obtenue, mais seulement à la publicité
» d'une mainlevée non contestée, amiablement consentie
» par le titulaire d'un nantissement qui a cessé d'exister ;
» qu'il est constant que l'article sus-visé, qui, d'ailleurs

18

» ne semble concerner que les mainlevées et les radia-
» tions d'inscriptions hypothécaires, n'envisage aucune-
» ment cette hypothèse et ne saurait dès lors être invoqué
» à l'occasion du différend survenu entre les intimés et le
» greffe.....; Attendu que l'article 1er du décret du
» 12 juillet 1808, visé dans les conclusions des époux
» Petit, est également sans emport dans la cause; que,
» s'il porte que les greffiers sont tenus de recevoir les
» déclarations des parties relatives aux actes de leur
» ministère, on doit évidemment reconnaître que les
» mainlevées des nantissements de fonds de commerce,
» dont la loi ne s'est point jusqu'à présent préoccupée,
» ne peuvent être rangés dans la catégorie de ces actes;
» qu'il serait du reste diffiicile d'admettre que le décret
» de 1808, ou l'article 548 du Code de procédure civile a
» pu réglementer une innovation qui a été introduite en
» 1898 dans notre législation. »

Cette théorie nous paraît inadmissible; l'article 548 du
Code de procédure semble bien avoir une portée aussi
générale que possible, tant par son texte que par le titre
dans lequel il est placé. Il en est de même de l'article 1er
du décret du 12 juillet 1808, qui parle de « déclarations
affirmatives ou autres faites au greffe. » Quant à l'argument tiré de ce que ni le Code de procédure ni le décret
de 1808 n'ont pu prévoir la loi de 1898, il nous paraît
dénué de toute valeur. Il est très fréquent, en effet, qu'on
complète une loi au moyen de dispositions tirées de lois
antérieures. La distinction faite, par la Cour de Nancy,

entre les mainlevées contestées ou non contestées est également injustifiée : Il suffit pour qu'il y ait mainlevée judiciaire qu'elle soit prononcée par la justice.

La responsabilité du greffier est toujours couverte, qu'il y ait ou non contestation. La Cour invoque aussi « l'absence de tout émolument » au profit des greffiers. Comme le fait remarquer M. Barbier (1), c'est là une considération bien peu juridique et bien mesquine. Le système de la Cour de Nancy aboutit à des conséquences déplorables : « Il jette le malheureux commerçant dans » une impasse qui semble sans fin et sans issue ; il ne » peut plus disposer de sa propriété ; il ne peut plus se » retirer des affaires, car qui consentirait jamais à » acquérir un fonds grevé d'une inscription de nantis- » sement : ce sont les travaux forcés à perpétuité.... » L'intérêt particulier des greffiers paraîtra peut-être, à » beaucoup de personnes, quelque respectable qu'il soit, » moins important et moins intéressant que celui du » commerçant condamné à porter son fonds de commerce » rivé perpétuellement à sa chair comme la tunique de » Nessus (2). »

On a conseillé, pour remédier dans la mesure du pos- sible à ces inconvénients, de présenter au greffe une expé- dition de la mainlevée et de faire dresser procès-verbal de cette représentation par le greffier (3).

---

(1) Op. cit., p. 46.
(2) BARBIER. Op. et loc. cit.
(3) *Revue du Notariat*, juillet 1898, Pratique notariale, N° 10119. — Cette

Mais ce procédé n'est qu'un pis-aller. Il n'y aura pas de radiation en marge de l'inscription, qui continuera à subsister en apparence. Ce sera une complication nouvelle dans les recherches des intéressés, qui devront, après avoir découvert une inscription, compulser de nouveau les registres pour s'assurer s'il n'y a pas de radiation, car pas plus qu'ils ne consentent à délivrer un état négatif, les greffiers ne voudront délivrer un certificat de radiation. Tout ce qu'on pourra obtenir d'eux, ce sera une expédition du procès-verbal de représentation de l'acte de désistement quand les tiers seront parvenus à le découvrir sur les registres. Mais même une fois cette découverte faite, rien ne leur prouvera la validité de l'acte de désistement, et ils ne pourront même pas se rendre compte, à leurs risques et périls, de sa valeur s'il est rendu au requérant, comme on rend actuellement l'original sous seings privés quand il s'agit d'inscrire.

On peut même se demander si l'emploi de ce procédé, pourtant si défectueux, sera toujours possible. Sans doute, comme il n'engage en rien la responsabilité des greffiers, ceux-ci consentiront sans doute plus facilement à constater le dépôt des actes de désistement ; mais bien que le

---

mainlevée pourrait être donnée avec ou sans désistement du droit de nantissement et pourrait être annulée pour les mêmes causes que tous les contrats. Elle pourrait être totale ou partielle. Nous pensons même qu'elle pourrait seulement soustraire au nantissement un ou plusieurs éléments accessoires du fonds. Quant à la capacité nécessaire pour y consentir, il faudrait appliquer les règles qui régissent la mainlevée des inscriptions hypothécaires.

tribunal et la Cour de Nancy parlent de radiation en marge, leur théorie peut tout aussi bien s'appliquer à la simple constatation officieuse de l'acte de mainlevée. Ils pourraient très bien, en s'appuyant sur cette jurisprudence, soutenir que cette constatation sort du cercle de leurs attributions. Les tiers qui désireront des renseignements ne pourront donc que s'adresser directement aux créanciers inscrits. Tout ce qui précède peut également s'appliquer aux actes de subrogation que les greffiers se refusent également à recevoir.

Il est inutile d'insister sur la défectuosité de ces solutions et sur la nécessité d'une réforme. Le projet du 25 février 1899 règle ces questions d'une façon assez satisfaisante : Son article 4 applique aux inscriptions de nantissement la même règle qu'à celle des hypothèques, mais en réduisant le délai de péremption : « L'inscription » conserve le privilège pendant cinq années, à compter » du jour de sa date; son effet cesse si elle n'a pas été » renouvelée avant l'expiration de ce délai. » L'exposé des motifs donne la raison de cette réduction : « En ce » qui touche la détermination du laps de temps par » lequel elle s'opèrera (la péremption), il semble qu'on » puisse le réduire à cinq ans; les transactions commer- » ciales ne comportent pas, en effet, du moins en général, » de longues échéances. »

Cette réforme aura déjà pour effet de faire disparaître un grand nombre d'inscriptions dont les causes auront cessé d'exister. En outre, les recherches seront facilitées, puisqu'il ne sera pas nécessaire de remonter au-delà d'une période de cinq ans. Les greffiers pourront donc, sans crainte d'engager leur responsabilité, satisfaire à l'obligation de délivrer des états négatifs que leur impose l'article 8.

Cet art. 4 est à peu près la reproduction de l'art. 2154 C. civ. et il devrait recevoir la même interprétation. Le requérant devrait présenter au greffier les deux bordereaux exigés par l'article 2, et il devrait en ressortir clairement que l'inscription est prise en renouvellement, sinon elle ne conserverait pas au créancier son rang primitif. Il ne nous semblerait pas non plus indispensable que les bordereaux continssent toutes les énonciations acquises par l'article 2, s'ils se référaient d'une manière précise à l'inscription qu'il s'agit de renouveler.

De même les événements qui arrêtent le cours des inscriptions ne mettraient pas obstacle au renouvellement d'une inscription sur le point d'être périmée. Le délai de cinq ans devrait être calculé de la même façon que celui de l'article 2154 du Code civil ; c'est-à-dire qu'il ne commencerait à courir que le lendemain du jour de l'inscription. Enfin, le renouvellement ne serait plus nécessaire si l'inscription avait produit son effet légal, c'est-à-dire si le créancier avait acquis un droit irrévocable sur le prix du fonds.

L'article 5 du projet, calqué sur les articles 2154 et 2158 du Code civil, s'occupe de la radiation des inscriptions : « Les inscriptions sont rayées soit du consente-

» ment des parties intéressées et ayant capacité à cet
» effet, soit en vertu d'un jugement passé en force de
» chose jugée.

» A défaut de jugement, la radiation totale ou par-
» tielle ne peut être opérée par le greffier que sur le
» dépôt d'un acte authentique de consentement à la radia-
» tion donné par le créancier ou son cessionnaire justi-
» fiant de ses droits. »

L'intervention du notaire, qui est généralement écartée
des transactions commerciales, à cause de la célérité
qu'elles réclament, est nécessaire pour atténuer la responsabilité du greffier et prévenir un consentement obtenu
par surprise du créancier. Ici encore il y aurait lieu
d'appliquer les mêmes principes que pour les hypothèques
immobilières, notamment en ce qui concerne la capacité.

Il semble qu'un acte rédigé en brevet devrait être
considéré comme suffisant et qu'une mainlevée sous
seings privés ne serait pas non plus dépourvue de tout
effet. Le créancier qui l'aurait consentie serait obligé par
elle, et le débiteur pourrait exiger son consentement à
une mainlevée authentique ou obtenir une radiation
judiciaire (1).

Quant à la mainlevée judiciaire, il y aurait lieu,
selon nous, de lui appliquer l'article 2160 du Code civil.
Elle pourrait être demandée par toute personne intéressée : créanciers dont l'inscription est postérieure à

---

(1) Baudry-Lacantinerie. *Précis*, t. II, No 1713.

celle qu'il s'agit de rayer, acquéreur du fonds grevé, débiteur (sauf en cas de nullité de l'inscription pour défaut d'énonciations requises par l'article 2).

L'article 6 détermine quel est le tribunal compétent :
« Lorsque la radiation non consentie par le créancier
» est demandée par voie d'action principale, cette action
» est portée devant le tribunal de commerce du lieu où
» l'inscription a été prise. »

Cependant, et malgré le silence du projet, nous pensons qu'il faudrait appliquer aussi l'article 2159, alinéa 2, du Code civil, c'est-à-dire qu'en cas de convention entre les parties, de soumettre la demande à un autre tribunal, cette convention devrait recevoir son exécution entre elles, mais sans être opposable aux tiers intéressés, par exemple à l'acquéreur du fonds. La convention serait même tacite si, la demande en radiation ayant été introduite devant un tribunal autre que celui de la situation du fonds, le créancier avait négligé d'opposer l'exception d'incompétence.

Si le sort de l'inscription dépendait de celui d'une créance litigieuse soumise à un autre tribunal, les parties pourraient demander le renvoi pour connexité, conformément à l'article 171 du Code de procédure civile.

Le projet ne renferme aucune disposition relative à la réduction de l'inscription. Il semble, cependant, que la radiation pourrait être partielle ou totale. Le nantissement peut être, en effet, consenti pour sûreté d'une dette conditionnelle, éventuelle ou indéterminée, et le projet prévoit une évaluation pour ce cas. Nous pensons que si cette évaluation était excessive et si l'on se trouvait dans l'hypothèse prévue par l'article 2163 du Code civil, le débiteur aurait le droit de la faire réduire.

Il pourrait même y avoir réduction quant à l'objet du nantissement, si l'inscription portait sur plusieurs fonds, mais nous ne pensons pas que le débiteur pourrait obtenir judiciairement d'y soustraire un ou plusieurs éléments du fonds. Celui-ci est, en effet, un tout indivisible, et seule, la convention des parties pourrait le faire. Il faut ajouter que l'article 7 met fin à l'incertitude qui règne actuellement sur la manière dont doit être opérée la radiation. La « radiation est opérée au moyen d'une mention faite par » le greffier en marge de l'inscription. Il en est délivré » certificat aux parties qui le demandent. » Quant à la responsabilité des greffiers, il est évident qu'on ne saurait leur étendre la responsabilité pénale que les articles 2202 et 2203 du Code civil font peser sur les conservateurs des hypothèques. M. Montier, décide que le greffier n'encourra aucune reponsabilité s'il a pris soin de faire signer l'inscription par le créancier, puisqu'en la signant celui-ci en ratifie la teneur (1). Cette opinion nous parait peu juridique, et nous pensons, avec M. Barbier (2), que les greffiers sont soumis à la responsabilité civile de droit commun des articles 1382

---

(1) Op cit., p. 57.
(2) Op. cit., p. 47. — BELLOM. Op. cit., p. 214.

et 1383 du Code civil et qu'ils devraient la réparation du préjudice causé aux parties ou aux tiers par leur négligence, leur retard ou leur refus dans l'accomplissement de leur mission. L'absence de rémunération invoquée par la Cour de Nancy ne pourrait être envisagée par le juge que comme un élément d'atténuation.

§ V. — Des intérêts conservés par l'inscription

Les inscriptions hypothécaires n'ont qu'un effet limité en ce qui concerne les intérêts échus depuis l'époque où elles ont été prises. Cette restriction est la conséquence nécessaire du principe de la publicité. Pour que les tiers soient mis à même de mesurer avec précision le crédit hypothécaire du débiteur, il importe que le capital annoncé par l'inscription ne puisse pas se trouver indéfiniment majoré par les intérêts arriérés.

La loi du 1er mars 1898, ne contient aucune limitation de ce genre et on en a conclu que le créancier inscrit peut se faire colloquer à son rang d'inscription, non seulement pour le capital, mais aussi pour tous les intérêts et accessoires de sa créance, qui lui seront encore dus au moment où on procédera à la distribution des deniers provenant de la vente des fonds (1).

Cette solution aurait des conséquences regrettables et créerait, au profit du premier créancier inscrit, une situa-

---

(1) E. Lepage Op. cit , § III. — *Revue du Notariat*, mai 1898, No 10057.

tion exceptionnellement favorable et injustifiée. Par l'accumulation des intérêts, il pourrait arriver que la créance absorbât la totalité du prix du fonds, sans qu'il reste rien pour les autres créanciers, alors qu'ils auraient pu légitimement espérer, d'après le chiffre de cette créance, venir en ordre utile. La liberté du taux de l'intérêt en matière commerciale viendrait encore aggraver cette situation.

Autre inconvénient : Tout créancier inscrit a le droit de rembourser ceux qui le précèdent, en vertu de l'article 1251, 1°, du Code civil, et d'obtenir par ce fait, le bénéfice de la subrogation légale. Si l'inscription conservait la totalité des intérêts, l'exercice de cette faculté serait rendu singulièrement difficile, pour ne pas dire impossible. En supposant que le terme ait été stipulé dans l'intérêt du créancier et que le débiteur n'ait pas le droit d'anticiper le remboursement, le créancier auquel un créancier postérieur offrirait de le payer, serait maître d'exiger, outre le capital, la totalité des intérêts que sa créance est appelée à produire (1). Ce système pourrait aussi donner lieu à une fraude facile à commettre et qui consisterait à faire apparaître comme encore dus, des intérêts déjà payés, pour en obtenir la collocation avec le capital et au même rang. Il suffirait d'une entente entre le créancier inscrit et le débiteur.

Ce serait faire retomber les tiers dans l'incertitude où

____

(1) E Lepage. Op. et loc. cit.

les laissait l'ancien droit et il en résulterait une diminution dans le crédit des commerçants. Les créanciers
auxquels on offrirait en garantie un fonds de commerce
déjà grevé d'inscription mais d'une valeur bien supérieure
au montant de la créance inscrite, se refuseraient à
accepter ce gage dans la crainte de la voir plus tard se
grossir d'intérêts arriérés considérables. En fait, ce
serait presque l'impossibilité d'utiliser plusieurs fois le
même fonds de commerce comme instrument de crédit.

Aussi croyons-nous que, malgré le silence de la loi,
cette solution doit être écartée et qu'il y a lieu d'étendre
aux inscriptions de nantissements les dispositions de
l'article 2151 du Code civil, modifié par la loi du
17 juin 1893.

Ce texte, dans sa rédaction nouvelle, est suffisamment
large pour légitimer cette extension, même aux yeux de
ceux qui refusent de reconnaître le caractere hypothécaire
à la sûreté nouvelle, puisqu'il vise tous les privilèges et
'hypothèques soumis à inscription. L'inscription ne conser-
vera donc, outre le capital, que trois années d'intérêts (1).

C'est ce qu'ont sans doute pensé les rédacteurs du
projet du 25 février 1899, car ils ont passé cette question
sous silence. On peut cependant le regretter, et une disposition expresse aurait mis fin à toute difficulté.

---

(1) En ce sens, BELLOM. Op. cit., p. 166 et 167.

§ VI. L'inscription est-elle la seule formalité nécessaire

La loi du 1er mars 1898 a créé, avons-nous dit, une véritable hypothèque, puisqu'elle a supprimé, en ce qui concerne les fonds de commerce, tout dessaisissement réel ou symbolique. C'est le moment de justifier cette proposition qui a donné lieu à de vives controverses.

Le texte de la loi, si on l'examine superficiellement, peut, en effet, laisser place à des doutes et on peut se demander si elle n'a pas simplement ajouté une formalité à celles qui étaient déjà exigées par la jurisprudence antérieure et si aujourd'hui encore les fonds de commerce ne peuvent faire l'objet que d'un contrat de gage régi par les articles 2075 et 2076 du Code civil.

L'article unique de la loi dispose que : « l'article 2075 » du Code civil est ainsi complété... ». On pourrait donc croire que les dispositions précédentes de cet article restent applicables aux fonds de commerce. De plus, l'article 2076, qui pose la règle générale de la nécessité du dessaisissement, semble bien comprendre l'application spéciale prévue par le nouvel article 2075. Il en résulterait que, pour être valable, le nantissement constitué sur un fonds de commerce devrait, outre l'inscription au greffe du tribunal de commerce, être accompagné, comme tout autre gage, du dessaisissement du débiteur, et, si l'on considère le fonds comme un meuble incorporel, de la signification du contrat au bailleur.

Mais il faut s'inspirer de l'esprit de la loi bien plus que de son texte : les causes de cette loi, son but, ses travaux préparatoires, toutes les circonstances ambiantes au milieu desquelles elle a pris naissance sont clairement décisives : ni l'une ni l'autre des solutions consacrées par les juridictions civile et commerciale ne donnaient de résultats satisfaisants. Ou bien le nantissement était impossible en fait, ou bien il était occulte, et le législateur se proposait de mettre fin au conflit, en remplaçant les formalités jusqu'alors exigées par une formalité unique qui permettrait de concilier tous les intérêts. Les travaux préparatoires sont formels en ce sens, et on lit dans le rapport de M. Thézard : « Le texte voté par la Chambre » débutait par ces mots : « En outre, la dation en nan-» tissement... »

« Les mots *en outre* ont disparu de notre rédaction » et il en résulte une différence notable.

» D'après la proposition votée à la Chambre, la » publicité par voie de mention sur un registre était une » condition s'ajoutant à celle déjà indiquée dans la » première partie de l'article 2075, savoir la notification » du titre au débiteur, c'est-à-dire qu'on avait maintenu » la règle reconnue par l'arrêt de 1888, la nécessité de » la signification au propriétaire locateur. Par la sup-» pression des mots « en outre », nous faisons de la » publicité une condition indépendante qui se suffit à » elle-même en matière de nantissement de fonds de » commerce. Nous avons d'ailleurs montré par avance

» le caractère illusoire de la signification à faire au
» propriétaire locateur; elle n'ajoute rien à la sauve-
» garde des intérêts qu'il s'agit de protéger.

» La portée de la disposition nouvelle va plus loin;
» elle supprime aussi nécessairement, en matière de
» nantissement de fonds de commerce l'application de
» l'article 2176, c'est-à-dire la mise de l'objet en la
» possession du créancier ou d'un tiers. »

En présence de ces termes, la question ne semble même pas discutable, et il est probable que le législateur était loin de prévoir que des controverses pourraient surgir sur ce point. Il s'en faut cependant que la solution indiquée par M. Thézard ait triomphé devant les tribunaux. La jurisprudence est partagée, et beaucoup de tribunaux continuent à exiger le dessaisissement, soit réel, soit fictif du débiteur et la signification du contrat de nantissement au bailleur. Le tribunal de commerce de la Seine, en particulier, qui, avant 1898, s'était montré ouvertement hostile à la pratique des nantissements de fonds de commerce, semble vouloir continuer à les rendre impossibles par tous les moyens.

Le 25 mars 1898, un fonds de boulangerie avait été donné en gage. Le créancier avait fait inscrire le nantissement au greffe du tribunal de commerce et l'avait, en outre, signifié au bailleur. Le syndic de la faillite du débiteur en ayant contesté la validité en se fondant sur l'absence de dessaisissement, le tribunal de commerce de la Seine admit cette prétention, dans son jugement du

5 novembre 1898 (1), et décida que le créancier aurait dû être mis en possession des titres constatant le droit du débiteur. Cette décision est d'autant plus difficile à expliquer que le tribunal de commerce de la Seine s'était toujours refusé, avant 1898, à reconnaître aucune efficacité aux formalités qu'il exige aujourd'hui. On peut se demander comment ces formalités, complètement passées sous silence par le législateur, peuvent avoir aujourd'hui quelque efficacité à ses yeux. Les commentateurs de la loi nouvelle ont été surpris par ce jugement qu'ils sont unanimes à critiquer, et tous pensaient que la jurisprudence ne tarderait pas à se fixer en sens contraire (2).

Il n'en fut cependant rien, et aujourd'hui encore les tribunaux sont divisés. Le jugement du 5 novembre 1898 fut confirmé par la Cour d'appel de Paris (1re chambre), qui adopte les motifs des premiers juges.

Il faut remarquer que cette décision mentionne à peine la loi du 1er mars 1898, dont elle ne discute pas la portée. Le 15 novembre 1899, le même tribunal annule un nantissement qui n'avait pas été inscrit, mais il ressort du texte du jugement que le tribunal n'aurait pas estimé l'inscription suffisante et aurait exigé simultanément l'application des articles 2075 et 2076.

Cependant, le 17 mars 1900, il interprétait la loi dans

______

(1) D., 1901, II, 97. — *Gaz pal.*, 9 décembre 1898.

(2) NANTET. Op. cit., 2e partie, sect. VI, B., 40. — CATALAN. Op. cit., p. 409. — *Pand. franc.*, Répert., art. *Fonds de commerce*, N° 1134.

un sens contraire et se prononçait pour la formalité
unique de l'inscription, mais c'est la seule décision qu'il ait
jusqu'ici rendu en ce sens, et quelques jours plus tard, le
29 mars, il revenait à ses anciens errements, en discutant
cette fois la portée de la loi (1) : « Attendu que le légis-
» lateur n'a prétendu en rien innover aux principes dont
» s'agit, mais uniquement, en ajoutant aux prescriptions
» générales établies, mieux sauvegarder l'intérêt des
» tiers par un moyen de contrôle spécial, lorsqu'il s'agit
» d'un fonds de commerce donné en nantissement ;
» qu'en effet, l'article unique de la loi du 1er mars 1898
» porte expressément que les formalités édictées com-
» plètent l'article 2075 ; que l'emploi de ces termes est
» exclusif de toute idée de suppression des prescriptions
» antérieures, lesquelles doivent, dès lors, subsister
» dans tout leur ensemble. »

Dans un arrêt du 1er août 1900, confirmant le jugement
du tribunal de commerce de la Seine, du 2 mars (2), la
Cour de Paris se range à cette interprétation en traves-
tissant les intentions du législateur ; elle soutient que si
l'opinion contraire a été soutenue dans les travaux préparatoires, elle ne s'est pas traduite dans les dispositions
de la loi et qu'il n'y a aucun argument à tirer de la
suppression des mots « en outre » qui, dans le projet
primitif, faisaient double emploi avec le mot « complété ».

---

(1) D., 1901, 2, 97.
(2) Barbier. Op. cit., p. XV. — D., 1901, 2, 97.

Le tribunal de commerce de Chalon-sur-Saône, dans on jugement du 17 décembre 1900 (1) et celui de Marseille, dans un jugement du 3 juillet 1901 (2), adoptent la même solution, en copiant textuellement les motifs des décisions de Paris.

Dans trois jugements des 10 avril, 11 octobre et 10 novembre 1901 (3), le tribunal de commerce de la Seine montre bien son parti pris. Il s'agissait de nantissements inscrits au greffe et signifiés aux bailleurs; en outre, les titres avaient été remis aux créanciers; le tribunal refuse cependant d'en reconnaître la validité, sous prétexte « qu'il résulte des débats et des documents » produits que les droits incorporels cédés n'étaient pas » la partie essentielle des objets donnés en gage, et » qu'au contraire les meubles corporels en constituaient » la réelle valeur pour la plus grande partie... ; que le » caractère juridique d'une universalité de fait, ainsi » créée par les emprunteurs, doit ressortir de son élément » principal, que le gage était dès lors corporel; que la » constitution du gage se trouvait donc régie par les » articles 2075 et 2076 du Code civil, lesquels exigent » une prise de possession... qu'à l'encontre des tiers, la » seule notification et la transcription au greffe n'ont pu » opérer le dessaisissement. . ». C'est, en somme, la

---

(1) D., 1901, 2, 97.
(2) Rec. Marseille, 1901, I, 347.
(3) BARBIER. Op. cit., p. 31 et XXXIV. — *Gaz pal.*, 11 février 1902.

reproduction de la théorie soutenue par le tribunal de commerce de Saint-Etienne, dans son jugement du 10 avril 1894 déjà cité. Quant à la loi de 1898, il n'en est même pas question.

L'opinion du tribunal de commerce de la Seine et de la Cour de Paris n'a heureusement pas prévalu. Le 25 juillet 1900, la Cour de Rouen se prononçait en sens contraire (1) et décidait que l'inscription au greffe est aujourd'hui la seule formalité nécessaire.

« Attendu que vainement Boildieu voudrait s'appuyer
» sur les dispositions de l'article 2076 du Code civil pour
» demander, à raison du défaut de mise en possession du
» créancier gagiste, la nullité du nantissement ; que cet
» article qui subsiste pour la validité d'un nantissement
» autre que celui d'un fonds de commerce, n'est, pas
» plus que le 1er paragraphe de l'article 2075, applicable
» à l'objet spécial de la loi du 1er mars 1898, laquelle
» se suffit à elle-même; que loin que le projet de loi
» déposé par le gouvernement, dans le courant du mois
» de février 1899, soit indicatif d'une pensée contraire,
» il n'est que la consécration sous une forme affirmative
» des règles établies par la loi du 1er mars de l'année
» précédente ».

C'est l'opinion qui, depuis, a eu le plus de succès auprès des tribunaux et Cours de province. Elle a été successivement reproduite par les Cours de Rouen (le

---

(1) D., 1901, II, 97.

2 janvier et le 11 décembre 1901) (1), de Grenoble (14 novembre 1900) (2), de Besançon (20 mars 1901) (3), de Bourges (29 avril 1901) (4), de Dijon (17 mai et 26 novembre 1901) (5), de Caen (29 juin et 19 juillet 1901) (6), de Poitiers (1er juillet 1901) (7), de Nancy (26 octobre 1901) (8), de Bordeaux (24 février 1902) (9), par le tribunal civil des Andelys (6 novembre 1900) (10) et par le tribunal de commerce d'Angers (7 décembre 1900 et 19 juillet 1901) (11). La Cour de Paris elle-même, dans son arrêt du 29 janvier 1902 (12), s'est ralliée à ce système ; il est vrai que cet arrêt a été rendu par la 8e chambre, qui n'avait pas eu encore à se prononcer sur la question.

Nous n'entrerons pas dans le détail de ces décisions, qui toutes reproduisent à peu près les mêmes arguments. Nous croyons cependant devoir citer l'arrêt de la Cour de Besançon, du 20 mars 1901, qui résume admirable-

---

(1) D., 1901, II, 97. — BARBIER. Op. cit., p. XIII et XXXV.

(2) D., 1901, II, 471.

(3) D., 1901, II, 97.

(4) *Gaz. trib.*, 16 mai 1901.

(5) BARBIER Op. cit., p. XXI.

(6) Rec. Rouen et Caen, C. 133. — S., 1902, II, 98.

(7) BARBIER. Op. cit., p. XXVI. — *Revue du Notariat*, septembre 1901.

(8) BARBIER, p. XXVIII. — S., 1902, I, 121.

(9) BARBIER, p. XL. — *Revue du Notariat*, février 1903, Jurisprudenc analytique.

(10) D., 1901, II, 97.

(11) Ibid. et BARBIER, p. 36.

(12) BARBIER, p. XXXVIII. — V. aussi Trib. com. Rouen, 12 juillet 1900, D., 1901, II, 97. Trib com. Elbœuf, D., 1901, II, 97. Trib. com. de Millau, 29 janvier 1901, *Rev. du Notariat*, juin 1901.

ment la question et peut être considéré comme la décision type : « Attendu qu'antérieurement à la loi du
» 1er mars 1898, le nantissement d'un fonds de commerce
» était l'objet, dans la jurisprudence, de divergences au
» double point de vue de la qualification que comportaient
» les différents éléments dont se compose le fonds de
» commerce et des conditions exigées pour régulariser le
» nantissement; Attendu que dans le but de faire cesser ces
» divergences et pour assurer au négociant la faculté de
» pouvoir tirer parti d'une valeur aussi importante que
» celle d'un fonds de commerce, le législateur édicta la
» loi du 1er mars 1898, que son texte est clair et précis,
» qu'il ne comporte aucune ambiguité, que d'après les
» rapports qui ont été présentés tant à la Chambre des
» Députés qu'au Sénat, on peut voir que le but de la nou-
» velle loi est de créer, au profit des commerçants, un
» droit nouveau concernant les fonds de commerce dont
» l'ensemble des différents éléments corporels et incor-
» porels constituera désormais une universalité juridique,
» sans qu'il y ait lieu à l'avenir de distinguer entre ces
» différents éléments, quelle qu'en soit l'importance rela-
» tive et sans que l'acte de nantissement dont il fera
» l'objet soit soumis à d'autres formalités que celles uni-
» quement prescrites par cette nouvelle loi, savoir, l'ins-
» cription de l'acte sur un registre spécial tenu à cet effet
» au greffe du tribunal.

» Attendu que l'un de ces rapports proclame, en effet,
» qu'il s'agit bien d'un droit nouveau, créé par la loi, et

» que cette loi, inspirée par l'état incertain d'une juris-
» prudence qui, par ses exigences, rendait presqu'impos-
» sible le contrat de nantissement d'un fonds de
» commerce, a pour but d'organiser les conditions régu-
» lières de ce nantissement spécial, que dans l'autre
» rapport on indique que l'on a supprimé le mot « en
» outre » qui, dans la rédaction primitive, reliait le
» texte nouveau au premier paragraphe de l'article 2075,
» et que cette suppression a eu pour but de faire dispa-
» raître toute équivoque sur l'intention du législateur,
» afin que l'on ne puisse induire de cette expression, si
» on la laissait subsister, que la formalité de l'inscription
» sur le registre du greffe était ajoutée aux autres forma-
» lités jusqu'alors exigées par la loi ancienne et par la
» jurisprudence, notamment la signification au proprié-
» taire.

» Attendu qu'il est donc contraire aussi bien au texte
» qu'à l'esprit de la loi du 1er mars 1898, d'exiger pour
» la validité du nantissement d'un fonds de commerce :
» 1° la signification prescrite par le premier paragraphe
» de l'article 2075; 2° la remise du gage composé
» d'objets corporels; 3° l'inscription de l'acte de nantis-
» sement sur le registre spécial, parce que s'il devait en
» être ainsi, la loi de 1898 ne créerait pas un droit
» nouveau dans le but de favoriser le crédit du commer-
» çant, mais ajouterait une nouvelle formalité à celles
» déjà prescrites antérieurement, et loin de favoriser le
» contrat de nantissement des fonds de commerce,

» l'entraverait par le surcroît d'une publicité spéciale. »

« Attendu qu'il est inexact de soutenir qu'en inter-
» prétant cette loi à l'aide des travaux préparatoires on
» y ajoute des dispositions que son texte ne renferme
» pas ; que bien au contraire les motifs tirés des rapports
» au Parlement ont pour but de démontrer qu'il ne faut
» rien ajouter aux dispositions mêmes de la loi dont les
» termes précis et formels se suffisent à eux·mêmes en
» supprimant toutes les exigences de la jurisprudence
» antérieure.... »

Il faut encore mentionner une opinion intermédiaire soutenue par la Cour de Rennes, dans son arrêt du 27 juin 1901 (1) et qui est restée isolée : La suppression des mots *en outre* montre bien que le législateur a entendu supprimer la signification au bailleur, mais de ce que la loi a laissé subsister dans l'article 2076 les mots *dans tous les cas*, la Cour de Rennes tire cette conclusion que la dépossession du débiteur est encore nécessaire, mais cette dépossession ne peut se faire que d'une façon symbolique par la remise au créancier d'une expédition du titre de propriété.

Nous nous trouvons donc en présence de quatre systèmes différents, (2) auxquels il faudrait encore ajouter celui de la Cour d'Amiens (7 juillet 1900) et du tribunal

---

(1) Barbier. Op. cit., p. XXIV.

(2) Les décisions se rattachant à ces différents systèmes sont groupées en tableau synoptique dans l'ouvrage de M. Barbier, p. 36.

de commerce du Havre (30 mai 1899), rapporté plus haut (1) et qui admettent bien que l'inscription est la seule formalité nécessaire mais décident que cette solution doit être restreinte soit aux éléments incorporels (Amiens), soit à ces éléments et au matériel, à l'exclusion des marchandises (Le Havre). Nous avons déjà examiné cette théorie, que nous avons réfutée par avance (2). Nous pouvons également éliminer d'emblée celle qui a été soutenue par le tribunal de commerce de la Seine, dans ses trois jugements des 10 avril, 11 octobre et 10 novembre 1901. Nous avons vu que cette conception du fonds de commerce était absolument insoutenable sous l'empire de la loi de 1898 (3). Elle ne peut s'expliquer que par l'hostilité évidente du tribunal de commerce de la Seine contre la pratique des nantissements qu'il veut annuler à tout prix. Si les parties se sont contentées de l'inscription au greffe, il se base, pour rejeter le privilège, sur ce que la remise des titres et la signification au bailleur n'ont pas été opérées. Si, au contraire, ces trois formalités ont été remplies, il ne se tient pas pour battu et exige le dessaisissement réel. Quant à la loi de 1898, il la tient pour non avenue.

Les arguments qu'il invoque dans ses autres jugements n'ont pas plus de valeur. Outre qu'une thèse juridique qui

---

(1) V. *supra*, sect. I.
(2) V. *supra*, Ibid.
(3) V. *supra*, 1re partie, chap. II, sect. III, § III.

ne se base que sur une pure discussion grammaticale,
paraît, comme le fait remarquer M. Barbier (1), un peu
misérable, il ne semble pas que la présence de ce malheureux mot « complété » soit aussi décisive qu'on le prétend
et la suppression des mots « en outre » est autrement
concluante. D'ailleurs, le texte même du nouvel
article 2075 peut très bien se concilier avec l'interprétation qu'on lui donne dans l'opinion générale. On peut
dire que la loi de 1898 l'a complété, en ce sens
qu'elle y a ajouté une hypothèse nouvelle et entièrement
distincte de celles qu'il visait antérieurement. En somme,
dans sa rédaction actuelle, il peut être ainsi paraphrasé :
Le privilège énoncé en l'article précédent ne s'établit sur
les meubles incorporels que par acte public... ; d'autre
part, en ce qui concerne les fonds de commerce qui constituent une catégorie de biens particulière, il s'établit
par une inscription au greffe. Les deux parties de cet
article prévoient donc deux hypothèses complètement
distinctes, ayant un domaine d'application différent, et
chacune d'elles doit être envisagée séparément, abstraction faite de l'autre. Il ne paraît donc pas que ce mot
« complété » doive entraîner les conséquences que veulent
y attacher certains tribunaux. Quant aux mots : « dans
tous les cas » de l'article 2076, on peut très bien soutenir
qu'ils ne s'appliquent qu'à l'ancien article 2075, c'est-à-
dire au § 1er du texte actuel, à l'exclusion du paragraphe

____

(1) Op. cit., p. 39.

nouveau qui a créé un droit spécial aux fonds de commerce, et il est très possible que c'est uniquement par suite d'un oubli que l'article 2076 n'a pas été modifié.

En tout cas, l'argument de texte invoqué par l'opinion que nous combattons laisse au moins place au doute, et il est impossible de le faire prévaloir en présence de la netteté des déclarations du rapporteur. Sans doute, quand une loi est claire, le mieux est de s'en tenir à son texte sans en éluder la lettre pour chercher à en pénétrer l'esprit ; mais, outre que le texte de la loi de 1898 n'est pas aussi clair qu'on veut bien le dire, « il est un cas dans » lequel l'interprète a le devoir de s'écarter du sens » littéral de la loi, c'est lorsqu'il est démontré que le » législateur a dit autre chose que ce qu'il voulait » dire » (1). Or, c'est à ce résultat qu'aboutit l'interprétation donnée par le tribunal de commerce de la Seine.

S'il ne faut pas exagérer l'importance des travaux préparatoires, surtout lorsqu'ils sont un peu confus et un peu vagues, il n'en est pas moins vrai que ce sont eux qui renseignent le mieux sur l'esprit de la loi, sur son but et ses motifs. Dans notre cas, ils sont par exception d'une limpidité et d'une précision parfaites, et il est d'autant plus nécessaire de s'y référer, qu'il s'agit ici d'une loi de circonstance, inspirée par des considérations pratiques (2).

---

(1) BAUDRY-LACANTINERIE. *Précis*, I, p. 52.

(2) V. en ce sens : NANTET. Op. cit., 2ᵉ part., sect. VI, B. — CATALAN. Op. cit , p 409. — BELLOM. Op cit , p. 103 et suiv., 196. — BARBIER Op. cit.,

Malheureusement, le législateur ne s'est pas aperçu qu'il y avait, en réalité, autre chose qu'une question de formalités à remplir et qu'en supprimant la mise en possession du créancier il créait une nouvelle institution. Tout le mal vient du rattachement contradictoire de la loi au titre du gage et c'est le conflit entre les règles qui régissent les deux institutions qui a entraîné les divergences des tribunaux. L'idée d'hypothèque ne s'est pas encore fait jour dans la jurisprudence. Les tribunaux qui admettent que la loi de 1898 a créé un droit nouveau s'efforcent cependant de rattacher leurs solutions aux principes du contrat de gage. C'est chercher une conciliation impossible et ce n'est qu'en prenant la sûreté nouvelle pour ce qu'elle est en réalité, c'est-à-dire pour une hypothèque, qu'on peut trouver la clé des nombreuses difficultés soulevées par l'application de la loi de 1898.

L'article 1 du projet du 25 février 1899 met fin à la controverse qui vient d'être étudiée : « Le privilège » résultant de l'acte contenant une dation en nantisse- » ment d'un fonds de commerce s'établit par le seul fait » de l'inscription prévue par l'article 2075, alinéa 2, du » Code civil, sans qu'il soit besoin d'aucune autre forma- » lité. » Il est cependant regrettable qu'il laisse subsister l'équivoque sur la nature de la sûreté.

---

p. 36 et suiv. — LYON-CAEN et RENAULT. *Traité*, 3e éd., III. N° 285 *bis*. — *Pand. franc.*, Répert., art. *Fonds de commerce*, Nos 1136 et suiv. — CHESNEY. Note sous la loi de 1898, *Pand. franc.* périod., 98, III, 82. — ROBERT. Note sous divers arrêts, D , 1901, II, 97.

Il nous reste à examiner une question qui ne présente que peu d'intérêt. L'article 2075 du Code civil s'occupe aussi de la forme de l'acte constitutif du nantissement et exige un acte authentique ou un acte sous seings privés enregistré. On s'est demandé si la loi de 1898 a laissé subsister cette formalité (1). Ici, les travaux préparatoires sont moins explicites et il semble que la question n'a guère préoccupé le législateur. Il semble que la loi n'ayant réglé que la publicité et non la preuve du contrat de nantissement, il y a lieu d'appliquer les principes généraux. Il faut donc un acte authentique ou un acte sous seings privés enregistré si le nantissement est civil; s'il est commercial, l'article 109 du Code de commerce serait applicable (2). Mais c'est là une discussion de pure théorie et les conditions dans lesquelles est organisée la publicité suffisent à écarter la difficulté (3). La question est tranchée par l'article 42 de la loi du 22 frimaire an VII, qui oblige le greffier à exiger qu'on lui présente un acte enregistré. L'article 2 du projet du Gouvernement consacre cette solution : « ... Il est représenté au greffier du tribunal de commerce... l'original enregistré du titre constitutif du nantissement.

---

(1) Note sur l'application de la loi du 1er mars 1898, *Lois nouvelles*, 1re partie, No du 15 avril 1898, p. 215.

(2) Montier. Op. cit., p. 54. — Barbier, p. 41. — Bellom. Op. cit., p. 107.

(3) Catalan. Op. cit , p. 410. — E. Lepage. Op. cit., § II.

Section III

Étendue du nantissement.

Nous nous sommes efforcés, dans la première section de ce chapitre, de préciser l'objet de l'hypothèque créée par la loi du 1er mars 1898. Il nous reste maintenant à chercher comment on peut en principe déterminer dans chaque cas particulier quelles sont les valeurs atteintes par cette hypothèque

On pourrait être tenté de poser comme base le principe que la convention des parties déterminera dans chaque espèce l'étendue exacte du nantissement. En fait, c'est ce qui se produit le plus souvent. La plupart des actes constitutifs de nantissements contiennent, en effet, une énumération des valeurs qu'on a entendu y soumettre. Il suffit de consulter les décisions de jurisprudence pour voir que dans presque toutes les espèces soumises aux tribunaux on trouve une liste des valeurs comprises dans le nantissement. Il est évident que dans ces hypothèses on doit s'en tenir à la volonté des parties. Le nantissement portera sur tous les objets énumérés dans l'acte constitutif, à condition toutefois que ces objets rentrent dans le domaine d'application de la loi et puissent être considérés comme faisant légalement partie du fonds de commerce, selon les principes qui ont été posés plus haut. Nous pensons aussi que seuls ces objets seraient grevés du privilège. Les parties, en désignant nommément certains éléments de l'exploitation semblent bien manifester l'intention d'y limiter la garantie et d'en exclure ceux qu'elles ont passés sous silence. Le tribunal de commerce de Flers a, comme nous l'avons vu, fait une application de cette idée dans son jugement du 15 mai 1900 (1). Il se fonde, pour exclure du nantissement les créances relatives à l'exploitation, sur ce que l'acte constitutif était resté muet sur ce point, alors que toutes les autres valeurs y étaient énumérées. « Attendu, en thèse générale, que le privilège du nantissement contraire à l'intérêt des tiers ne peut, quand il reçoit son application, être étendu au delà des termes précis du contrat. » C'est à tort, croyons-nous, que M. Barbier (2) voit dans cette solution une atteinte au principe de l'indivisibilité du fonds. Il est toujours divisible par la volonté des parties qui peuvent limiter l'objet du nantissement, à condition de lui conserver les qualités requises pour l'application de la loi du 1er mars 1898 (3); c'est-à-dire qu'elles peuvent écarter de la garantie tous les éléments du fonds autres que l'achalandage.

Il est possible, au contraire, que l'acte de nantissement ne contienne aucune énumération de ce genre et qu'il y soit spécifié sans autres explications que tels fonds de commerce est donné en nantissement. Il pourrait en être

---

(1) D., 1901, II, 97. — V. *supra*, sect. I.
(2) Op cit., p. 52.
(3) Catalan. Op. cit., p. 428.

ainsi sans que le principe de la spécialité soit violé. Il suffit, pour qu'il soit respecté, que l'acte constitutif contienne une désignation suffisamment précise pour individualiser le fonds grevé.

Ici encore nous appliquerons à l'hypothèque des fonds de commerce les principes posés par les articles 2118 et 2133 du Code civil, et nous pensons que, comme les hypothèques immobilières ou maritimes, elle doit, en l'absence de stipulations contraires, s'étendre de plein droit à tous les accessoires du fonds, tels que marchandises, matériel, droit au bail. L'idée générale qui semble découler de la loi de 1898, c'est que, sauf convention contraire, le fonds de commerce est engagé dans son ensemble (1). La jurisprudence en a fait plusieurs fois l'application, en décidant « qu'à moins de volonté expresse, manifestée par les » contractants, la dation en nantissement d'un fonds de » commerce comprend tous les éléments qui le composent : droit au bail, clientèle, matériel et marchandises » (2).

Le plus souvent, lorsque le moment sera arrivé de réaliser le gage, le fonds n'aura plus la même composition qu'à l'époque de la constitution du nantissement. Les marchandises alors existantes auront été vendues et remplacées par d'autres, le matériel aura été renouvelé

---

(1) CATALAN. Op. cit., p. 429.

(2) Bordeaux, 24 février 1902, BARBIER, op. cit , p. 41. — *Revue du Notariat*, février 1903, Jurispr. analytique. — V. aussi Paris, 29 janvier 1902, BARBIER, p. 39. — Rouen, 11 décembre 1901, même ouvrage, p. XXXV.

ou transformé. Il est possible aussi que le bail primitif étant expiré, le commerçant en passe un nouveau, qu'il agrandisse son exploitation, acquierre des brevets d'invention, en un mot, que la structure du fonds se trouve profondément modifiée. Quels seront alors les droits du créancier et l'effet de ces modifications sur l'étendue du nantissement ?

Il faut d'abord réserver la volonté des parties, qui pourront toujours stipuler que le nantissement n'atteindra que les éléments existants lors de sa constitution. Mais cette hypothèse sera sans doute assez rare. Généralement elles auront voulu donner à la garantie toute l'étendue dont elle est susceptible et n'auront fixé aucune limitation de ce genre (1). Dans ce cas, l'assimilation que nous avons faite plus haut (2), entre les éléments accessoires du fonds et les immeubles par destination, nous donne la solution du problème. Le privilège portera sur toutes les valeurs qui composeront le fonds au moment de la réalisation et sur celles-là seulement. Tous les objets qui postérieurement au nantissement entreront dans la composition du fonds en seront grevés au fur et à mesure de leur incorporation. Si l'outillage a été renouvelé, le nouveau matériel sera affecté à la garantie réelle et viendra prendre la place de l'ancien. Il en serait de même pour les brevets d'invention, les marques de fabrique, les droits de pro-

----

(1) CATALAN. Op. cit., p 428.
(2) V. *supra*, sect I.

priété artistique et littéraire, le droit à de nouveaux baux dont le débiteur viendrait à faire l'acquisition et qui renforceraient la garantie primitive. Nous avons déjà eu l'occasion de signaler une application de cette idée à propos des marchandises et nous ne pouvons admettre, avec M. Barbier (1) que seules les marchandises présentes, « c'est-à-dire les marchandises en magasin au jour du » contrat, et toutes celles qui sont à la disposition du » constituant, par exemple celles qui voyagent à ses » risques et périls », sont comprises dans le nantissement. Cet auteur semble, du reste, se contredire lorsqu'il décide plus loin, à propos des marchés à livrer, que le principe que les choses futures ne peuvent faire l'objet d'un nantissement, n'est pas applicable à notre matière et que « les règles propres à chaque élément considéré séparément ne sont plus applicables lorsqu'il s'agit d'un fonds de commerce envisagé *in globo* » (2).

La solution que nous défendons s'impose aux partisans de l'universalité juridique, mais c'est aussi une conséquence nécessaire de l'idée d'accessoire.

Du moment où l'on accepte le principe d'un nantissement portant sur un établissement commercial envisagé dans son ensemble, il faut, comme le dit M. Catalan, le suivre avec l'élasticité d'application qu'il suppose. Le débiteur aura le droit de continuer son exploitation et de

---

(1) Op. cit., p. 51.
(2) Op. cit , p. 53.

la gérer librement. Le gage peut de ce chef subir des accroissements ou des diminutions. On ne peut donc considérer le droit réel comme s'appliquant étroitement aux éléments qui composaient originairement le fonds, de sorte qu'au moment de la réalisation, il faudrait rechercher strictement l'équivalent du gage primitif (1).

Ces règles, qui nous semblent commandées par les principes généraux et par l'esprit de la loi de 1898, paraissent satisfaisantes au point de vue économique.

Les créanciers seront plus facilement amenés à accepter les fonds de commerce en garantie, en laissant leurs titulaires à la tête de leur exploitation, puisqu'ils sauront qu'une bonne gestion aura pour résultat d'augmenter l'étendue de leur gage en y ajoutant des éléments nouveaux.

SECTION IV

Droits du créancier.

§ I. — DANS SES RAPPORTS AVEC LES TIERS

I. — *Droit de rétention.*

Outre le privilège, le contrat de gage a pour effet d'engendrer, au profit du créancier, un droit de rétention qui n'est que la conséquence de sa mise en possession de l'objet donné en gage.

---

(1) CATALAN. Op. cit , p. 429. — V. aussi en ce sens : MAGNIN. Op. cit., N° 13. — BELLOM. Op. cit., p. 167.

Mais la loi du 1er mars 1898 a, comme nous l'avons vu, supprimé toute condition de dessaisissement, et il n'y a plus aujourd'hui de gage des fonds de commerce, mais une hypothèque. Il ne saurait donc plus être question de droit de rétention pour le créancier, et il en résulte que les dispositions du Code civil, qui n'ont d'autre fondement que ce droit de rétention, ne peuvent plus trouver d'application en notre matière.

C'est ainsi que les dispositions exceptionnelles des articles 2081 et 2082 du Code civil doivent être écartées.

Il est évident que seul un créancier en possession de son gage peut en toucher les intérêts pour les imputer sur ceux de sa créance (1). On ne voit pas bien, du reste, comment l'article 2081 pourrait s'appliquer au fonds de commerce, qui ne peut être assimilé à une créance.

L'article 2082 donne au créancier un droit exceptionnel.

Dans le cas ou le débiteur aurait, postérieurement à la constitution du gage, contracté envers lui une nouvelle dette devenue exigible avant le paiement de la première, il peut retenir la chose engagée jusqu'à ce qu'il ait été payé de l'une et de l'autre dettes. C'est ce que la doctrine désigne sous le nom de gage tacite. Nous n'entrerons pas dans l'examen de la controverse qui existe sur le point de savoir si le créancier jouit, pour cette seconde dette, d'une garantie semblable à celle qui lui appartient pour la première, c'est-à-dire s'il a à la fois un droit de réten-

---

(1) BELLOM. Op. cit., p. 115.

tion et un privilège (1). Les termes de l'article 2082, la place qu'il occupe, prouvent suffisamment qu'il suppose l'existence du droit de rétention et le dessaisissement du débiteur, dont il n'est que la conséquence. Il se rattache donc aux principes essentiels du contrat de gage et sa nature exceptionnelle en interdit l'extension à d'autres hypothèses.

Cette solution doit, d'ailleurs, être admise même par ceux qui continuent à voir dans le droit qui résulte pour le créancier de la loi de 1898, un droit de gage, car ils sont d'accord avec nous pour reconnaître qu'il ne peut avoir aucun droit de rétention (2).

II. — *Privilège.*

Le créancier n'a donc plus qu'un privilège, mais qui diffère de celui du créancier gagiste. Tandis que celui-ci n'a que le droit de faire vendre le gage et de se faire payer sur le prix par préférence aux autres créanciers, nous verrons bientôt que ce droit de préférence est ici renforcé par un droit de suite qui remplace le droit de rétention.

A) *Droit de préférence.* — En matière de gage, ce droit est conservé par l'exercice du droit de rétention. Comme nous sommes en présence d'un droit d'hypothèque, c'est l'inscription seule qui peut remplir ce but.

---

(1) V. Baudry-Lacantinerie. *Précis*, II, Nᵒ 1321.
(2) Magnin. Op. cit., Nᵒ 14.

Mais, par suite de l'absence de dessaisissement, rien ne s'oppose à ce que le même fonds puisse être donné en garantie à plusieurs créanciers successivement. Dans ce cas, aucune difficulté ; leurs droits devront être réglés suivant les règles admises en matière d'hypothèques ou de privilèges soumis à inscription, c'est-à-dire que leur rang sera déterminé par l'ordre des inscriptions.

Le privilège résultant du nantissement se trouvera souvent lui-même en conflit avec des privilèges d'autre nature portant sinon, sur le fonds lui-même, au moins sur certains de ses éléments, tels que les privilèges du vendeur d'effets mobiliers, du bailleur, ceux pour frais faits pour la conservation de la chose, pour frais de justice exposés dans l'intérêt commun, pour salaires des gens de service, etc.

Les droits de créanciers ayant inscription sur le fonds sont, à notre sens, ceux de tout créancier gagiste nanti d'objets particuliers. Sans doute, le droit que leur confère la loi est un droit d'hypothèque, mais c'est une hypothèque privilégiée à laquelle il est impossible d'assigner un rang autre que celui du privilège résultant du gage. A ce point de vue spécial, l'expression « nantissement » appliquée au fonds de commerce renferme donc encore une part de vérité, mais c'est à celui-là seul que la loi de 1898 n'a pas touché aux principes du contrat de gage.

En ce qui concerne le privilège du vendeur de meubles, le conflit se présentera rarement en pratique. Normalement, ce sera dans une faillite que les créanciers inscrits auront à faire valoir leurs droits, et alors, ou bien la livraison des objets vendus aura lieu, ce qui entraînera la disparition du privilège du vendeur (art. 550, C. com.), ou bien ils seront encore entre les mains du vendeur ou en cours de route, et par conséquent non encore atteints par le privilège résultant du nantissement.

Le conflit avec le vendeur du fonds non payé sera rare également, soit à cause de l'abolition de son privilège par suite de la faillite de l'acquéreur, soit surtout parce que la clause de nantissement est devenue de style dans les cessions de fonds de commerce, de sorte qu'il n'y aura plus en présence que deux créanciers inscrits.

Dans les rares cas où le conflit se produirait, il semblerait devoir être tranché par un argument d'analogie tiré de l'article 2102, 4°, du Code civil. Le créancier inscrit de bonne foi primerait donc le vendeur. Il serait d'ailleurs facile à ce dernier de sauvegarder ses droits et de rendre son privilège préférable à celui qui résulte du nantissement, en faisant signification aux créanciers inscrits.

Quant au privilège du bailleur, on sait qu'il a pour fondement une constitution tacite de gage, c'est-à-dire que le bailleur doit être considéré comme ayant été mis en possession des objets qui garnissent les lieux loués Le conflit s'élève donc entre deux créanciers gagistes et ayant le même rang. Nous croyons qu'il faut appliquer la règle *prior tempore, potior jure*, et que c'est celui qui aura été mis en possession le premier qui devra l'emporter. Le bailleur doit être considéré comme nanti à partir du moment de l'introduction des meubles coporels dans les magasins. Quant au créancier à qui le nantissement a été consenti, nous savons que c'est l'inscription au greffe qui, au point de vue du droit de préférence, remplace la mise en possession et il faudra avoir égard à la date de cette inscription. Le plus souvent, il ne pourra donc exercer son privilège sur les éléments corporels du fonds qu'après celui du bailleur (1). Il faut en dire autant du privilège pour frais de justice, à condition que le créancier nanti en ait profité.

Mais il semble que c'est à tort que M. Barbier (2) présente comme préférables à son privilège celui des gens de service, ouvriers et commis attachés à l'exploitation, et celui qui est fondé sur les frais faits pour la conservation d'une chose mobilière. On admet, en effet, généralement que ces privilèges ne passent qu'après ceux qui ont pour fondement une constitution expresse ou tacite de gage (3).

B) *Droit de suite.* — Le droit de rétention est remplacé par un droit autrement important : le droit de suite, qui permet au créancier de méconnaître les aliénations dont le fonds serait l'objet et de poursuivre la réalisation de son gage en quelques mains qu'il se trouve.

L'existence de ce droit n'est pas douteuse pour nous.

---

(1) Rouen, 11 décembre 1901, Barbier, op. cit., p. XXV.
(2) Op cit., p. 55 et 56.
(3) Baudry-Lacantinerie *Précis*, II, Nº 1427.

Elle découle tout naturellement de l'idée d'hypothèque. Mais elle est reconnue même par ceux qui persistent à voir dans le droit nouveau un droit de gage et elle peut, en effet, s'expliquer dans cette opinion : « On peut dire
» surtout que le droit de suite, comme le droit de préfé-
» rence, est un des attributs du droit réel en général ; ce
» qui empêche ordinairement le créancier de s'en préva-
» loir, c'est la nature corporelle du meuble engagé. Lors-
» qu'en effet le créancier est dépouillé contre sa volonté
» de la possession du gage, il a le droit de la reprendre
» au moyen d'une action réelle, mais qui ne saurait
» atteindre les tiers de bonne foi, sauf au cas de perte
» ou de vol (art. 2279 et 2280 du Code civil). Cette
» action n'est que l'exercice du droit de suite inhérent à
» tout droit réel, et seul le caractère corporel et mobilier
» du gage l'empêche d'aboutir... Mais quand le gage porte
» sur un fonds de commerce dans lequel le législateur de
» 1898 voit une universalité de droit, l'acquéreur de
» bonne foi lui-même ne peut opposer l'article 2279,
» puisque le fonds est un meuble incorporel. Le créancier
» n'a pas d'hypothèque, mais est titulaire d'un droit réel
» et le droit de suite n'est ici paralysé par aucun obstacle
» juridique (1). »

Cette explication peut, en effet, se soutenir, et il est certain que l'existence de ce droit de suite ne fait aucune brèche au principe : « En fait de meubles, possession

______

(1) Magnin. Op. cit., N° 14.

vaut titre », mais nous préférons dire que le créancier a un droit de suite, simplement en sa qualité de créancier hypothécaire.

C'est donc avec raison que le Tribunal de commerce de Rouen, dans son jugement du 12 juillet 1900, a refusé d'admettre la prétention du syndic, qui soutenait que le créancier avait perdu son privilège en laissant vendre son gage sans protestation. « Attendu... que le privilège suit » le gage partout où il se trouve, après comme avant la » réalisation...; attendu que dans l'espèce, c'est aussi en » vain qu'on voudrait assimiler la situation de Basset à » celle du bailleur qui laisserait disparaître son gage; » qu'il appert qu'aucune prescription de la loi ne lui » imposait cette formalité; qu'il ne peut être l'objet » d'une déchéance qui n'existe dans aucune loi, qu'il » faut donc dire qu'il n'a pas perdu son privilège (1). »

Il faut d'ailleurs remarquer, avec M. Magnin, que le droit de suite n'a rien de dangereux pour le crédit du commerçant, ni pour la sécurité des relations commerciales. Il est soumis à certaines limitations sur lesquelles les développements antérieurs relatifs à l'étendue du nantissement nous permettront d'être brefs. Les objets corporels, matériel et marchandises, dont nous avons assimilé la condition juridique à celle des immeubles par destination et des agrès des navires, y sont bien soumis, mais seulement en tant qu'éléments constitutifs du fonds

---

(1) D., 1901, II, 1897.

et accessoires de l'achalandage. Détachés du fonds, ils reprennent leur caractère de meubles corporels soumis comme tels à l'application de l'article 2279. Le commerçant peut donc les aliéner librement et donner aux acquéreurs un droit opposable au créancier inscrit, qui, selon nous, n'aurait même aucun droit de préférence sur les objets corporels vendus isolément si le prix était encore dû et s'il le frappait de saisie-arrêt.

Et il en serait ainsi alors même qu'il aurait eu soin de spécifier, dans l'acte constitutif, les éléments qu'il entendait soumettre au nantissement et que le greffier aurait reproduit ces indications dans l'inscription. Son droit réel, avec ses deux attributs, droit de suite et droit de préférence, n'a jamais pu porter sur ces éléments considérés *ut singuli* (1).

III. — *De la purge des inscriptions.*

L'hypothèque, créant un droit réel sur la chose qui en est grevée, droit qui l'affecte perpétuellement et la suit en quelques mains qu'elle passe, serait un obstacle aux mutations de propriété, si l'on n'eut donné aux détenteurs de cette chose un moyen d'en obtenir d'avance l'affranchissement et de prévenir les poursuites du créancier hypothécaire.

L'acquéreur d'un immeuble ou d'un navire hypothéqué trouve ce moyen dans les articles 2181 et suivants du

---

(1) BELLOM. Op. cit., p. 168. — CATALAN. Op. cit., p. 432 à 436.

Code civil et dans les articles 8 et suivants de la loi du 10 juillet 1885, qui lui permettent de s'assurer une situation inattaquable en offrant son prix d'acquisition aux créanciers inscrits. C'est la purge qui, si elle peut exceptionnellement nuire aux créanciers, profite généralement à tous : à l'acquéreur qui conserve le bien dont il est devenu propriétaire ; au débiteur qui échappe à un recours en garantie ; et enfin aux créanciers qui obtiennent un paiement plus prompt et souvent plus complet.

Aussi cette institution est-elle le corollaire indispensable de toute sûreté réelle comportant un droit de suite, et la loi du 1er mars 1898 ayant créé une hypothèque, l'établissement d'une procédure de purge était nécessaire. Malheureusement, sur ce point comme sur bien d'autres, elle est restée complètement muette et c'est peut être là sa lacune la plus grave.

L'existence du droit de suite admise par tout le monde donne, en effet, aux acquéreurs de fonds de commerce, une situation particulièrement défavorable. Supposons que le débiteur trouve à vendre son fonds un prix normal, avantageux même, mais insuffisant pour désintéresser intégralement les créanciers inscrits. L'acquéreur ne pourra être assuré de rester propriétaire incommutable qu'en les payant tous complètement Sans doute ils auront intérêt à se contenter de son offre ; ils le feront même souvent, sachant bien qu'une vente forcée ne leur donnerait pas un prix supérieur, mais il faut aussi prévoir le

cas où ils seraient, comme dit M. Lepage (1), « d'un tem-
» pérament malicieux, se faisant de leurs droits une idée
» excessive et ne craignant pas, le cas échéant, de tortu-
» rer leur débiteur. » Rien ne les empêchera, malgré la
vente, de faire saisir et vendre le fonds à nouveau. Ce
droit est d'autant plus exorbitant qu'ils peuvent l'exercer
sans aucune garantie pour l'acquéreur et le débiteur, sans
être tenus à aucune réquisition de surenchère et sans
donner caution, tandis que les créanciers hypothécaires
qui, par malveillance, voudraient refuser les offres de
l'acquéreur de l'immeuble grevé seraient arrêtés par la
crainte d'en rester adjudicataires.

Il y a là une menace sérieuse qui risque de rendre
impossibles ou au moins d'entraver sérieusement les
transmissions de fonds de commerce. Ce danger est
d'autant plus grave que le droit de suite pourrait s'exercer
contre un sous-acquéreur qui a pu légitimement croire
que le fonds était libre de toute inscription. En effet, le
fonds étant individualisé sur les registres sous le nom de
son titulaire actuel, il a pu, de bonne foi, ignorer les
inscriptions qui provenaient du chef du précédent vendeur
si le nom commercial avait été écarté de la cession.

On a même pu dire que l'ordre des inscriptions
n'indique pas, en réalité, l'ordre de préférence entre les
créanciers et que le dernier créancier inscrit a un droit
égal à celui du premier, puisque tous deux tirent leur

---

(1) Op. cit., § III.

droit de la convention et ne peuvent en être dessaisis que par une procédure de purge légalement organisée ou par un paiement intégral (1).

Cette affirmation nous paraît exacte, mais il ne faudrait cependant pas pousser l'idée trop loin. Même dans l'état actuel de la législation, nous croyons qu'il y a des cas où le prix du fonds est fixé, une fois pour toutes, à l'égard de tous les créanciers inscrits dont le droit hypothécaire se trouve épuisé.

On sait, en effet, qu'en matière immobilière, certaines acquisitions sont dispensées de purge, parce qu'elles sont faites dans des conditions telles qu'elles offrent au créancier, pour la fixation du prix, des garanties équivalentes ou supérieures à celles que lui offrirait la purge elle-même. Il en est ainsi : 1° pour le cas d'expropriation pour cause d'utilité publique ; 2° pour les jugements d'adjudication sur saisie immobilière ; 3° pour les adjudications prononcées à la suite de surenchère ; 4° enfin, d'après la Cour de cassation, pour les adjudications après union (2).

Il ne saurait être question, en notre matière, d'adjudication sur surenchère ni d'expropriation pour utilité publique, mais nous pensons qu'il faut admettre la même solution pour les deux autres cas et décider que le droit des créanciers inscrits sur un fonds de commerce est

---

(1) Ch. Simond. *Le fonds de commerce*, p. 199.

(2) Civ. Cass., 3 août 1864, S., 64, I, 381 ; *J. pal.*, 64, 1077, D., 64, I, 330. — Lyon-Caen et Renault. *Manuel*, N° 1179.

épuisé si le fonds a fait l'objet d'une adjudication sur saisie ou après union. Il en serait de même de la vente par le syndic dans la période préparatoire si elle avait été faite aux enchères, par les soins d'un officier ministériel. Mais une vente amiable faite par le syndic n'opérerait pas la purge des inscriptions. Il semble, en effet, que le principe général est que toute aliénation forcée fixe définitivement le prix de la chose vendue auquel ont seulement droit les créanciers hypothécaires et privilégiés. On pourrait invoquer, en faveur de cette solution, l'article 609 du Code de Procédure, qui limite le privilège du bailleur au prix de la vente sur saisie alors que le bailleur jouit d'un droit de suite.

Il y a donc deux cas dans lesquels l'acquéreur pourra se considérer comme propriétaire incommutable, mais il n'en sera jamais ainsi dans les ventes amiables et tout créancier inscrit pourra évincer l'acheteur. Celui-ci pourrait, il est vrai, échapper à ce danger en faisant intervenir les créanciers à la vente, mais l'opposition d'un seul d'entre eux suffirait pour l'empêcher d'être valable.

C'est à la pratique d'essayer de remédier à l'insuffisance de la législation, en s'efforçant d'atteindre, au moyen de conventions, le résultat qui serait obtenu avec une procédure légale de purge. Aussi a-t-on conseillé d'organiser une sorte de purge conventionnelle par l'insertion de stipulations dans les actes de nantissement et de vente (1).

---

(1) E. Lepage. Op. cit., § III. — *Revue du Notariat*, juillet 1898, Pratique notariale, Nos 10 à 17.

Ce procédé est, en effet, le seul qui permette aujourd'hui d'obtenir des résultats acceptables. Cette purge conventionnelle devrait copier, autant que possible, la purge légale des hypothèques immobilières. Le premier but à atteindre est de limiter le droit des créanciers inscrits à l'encontre de l'acquéreur éventuel au montant de son prix d'acquisition. Il faut que le cas soit prévu dans l'acte constitutif de nantissement et que le créancier soit lié par avance. Mais on ne peut songer à lui faire prendre l'engagement pur et simple de se contenter du prix de vente. Il serait trop facile au débiteur de le léser par une entente frauduleuse avec le cessionnaire, et il faut, comme en matière hypothécaire, lui laisser un droit d'option entre deux partis. L'engagement qu'il s'agit de lui faire prendre devrait donc être conditionnel. Ce serait celui de se contenter du prix de vente, faute par lui de poursuivre la réalisation de son gage dans un certain délai, à partir de la vente.

Mais cette clause nous paraît encore insuffisante, contrairement à ce que pense l'auteur de l'article de la *Revue du Notariat*, et l'affirmation que « le débiteur n'est plus, » par ce moyen, à la merci de son créancier et peut dis- » poser ainsi son fonds (1) », nous semble contestable. L'insertion dans l'acte de nantissement d'une stipulation réduite à ces termes n'offrirait pas une bien grande utilité pour le débiteur. Rien n'empêcherait un créancier qui

---

(1) Même revue, N° 12.

aurait pris cet engagement de poursuivre la réalisation du gage par pure malveillance ou simplement dans l'espoir qu'une seconde vente serait plus fructueuse. En tout cas il n'aurait rien à perdre à prendre ce dernier parti et c'est précisément le résultat que la purge doit éviter. Aussi croyons-nous, avec M. Lepage (1), qu'il est nécessaire d'organiser une surenchère conventionnelle.

Le créancier devrait, dans l'acte de nantissement, s'engager, au cas où il opterait pour la réalisation du gage, à mettre une première enchère d'une fraction à déterminer du prix de vente primitif. C'est à tort qu'on a vu un inconvénient dans l'obligation qui en résulterait, pour lui, de rester adjudicataire faute d'enchères. C'est la crainte de cette éventualité qui constitue la sauvegarde du débiteur et de l'acquéreur. La vente aux enchères n'a de raison d'être qu'autant qu'elle doit produire un prix supérieur à celui offert par le tiers détenteur, et il importe d'empêcher les créanciers de la requérir à la légère

En ce qui concerne l'acquéreur, l'effet de la purge légale est de le rendre personnellement obligé envers les créanciers au paiement du prix, du moment où le délai fixé s'est écoulé sans réquisition de mise aux enchères. On peut arriver à ce résultat au moyen d'une stipulation dans l'acte de cession (2).

Comment fonctionnera cette purge conventionnelle ?

---

(1) Op. cit., § III.
(2) *Revue du Notariat*, juillet 1898, article cité, N° 10.

La première formalité à remplir pour la purge des hypothèques immobilières est la transcription de l'acte d'aliénation qui a pour but d'arrêter le cours des inscriptions.
Il ne saurait être question ici de cette formalité; il faut
cependant que les créanciers inscrits soient informés de
la cession. On pourrait, dans l'acte de nantissement,
obliger le débiteur à appeler ses créanciers à la vente ou
obliger l'acquéreur à la notifier, en en indiquant les conditions. Le délai courrait du jour de la vente dans le premier cas, du jour de la notification dans le second. Faute
par les créanciers de poursuivre la réalisation du gage
avant son expiration, leur privilège serait limité au prix
de la cession (1).

Cette purge conventionnelle pourrait donner des résultats assez satisfaisants, mais elle serait une source de
complications, et une disposition législative serait bien
préférable. Malheureusement, le projet du 25 février 1899
lui-même est muet sur ce point. On a voulu justifier ses
auteurs ainsi que le législateur de 1898, de leur oubli,
en disant que l'organisation d'une procédure de purge
suppose nécessairement la publicité légale des mutations
de propriété, et que leurs efforts auraient été paralysés par
l'abscence d'une loi prescrivant la publicité des transmissions de fonds de commerce, cette loi étant, comme

---

(1) Pour les détails et les stipulations à insérer, V. l'article de la *Revue du
Notariat* précité.

le disait M. Thézard, trop importante pour ne préoccuper qu'accessoirement le législateur (1).

C'est là, à notre sens, une mauvaise excuse. Sans doute, la publicité légale est désirable et les usages actuellement en vigueur sont insuffisants, mais nous ne croyons pas que son absence soit un obstacle à la purge La publicité n'a, en effet, d'autre but que de déterminer l'époque à laquelle les inscriptions cessent de pouvoir être prises utilement, et leur cours est aujourd'hui arrêté par le seul fait de la vente. La purge fonctionnait sous le Code civil avant la réforme de 1855; sans doute l'article 2181 prescrivait à l'acquéreur qui voulait purger de faire transcrire son titre, mais c'était là une formalité sans objet et dont il était difficile de donner une explication satisfaisante (2).

Rien n'empêchait les rédacteurs du projet du 25 février 1899 de prescrire la notification de la vente aux créanciers inscrits, ou même sa transcription sur le registre des inscriptions, sans pour cela aborder sous ses multiples aspects la question de la publicité des ventes de fonds de commerce.

§ II. — DROITS DU CRÉANCIER DANS SES RAPPORTS AVEC LE DÉBITEUR

Le débiteur reste, comme nous l'avons vu, à la tête de son exploitation, ce qu'on explique souvent en disant

---

(1) BELLOM. Op. cit., p. 216.
(2) BAUDRY-LACANTINERIE. *Précis*, II, N° 1818.

qu'il y a interversion dans sa possession et qu'il ne possède plus pour lui-même, mais pour le compte du créancier (1). On en a conclu que le fonds était frappé d'indisponibilité entre ses mains et qu'il ne pouvait même disposer du matériel (2). Cette idée, qui ne peut s'expliquer que par le désir de rattacher le droit nouveau aux principes du gage, nous paraît inexacte. Pour nous, le débiteur est exactement dans la situation du propriétaire d'un immeuble ou d'un navire hypothéqué et par suite, ses obligations envers le créancier doivent être réglées par les mêmes principes.

Or, on sait qu'en matière hypothécaire, deux textes, les articles 2131 et 1188 du Code civil, protègent le créancier en cas de diminution trop considérable de la valeur de son gage. Il n'est pas douteux que ces textes soient en principe applicables à notre matière, mais tout en acceptant théoriquement l'analogie, le caractère essentiellement aléatoire de la valeur du fonds de commerce rend cette application assez délicate.

A) *Diminutions de valeur indépendantes du débiteur.* — Lorsqu'un immeuble hypothéqué a subi des détériorations telles qu'il est devenu insuffisant pour la sûreté du créancier, l'article 2131 du Code civil donne à celui-ci le droit de poursuivre son remboursement ou d'obtenir un supplément de garanties.

---

(1) CATALAN. Op. cit., p. 436. — MONTIER. Op. cit., p. 82. — Rouen, 2 janvier 1901, D., 1901, II, 97.

(2) BARBIER. Op. cit., p. 52.

L'application de ce texte au fonds de commerce qui, par sa nature, est soumis à des fluctuations de valeur incessantes et souvent importantes, est assez malaisée. Aussi, le créancier, en acceptant cette garantie, doit-il avoir pris en considération les aléas dont elle est susceptible et avoir prévu et accepté d'avance les diminutions de valeur, même considérables, que le fonds viendrait à éprouver. Ce serait au juge qu'il appartiendrait de décider si ces diminutions sont suffisantes pour motiver l'application de l'article 2131, et nous pensons qu'il ne devrait le faire que dans les cas extrêmes et n'admettre le créancier à demander un supplément de garantie ou son remboursement que si la disproportion entre la valeur du fonds à l'époque de la constitution et celle à laquelle il est tombé était manifeste et presqu'incalculable. Il faut remarquer, avec M. Lepage (1), que l'application trop rigoureuse de l'article 2131 du Code civil présenterait de graves inconvénients et « qu'il en
» résulterait fatalement des investigations d'une nature
» indiscrète, pour ne pas dire inquisitoriale, dans les
» affaires du débiteur; il faudrait examiner ses livres,
» ses opérations, sa situation générale, et, ce qu'il y a
» de pis, plaider sur tout cela devant le Tribunal et la
» Cour ».

On pourrait, pour éviter les contestations, insérer dans l'acte de nantissement une clause permettant au créancier

---

(1) Op cit., § VI, p. 315.

de demander son remboursement anticipé ou un supplément de garanties au cas où le chiffre d'affaires viendrait à tomber au-dessous d'un certain taux.

B) *Diminutions de valeur provenant du fait du débiteur.* — Nous avons vu que les objets corporels détachés du fonds par le débiteur, soit par vente, soit autrement, échappent au privilège *ipso facto.*

On a vu là un danger et on a dit que le débiteur pourrait rendre la garantie illusoire en démembrant le fonds au moyen d'aliénations partielles que le créancier ne pourrait critiquer (1).

Ce résultat peut, en effet, se produire, mais le créancier ne serait pas désarmé et il aurait le droit d'invoquer la déchéance du terme, en vertu de l'article 1188 du Code civil. Reste à déterminer dans quelles limites ce texte est applicable.

On ne peut évidemment songer à enlever au débiteur le droit de vendre les marchandises dont l'aliénation constitue au premier chef un acte d'exploitation. Mais il ne peut le faire qu'à charge de les remplacer par d'autres et d'en conserver toujours en magasin une quantité suffisante. Une liquidation complète du stock le ferait tomber sous le coup de l'article 1188. Il faut en dire autant du matériel qu'il ne peut vendre sans le renouveler et de tout autre élément accessoire.

---

(1) Arm. Pignolet. *Revue du Notariat,* 1896, N° 9584.

Il serait d'ailleurs prudent, pour éviter toute difficulté, de stipuler l'exigibilité de la créance en cas de vente du matériel, de l'enseigne, de résiliation du bail, et de spécifier que le débiteur devra tenir les magasins garnis de marchandises jusqu'à concurrence d'une certaine somme, et, en cas d'écoulement rapide, reconstituer le stock dans un certain délai (1).

Mais nous ne croyons pas qu'il y ait de sanction pénale aux obligations du débiteur, ni qu'on puisse voir dans la dissipation des éléments du fonds un abus de confiance. Le principe qui domine l'application des lois pénales est celui de leur stricte interprétation, et l'un des signes distinctifs du délit d'abus de confiance est l'intention du délinquant de s'approprier par détournement ou dissipation une chose qui ne lui appartient pas et qui lui a été confiée à titre de mandataire ou de dépositaire (2). Or, nous savons que le débiteur conserve, non seulement la propriété, mais aussi la possession du fonds grevé, qui ne peut pas plus être considéré comme faisant l'objet d'un dépôt entre ses mains qu'un immeuble hypothéqué entre celles de son propriétaire.

Il a fallu un texte, l'article 13 de la loi du 18 juillet 1898, sur les warrants agricoles, pour punir le détournement ou la détérioration volontaire du gage dans une hypothèse

(1) E. LEPAGE. Op. cit , § V, p. 315. — *Revue du Notariat,* juillet 1898, Pratique notariale, p. 558. — BELLOM. Op. cit., p. 178 et 179,

(2) BELLOM. Op. et loc. cit.

voisine, et on ne peut songer à étendre cette disposition au titulaire d'un fonds de commerce grevé de nantissement.

SECTION V.

Réalisation du gage.

§ I. — Voies d'exécution

Il nous reste à rechercher par quels moyens le créancier pourra exercer son privilège et réaliser son gage.

Cette question n'est pas sans soulever de nombreuses difficultés, qui tiennent encore au caractère hypothécaire du droit du créancier. On ne peut, en effet, songer à appliquer les voies d'exécution usitées en matière immobilière ou maritime, et d'autre part, la loi de 1898 n'a prévu aucun mode d'expropriation forcée spéciale aux fonds de commerce.

Les voies d'exécution du droit commun sont donc seules applicables, mais encore faut-il savoir quelles sont ces voies d'exécution, et l'entente est loin d'être faite sur ce point. Dans l'opinion générale, les seuls procédés de réalisation possibles seraient ceux qui sont usités en matière de gage; c'est-à-dire qu'il faudrait avoir recours soit à la procédure de l'article 2078 du Code civil, soit à celle de l'article 93 du Code de commerce.

Certains auteurs sont d'avis qu'il faut distinguer si le contrat de nantissement est civil ou commercial, et appliquer, selon le cas, l'article 2078 du Code civil ou l'article 93 du Code de commerce (1).

On ne voit pas, en effet, comment la loi de 1898 aurait pu avoir une influence sur la nature civile ou commerciale du contrat, qui reste soumise aux principes généraux et est déterminée par la nature civile ou commerciale de la créance garantie.

On ne saurait tirer aucun argument contre cette solution de la place occupée par la loi. D'ailleurs, on a souvent reproché au législateur de l'avoir insérée au Code civil et on a soutenu que sa véritable place était à la suite de l'article 92 du Code de commerce, puisque, dans la grande majorité des cas, le nantissement d'un fonds de commerce constitue un contrat commercial. Il n'est pas plus exact de dire que l'article 93 du Code de commerce ne peut s'appliquer qu'à des objets corporels. Sans doute, il renvoie à la loi du 28 mars 1858, sur les ventes publiques de marchandises en gros et il parle de courtiers, mais dit-on, il ne fait que se placer dans l'hypothèse normale. Du reste, il parle aussi d'agents de change et laisse au président du tribunal le soin de désigner, à la requête des parties, toute autre classe d'officiers publics (2).

On a même soutenu qu'il eut été préférable de donner dans tous les cas, au nantissement, le caractère com-

---

(1) Bellom. Op. cit., p. 172 et suiv. — Magnin. Op. cit , N° 18, note 2. — Montier. Op. cit., N° 108. — Catalan. Op. cit., p. 438.

(2) Bellom. Op. cit., p. 174.

mercial. « La garantie accessoire domine ici la dette
» principale, de même qu'aux termes de l'article 68,
» ajouté par la loi du 1er août 1893 à celle du 24 juillet
» 1867, les sociétés anonymes ou en commandite consti-
» tuées dans les formes du Code de commerce ou de cette
» loi sont, quel que soit leur objet, *commerciales et sou·*
» *mises aux lois et usages du commerce*. On eut ainsi
« coupé court à toutes les difficultés de compétence qui
» ne manqueront pas de s'élever et aux complications
» qu'elles entraîneront, dès qu'un gage civil sera, pour le
» même fonds, en conflit avec un gage commercial (1). »

D'autres auteurs, au contraire, pensent que seul l'article 2078 du Code civil est applicable (2) et invoquent,
en faveur de leur opinion, la place occupée par la loi
de 1898.

Ni l'une ni l'autre de ces théories ne nous paraît satisfaisante, et l'emploi de ces procédés soulèverait de graves
difficultés. L'article 93 du Code de commerce donne au
créancier le droit de faire vendre le gage huit jours après
une simple signification du titre, qu'il soit authentique ou
sous seings privés. Mais si cette disposition est facile à
appliquer lorsque le créancier est en possession du gage,
il n'en est pas de même en notre matière. Si le débiteur
qui détient le fonds refuse de s'en dessaisir et de laisser
l'acquéreur entrer en possession, il faudra avoir recours

---

(1) E. Lepage. Op. cit., § IV.
(2) Ch. Simond. *Le fonds de commerce*, p. 200.

à l'intervention de la justice. Même s'il consent à abandonner le fonds, il y aura souvent plusieurs créanciers inscrits qui tous ont intérêt à ce que la vente soit faite dans les conditions les plus avantageuses et qui, par suite, doivent en être avertis. Or, si l'on donne à tout créancier ayant inscription sur le fonds le droit de le faire vendre après une simple sommation, la vente pourra avoir lieu à l'insu des autres, et il pourra y avoir là, pour eux, une source de préjudice. De plus, si tous les créanciers inscrits ne s'entendent pas sur la répartition du prix, comment régler leurs droits respectifs? Il faudra ouvrir un ordre et l'intervention du tribunal sera encore nécessaire. Nous sommes donc loin de la procédure simplifiée de l'article 93 du Code de commerce.

Si l'on emploie celle de l'article 2078 du Code civil, les résultats sont moins défectueux. Comme l'intervention du tribunal est toujours nécessaire, celui-ci pourra, dans le jugement ordonnant la vente, prendre les mesures nécessaires pour vaincre la résistance du débiteur ou du détenteur du fonds, en lui ordonnant de remettre les titres et de vider les lieux.

Ce procédé permettrait en outre de sauvegarder les intérêts des autres créanciers inscrits, et le tribunal pourrait ordonner, par les moyens qu'il jugerait convenables, que la vente serait portée à leur connaissance pour qu'ils puissent y intervenir et surveiller les enchères. Il aurait aussi à décider du mode de répartition des deniers. Nous croyons cependant que cette procédure doit être écartée,

comme celle de l'article 93 du Code de commerce. Comme
ce dernier texte, en effet, l'article 2078 suppose un créancier en possession de son gage, et on ne peut, sans en
forcer les termes, l'étendre à d'autres hypothèses. Ces
deux procédures concernent, en effet, exclusivement le
contrat de gage, et nous sommes en présence d'une institution d'une toute autre nature. Loin de constituer le droit
commun, elles sont, à notre sens, d'une nature exceptionnelle. Les formalités qu'elles édictent n'ont d'autre but
que de protéger le débiteur, et cette protection est inutile
dans notre hypothèse. Elles ne s'expliquent que par la
situation exceptionnelle dont jouit le créancier gagiste. Il
s'agit ici d'une expropriation forcée; il s'agit de faire
sortir un bien des mains du débiteur, et il n'y a rien de
pareil en matière de gage. Nous pensons donc qu'au point
de vue qui nous occupe, aussi bien qu'aux autres, il faut
écarter les règles de ce contrat et appliquer le droit commun. Or, pour tous les créanciers, qu'ils soient privilégiés, hypothécaires ou simplement chirographaires, le
mode d'expropriation forcée de droit commun est la saisie,
et c'est celui qui, selon nous, doit être appliqué à notre
matière, où son emploi ne semble devoir rencontrer
aucun obstacle. Un créancier chirographaire peut la
requérir (1), et on ne voit pas pourquoi ce droit serait

---

(1) Attendu .. que l'article 2073 du Code civil, qui confère au créancier
gagiste le droit de se faire payer par privilège aux autres créanciers, ne prive
cependant pas ces derniers du droit de faire vendre l'objet mis en gage; qu'il
appartient seulement au créancier gagiste d'exercer son privilège sur le prix à
provenir... (Trib. civ., Seine, 19 décembre 1900, référés., D., 1901, II, 97).

refusé à un créancier inscrit. En outre, si l'on admet, comme nous l'avons fait, que la vente sur saisie purge les inscriptions, l'emploi de ce procédé donne toute sécurité à l'adjudicataire. Quant à la répartition des deniers, elle serait réglée conformément aux articles 656 et suivants du Code de procédure civile. C'est à ce système que semble se ranger M. Barbier (1), puisqu'il parle de saisie; mais nous ne pouvons admettre l'opinion qu'il signale et d'après laquelle la loi de 1898, n'ayant fait du fonds de commerce une universalité juridique qu'en ce qui concerne le nantissement, les créanciers ne pourraient procéder à une exécution forcée en bloc et devraient saisir-exécuter séparément les marchandises, le matériel et le droit au bail. Nous avons vu, en effet, que l'idivisibilité juridique du fonds ne devait pas être restreinte à la matière du nantissement (2).

Il est vrai que la saisie-exécution étant entourée d'une publicité moins large que la saisie immobilière ou celle des navires, les créanciers inscrits autres que le saisissant seraient plus exposés à ne pas en avoir connaissance et à ne pouvoir intervenir à la vente, mais l'inconvénient serait le même si le saisissant était un créancier chirographaire. Il n'en est pas moins vrai qu'il y a là un défaut d'harmonie dans la législation, et qu'à raison de leur importance, la saisie des fonds de commerce devrait être soumise

---

(1) Op. cit , p. 55.
(2) *Supra*, 1re partie, chap. II, sect. I, § III.

à des formes spéciales. En particulier, il faudrait qu'elle fut notifiée aux créanciers inscrits et que le procès verbal fut transcrit au greffe du tribunal de commerce sur le registre des inscriptions (1). Le plus simple serait, à notre sens, de s'inspirer des articles 22 à 23 de la loi du 10 juillet 1885.

Ajoutons que la réalisation pourrait également avoir lieu au moyen d'une vente amiable faite par le débiteur, avec le consentement du créancier. Il en serait de même en cas de vente faite à l'insu du créancier, si celui-ci formait une opposition sur le prix. On a dit aussi que le créancier pourrait, par une clause postérieure au contrat de nantissement, se faire attribuer le droit de s'approprier le gage, moyennant un prix convenu ou de le vendre sans formalités judicaires (2).

Mais nous croyons que cette solution suppose que le créancier est en possession du gage. Sans doute, le débiteur pourrait lui abandonner le fonds, mais ce serait là une simple dation en paiement, étrangère aux règles du contrat de nantissement. Nous en dirons autant du droit qui appartient à tout créancier gagiste de se faire, à l'échéance, attribuer le gage par le tribunal à dires d'experts. Il faut, pour cela, que le créancier soit nanti, et en notre matière, le créancier inscrit, qui voudrait se faire attribuer le fonds, devrait se porter enchérisseur.

---

(1) La compétence pour statuer sur les difficultés de la saisie devrait cependant être attribuée au tribunal civil, comme en matière de saisie des navires, sous peine de porter atteinte au principe de l'incompétence des tribunaux consulaires en matière d'exécution.

(2) Bellom. Op cit , p. 170.

§ II. — Influence de la faillite du débiteur

C'est souvent en présence de la faillite ou de la liquidation judiciaire du débiteur que se pose la question de la réalisation du gage. Nous avons déjà examiné l'influence de la faillite sur la validité du nantissement et sur celle des inscriptions. Il ne nous reste qu'à rechercher quelle est la situation du créancier au point de vue de la réalisation du gage.

Cette situation nous semble facile à déterminer ; c'est celle de tout créancier hypothécaire. Or, on sait que les créanciers gagistes et hypothécaires sont soustraits au droit commun de la faillite ; en particulier, ils échappent à la suspension des poursuites individuelles. Les créanciers ayant inscription sur le fonds du failli pourront donc en poursuivre la vente sans être obligés de subir l'initiative du syndic. Ils pourront même le faire avant l'échéance de la dette, si l'on admet, avec la jurisprudence, que les gagistes et hypothécaires peuvent invoquer la déchéance du terme produite par la faillite (1).

Devront-ils se soumettre à la procédure d'affirmation et de vérification des créances ? Ils ont avantage à le faire, puisque, d'après la jurisprudence de la Cour de cassation, une admission les met à l'abri de toute contestation, soit quant à leur créance, soit quant à leur hypothèque. Mais

---

(1) Lyon, 16 février 1881, D., 81, 2, 227 ; S., 82, 2, 44. Agen, 20 février 1886, D., 86, 2, 149. — *Contra*, Lyon-Caen et Renault. *Manuel*, N° 1073.

est-ce pour eux une obligation? Nous croyons, avec la jurisprudence (1), que les créanciers gagistes et hypothécaires, étant complètement en dehors de la faillite, ne sont pas astreints à cette vérification, à moins qu'ils ne prétendent faire valoir un droit dans la faillite, en demandant à concourir avec les créanciers chirographaires; et si cette solution doit être admise en principe on ne voit pas comment la loi de 1898 aurait pu y apporter quelques modifications.

Cependant, plusieurs syndics de faillite ont voulu obliger les créanciers ayant inscription sur le fonds du débiteur à affirmer et à faire vérifier leur créance, et le tribunal de commerce de Rouen, dans son jugement du 13 juillet 1900 (2), avait accueilli une prétention de cette nature et décidé que, par suite de l'absence de dessaisissement, la loi de 1898 avait modifié la situation du créancier : « Attendu..... que le créancier gagiste n'a en » réalité qu'une possession fictive, ne lui permettant pas, » dans bien des cas, la réalisation de son gage et d'en « encaisser le prix comme dans l'espèce....; Attendu qu'il » est de principe qu'un syndic ne peut payer un créan- » cier dans la masse sans que ce créancier ait au préa- » lable affirmé sa créance en la forme prescrite par loi..... » que ce sont les opérations de vérification et l'affirma- » tion des créances qui, seules, permettent au juge-com-

---

(1) Cass., 19 juin 1889, D., 89, I, 377.
(2) D., 1901, II, 97.

» missaire de se prononcer en connaissance de cause sur
» le point de savoir si le créancier est ou non valable-
» ment nanti..... qu'il importe de remarquer qu'il peut
» arriver que ce créancier nanti soit lui-même primé par
» des créanciers privilégiés, en vertu d'un privilège
» spécial frappant directement sur son gage et le primant ;
» or, ce rang de privilège ne pourra être établi que par
» la vérification et l'affirmation des créances, que s'il
» devait résulter de la jurisprudence invoquée et du seul
» fait de l'inscription du nantissement au greffe du tri-
» bunal de commerce que le fonds de commerce donné en
» nantissement est en dehors de la faillite, et que le syndic
» se trouve obligé de payer la somme réclamée par le
» créancier gagiste, tout l'actif disparaîtrait d'un seul
» coup entre les mains de ce dernier, sans examen aucun
» et sans aucune garantie pour les autres créanciers. »

Ces raisons ne nous paraissent pas fondées ; le tribunal ne fait, comme le dit la Cour de Rouen que « reproduire » en fait et en droit les critiques auxquelles a donné lieu » la loi nouvelle. » L'argument tiré de ce que le créancier n'a plus qu'une *possession fictive* est sans valeur. Nous reconnaissons volontiers qu'il n'est pas nanti, mais ce n'est pas à titre de créancier gagiste, mais bien en sa qualité de créancier hypothécaire que nous le considérons en dehors de la faillite. Il faut donc lui reconnaître une situation identique à celle de tous les créanciers hypothécaires et, fut-il même gagiste, la loi de 1898 ne saurait avoir eu pour effet de modifier les principes généraux de

la faillite. Aussi le jugement précité a-t-il été réformé
par la Cour de Rouen, qui, dans les motifs de son arrêt
du 2 janvier 1901, détruit les arguments du tribunal de
commerce.

« ..... Attendu qu'en vain le syndic prétend qu'il est
» désarmé tant qu'il n'a pas été procédé à la vérification
» des créances ; que le syndic, en effet, se trouve placé,
» au regard du créancier gagiste d'un fonds de commerce,
» dans la même situation qu'au regard des créanciers
» hypothécaires ou privilégiés, et que, vis-à-vis des uns
» et des autres, il est tenu d'intenter l'action en nullité
» dans les formes et délais du droit commun, sans pou-
» voir les astreindre à la procédure de l'affirmation et de
» la vérification et sous réserve de toutes mesures con-
» servatoires utiles ;

» ..... Qu'au surplus et si, par suite de la seule mesure
» de publicité prévue par la loi nouvelle, les intérêts de
» la masse peuvent être facilement compromis quand il
» s'agit de la dation en gage d'un fonds de commerce,
» soit par collusion frauduleuse, soit par l'effet d'un
» report de faillite qui arrivera tardivement après la
» vérification des créances, c'est là un effet de la loi qu'il
» n'est pas au pouvoir du juge de modifier, sous prétexte
» de considérations d'équité ou de moralité commerciale
» qui doivent s'effacer devant la volonté clairement mani-
» festée du législateur (1). »

---

(1) D., 1901, II, 97. — V. aussi en ce sens : Rouen, 11 décembre 1901,
BARBIER, op. cit., p. XXXV. — Poitiers, 1er juillet 1901, *Revue du Notariat*,
1901, No 10796.

22

C'est avec raison également que la Cour de Rouen a refusé au syndic le droit que lui avait reconnu le tribunal de commerce de la même ville de prélever sur la vente du fonds la somme nécessaire pour faire marcher la faillite jusqu'à la clôture des opérations de vérification et d'affirmation des créances. Les sommes qui proviennent de la réalisation du fonds sont, comme le dit la Cour, en dehors de la faillite ; les créanciers auxquels il a été donné en nantissement ne profitent pas aux opérations faites par le syndic ; pas plus que les autres créanciers privilégiés ou hypothécaires ils ne doivent participer aux frais qu'elles occasionnent. Il est évident qu'il doit en être autrement des frais faits pour la réalisation du gage (1).

Il faut reconnaître cependant que le danger signalé par le tribunal de commerce de Rouen est réel. Le fonds de commerce constitue généralement à peu près tout l'avoir du commerçant, c'est donc tout l'actif qui va disparaître d'un seul coup, et la solution normale des faillites des commerçants qui ont donné leurs fonds en nantissement sera la clôture pour insuffisance d'actif. Nous avons déjà eu l'occasion de le faire remaquer en examinant la question de savoir si les marchandises étaient comprises dans le nantissement. Aussi croyons-nous qu'en législation, ces dernières devraient être mises à part et considérées comme ne faisant pas partie du fonds de commerce.

---

(1) V. les décisions ci-dessus.

De ce que les créanciers inscrits sur le fonds doivent être considérés comme hypothécaires, il résulte une importante modification dans leurs rapports avec les créanciers chirographaires. On sait, en effet, que lorqu'un créancier gagiste n'a pas réalisé son gage avant la répartition chirographaire, il n'est pas compris dans cette dernière, tandis que les créanciers hypothécaires peuvent y participer pour la totalité de leur créance, sauf ensuite à rectifier cette répartition. Nous pensons que le même droit devrait être reconnu aux créanciers ayant inscription sur un fonds de commerce. Mais c'est là une question presque purement théorique et l'hypothèse ne se présentera que très rarement, car après la vente du fonds, l'actif restant sera généralement à peu près nul.

Le caractère hypothécaire de la sûreté nouvelle entraîne aussi un changement dans les pouvoirs du syndic. Si le créancier ne poursuit pas la réalisation du gage, le syndic peut prendre deux partis : ou continuer l'exploitation du fonds avec l'autorisation du juge commissaire (art. 470 C. com.) ou vendre le fonds. Mais, tandis qu'en présence d'un créancier gagiste il ne pourrait retirer le gage qu'en le désintéressant complètement, il peut toujours réaliser le gage avec l'autorisation du juge-commissaire. Si la vente avait lieu pendant la période préparatoire, le juge commissaire aurait à décider si elle doit être faite à l'amiable ou aux enchères publiques.

Sauf le cas où il continue l'exploitation, si le syndic

vendait les marchandises, leur prix serait grevé du privilège du créancier nanti, ainsi que l'a décidé la Cour de Rouen, dans son arrêt du 11 décembre 1901 précité, car autrement, il dépendrait de lui d'annihiler le droit de ce créancier et d'enrichir la masse à son détriment.

CHAPITRE IV

Droit comparé. — Appréciation générale de la loi du 1ᵉʳ mars 1898. — Réformes nécessaires.

SECTION Iʳᵉ.

Droit comparé.

Avant d'examiner quelles sont les modifications à apporter à notre législation en matière de fonds de commerce, il ne sera peut-être pas sans intérêt de jeter un coup d'œil par dessus les frontières, pour rechercher quelle est la conception du fonds de commerce dans les législations étrangères.

Nous aurons aussi à signaler les dérogations qu'elles ont admises au principe du dessaisissement en matière de gage.

Allemagne. — La notion économique du fonds de commerce est peu différente de la notion française. Ses éléments constitutifs sont la clientèle, l'achalandage, les marchandises et le matériel, et on y comprend même les livres de commerce; mais l'élément capital est le nom commercial, la *Firma*, plutôt que l'achalandage.

Avant 1897, la législation était à peu près muette et les constructions juridiques s'étaient donné libre cours.

La question du nantissement est inconnue en Allemagne et c'est surtout en matière de cessions que les difficultés se sont élevées. Les jurisconsultes se sont surtout préoccupés de la question du passage de l'actif et du passif et nous avons vu qu'ils avaient une tendance à faire du fonds de commerce un ensemble patrimonial indépendant. Ces idées ont trouvé un écho dans la jurisprudence, et on a cité un jugement de l'ober-tribunal prussien, qui a vu dans le fonds de commerce muni d'une *firma*, « si ce n'est un sujet de droit dans le sens strictement juridique », au moins « une sorte de personne morale, *une persona quasi mystica* » (1). En tout cas, il y avait une tendance marquée à considérer les créances et les dettes relatives à l'exploitation comme passant à l'acquéreur, lorsqu'il y avait en même temps cession de la *Firma*, et cette idée avait trouvé une consécration pratique dans les usages commerciaux de certaines villes. A Hambourg, le *Firmenbüreau* n'a jamais admis la transmission du nom commercial sans la cession des obligations actives et passives, et le tribunal d'Empire (*Reischgericht*) avait consacré, dans deux arrêts (9 juillet 1880 et 12 janvier 1886), le principe que la reprise de la *Firma* équivalait à l'annonce publique de la reprise du passif. Dans cette théorie, la cession de la *firma* impliquait celle de l'ensemble de

---

(1) SALEILLES. *Cession de dettes*, N° 34 et suiv. — GAUDEMET. *Etude sur le transport des dettes à titre particulier*, p. 484 et suiv. — GOMBEAUX. *La notion juridique du fonds de commerce*, p. 279 à 281.

l'exploitation ; sans elle il n'y avait qu'une cession limitée de certains éléments du fonds. La question restait cependant obscure, et le tribunal d'Empire avait reculé devant cette doctrine (1).

Le législateur se prononça dans le Code de commerce promulgué le 10 mai 1897 et qui a pris force de loi le 1er janvier 1900. Il contient une section entière consacrée à la *Firma*, détermine son mode de formation et consacre le principe de sa cessibilité à un successeur. Le texte capital est le paragraphe 25 :

« Toute personne qui continue sous le nom commercial
» *(Firma)* primitif, avec ou sans indication de sa qualité
» de successeur, l'exploitation d'un fonds de commerce
» qu'elle a acquis entre vifs, répond de toutes les obliga-
» tions contractées à l'occasion du fonds, par le précédent
» titulaire. Une convention contraire n'est rendue effi-
» cace à l'égard d'un tiers que si elle a été inscrite au
» registre du commerce et rendue publique ou notifiée au
» tiers par l'acquéreur ou par l'aliénateur.

» L'acquéreur d'un fonds de commerce qui ne reprend
» pas le nom commercial ne répond des obligations
» contractées à l'occasion de l'exploitation antérieure que
» s'il existe pour lui une cause particulière d'obligation ;
» particulièrement si la reprise de ces obligations a été
» rendue publique par l'acquéreur, suivant les procédés
» déterminés par les usages commerciaux (2). »

---

(1) GAUDEMET. Op. cit., p. 486. 487. — GOMBEAUX. Op. cit., p. 282.
(2) Traduction de M. GAUDEMET. Op. cit., p. 524 à 536.

Le paragraphe 26 établit une prescription de cinq ans pour les obligations relatives à l'exploitation antérieure, et le paragraphe 27 assimile l'héritier qui continue l'entreprise à l'acquéreur.

Ces textes ne fixent pas directement la notion du fonds de commerce et ils se sont plutôt inspirés de la coutume que des constructions juridiques. Ils n'ont pour but que de régler les rapports du successeur et des tiers, sans chercher à lier d'une façon indissoluble les obligations actives et passives à l'entreprise.

Ce n'est qu'à l'égard des tiers que l'acquéreur de la *Firma* doit être considéré comme titulaire des créances et des dettes. Sa situation par rapport au cédant est réglée uniquement par la convention, sans qu'on doive présumer que les dettes restent définitivement à sa charge. Il n'en est pas moins vrai que le nouveau Code de commerce allemand a donné à l'entreprise commerciale une individualité juridique plus marquée. La cession de la *Firma* implique la transmission de tous les éléments du fonds, et dans des cas fréquents, au moins au regard des tiers, celui-ci doit être considéré comme une universalité patrimoniale comprenant un actif et un passif (1).

Autriche. — On rencontre dans la doctrine les mêmes controverses qu'en Allemagne, sur la nature juridique du fonds de commerce; la question des créances et des dettes

---

(1) GOMBEAUX. Op. cit., p. 286. — BARBIER. Op. cit., p. 59 à 62.

y est également la plus discutée, mais on ne trouve aucune disposition législative sur ce point qui reste assez obscur. Cependant, le fonds de commerce est généralement considéré comme une universalité incorporelle, et bien que le droit autrichien exige en principe la mise en possession du créancier pour la validité du nantissement (1), il peut être donné en gage à une maison de banque tout en restant en la possession du créancier, et la publicité est réalisée par une inscription sur les registres (*Pfandbuchs*) du banquier (2). Il faut ajouter que l'institution de la *Firma* et des registres commerciaux existe comme en Allemagne.

Il en est de même en Hongrie ; les articles 7, 8 et 9 du Code de commerce hongrois de 1875 disposent que les registres sont publics, mais que les mentions qui y sont portées ne deviennent opposables aux tiers que par leur insertion dans un journal officiel ou dans une feuille désignée par les tribunaux de commerce. Mais l'article 20 dispose que l'acquéreur d'un fonds de commerce n'est pas tenu, sauf convention contraire, d'acquitter les dettes de l'entreprise (3).

Suisse. — Le droit fédéral connaît aussi l'organisation

---

(1) Art. 451 et 452, Code autrichien.

(2) Cerban. *Etude critique sur les conditions de constitution en gage des choses incorporelles* (Thèse, Paris, 1897, p. 240 et 245. — Gombeaux. Op. cit., p. 287.

(3) Gaudemet. Op. cit., o. 492, note 2. — Gombeaux. Op. cit., p. 288.

de la *Firma*, mais la tendance à y voir la personnification de l'entreprise est moins marquée qu'en Allemagne.
On la considère moins comme le nom de l'établissement.
que comme celui du commerçant, et l'article 874 du Code
fédéral, écarte la transmission des créances et des dettes
à moins de convention contraire (1).

Mais dans un autre ordre d'idées, et au point de vue
du gage sans déplacement, on trouve dans le droit suisse
des institutions intéressantes. Le Code fédéral, tout en
prohibant en principe tous les droits de gage convention-
nels qui auraient pour effet de laisser le gage aux mains
du débiteur, apporte, dans son article 210, une exception
facultative à cette règle : « Il appartient, néanmoins, à
» la législation cantonale d'autoriser l'engagement du
» bétail par le seul effet d'une inscription sur les registres
» publics » Le Code civil du canton de Zurich admet,
sous le nom de *pfandverschreibung*, un gage de cette
nature qui est rendu public par une inscription sur un
registre spécial *(pfandbuch)* (2). Ce gage est en réalité
une sorte d'hypothèque analogue à celle qu'a créée en

---

(1) Gombeaux. Op. cit., p. 287.

(2) V. Rossel. *Manuel du droit fédéral des obligations*, N° 262. — Code
civil du canton de Zurich, trad Lehr, art. 403. — Guillouard. *Nantissement*,
N° 89. — Ce registre existe aussi dans les cantons de Schaffouse, Zoug, Schwitz,
Bâle-Campagne, Thurgovie; V. loi du 12 septembre 1857, *Pand. franc.*, Rép.,
art Crédit agricole, N° 317; loi du 21 novembre 1893, *Annuaire de législation
française et étrangère*, 1895, p 671. — Lyon-Caen et Renault. *Traité*, III,
N° 863 *bis*. — Chastenet. Rapport sur la loi du 18 juillet 1898, *Journ. offic.*,
3 mars 1898, doc parlem., annexe N° 2859.

— 335 —

France la loi du 1ᵉʳ mars 1898, mais avec un objet différent ; ajoutons que les registres commerciaux existent
comme en Allemagne (1).

Hollande : La législation ne contient aucun texte intéressant. La doctrine considère en général le fonds de
commerce (*Zaak*) comme un ensemble de choses corporelles et incorporelles, mais sans y voir un patrimoine
particulier, comportant des créances et des dettes. On
rencontre cependant la tendance contraire chez certains
auteurs, qui font rentrer dans la notion fonds de commerce le local, le capital consacré à l'entreprise, et
comme accessoires nécessaires, les créances et les dettes (2).

En Danemark, on admet généralement que le seul fait
de la cession de fonds n'oblige pas le successeur aux
dettes. Il peut cependant en être autrement, s'il a publié,
conformément aux usages et spécialement par l'envoi de
circulaires, l'obligation qu'il a contractée, de répondre
du passif (3).

Belgique : La notion du fonds de commerce est la
même qu'en France et on se refuse généralement à y
voir une universalité de droit (4). En principe, rien ne

---

(1) Ces registres existent aussi en Espagne, en Portugal, en Roumanie et
au Chili (V. C. com. Chili, art 20 ; C. com. portugais, art 18 ; C. com. espa-
gnol, art. 16 et 17 ; C. com. roumain de 1887, art. 28).

(2) GOMBEAUX. Op. cit., p. 288.

(3) GOMBEAUX. Op. cit., p. 289.

(4) V. LAURENT. *Droit civil*, VI, Nº 419.

s'oppose à ce qu'il soit donné en gage (1), mais l'équivalent de la loi française de 1898 n'existe pas et la réalisation du dessaisissement du débiteur soulève les mêmes difficultés qu'en France avant 1898. La dépossession symbolique n'a pas pris cours et le nantissement des fonds de commerce est ignoré de la pratique. Il y aurait cependant peu de chose à faire pour étendre à cette application l'article 546 du Code belge, qui permet au vendeur de machines industrielles de conserver son privilège pendant deux ans par une inscription sur des registres publics (2).

Italie. — C'est encore une conception analogue qu'on rencontre en Italie ; cependant, l'idée des créances et des dettes propres au fonds de commerce a trouvé plus de crédit qu'en France. La tendance générale est de considérer le fonds comme une universalité homogène de nature incorporelle, pouvant faire l'objet d'un contrat unique et comme un corps certain susceptible d'usufruit. On admet même qu'il peut être loué en bloc, avec obligation pour le locataire d'entretenir l'achalandage. Mais, pas plus qu'en Belgique, on ne lui a étendu les dispositions de la loi du 23 janvier 1887, relative à la

---

(1) BELTJENS. *Encyclopédie de droit comm. sous la loi du 5 mai 1872*, art. 1, N° 9. — THÉATE. Commentaire de la loi du 5 mai 1872, *Revue de droit belge*, t. II, p. 394. — *Pandectes belges*, art. *Gage civil*, N°s 275 et 276. — BARBIER. Op. cit., p. 57.

(2) LYON-CAEN et RENAULT. *Traité*, III, N° 863 *bis*.

conservation du privilège du vendeur de machines industrielles (1).

Angleterre. — C'est dans ce pays qu'on trouve les solutions les plus intéressantes au point de vue de la conception du fonds de commerce. L'idée d'universalité est inconnue; l'élément capital qui, à lui seul, constitue le fonds, est le *goodwill*, *goodwill of the business*, qui correspond à peu près à l'achalandage. Il représente la somme des avantages que peut procurer une clientèle, les bénéfices dus à l'aptitude ou à l'honorabilité professionnelles du négociant, à l'exploitation de brevets ou de marques, et même à la situation de l'immeuble. On fait une distinction entre le *personal goodwill*, dû aux qualités du commerçant, et le *goodwill* attaché à l'entreprise et plus facilement cessible avec elle (2).

Il faut surtout signaler la notion spéciale au droit anglais du *local goodwill*, qui tient aux qualités particulières de l'immeuble et représente la valeur commerciale, la possibilité d'affaires qui résultent de sa situation ou de son aménagement et viennent grossir sa valeur intrinsèque. Le *local goodwill* appartient au propriétaire de l'immeuble, qui peut en céder la jouissance en louant l'établissement. Il passe à l'acheteur ou au *mortgage* en cas de vente ou de *mortgage* (3).

---

(1) V. GOMBEAUX. Op. cit., p. 301.
(2) V. GOMBEAUX. Op. cit., p. 291 et 292.
(3) GOMBEAUX. Op. cit., p. 292.

Cette valeur correspond, dans une certaine mesure, au droit au bail, mais le droit au bail n'est que la jouissance temporaire d'une valeur susceptible d'une longue durée ; il n'épuise pas les qualités propres que présente l'immeuble par rapport à la clientèle et à la fin du bail, il subsiste au profit de l'immeuble, indépendamment de l'ancienne entreprise et de sa clientèle une valeur appréciable due à la situation ou a l'aménagement du local. C'est cette valeur qui constitue le *local goodwill*.

Le droit anglais considère le *goodwill* comme un élément de l'actif du commerçant *(asset)*, objet d'une sorte de propriété. En cas de faillite, il fait partie du gage des créanciers et le *Bankruptey Act* de 1883 le mentionne expressément *as an asset* et dispose que *le trustee* peut le vendre comme tout autre bien du failli (1).

Au *goodwill* sont rattachés les marques *(trade marks)* et le nom commercial ou la raison sociale *(trade or firm name)*. Mais il faut remarquer que le nom ne fait pas l'objet d'une propriété véritable et que toute personne peut faire le commerce sous quelque nom qui lui plaise, avec cette seule restriction qu'on ne peut prendre tel nom dans le but de faire croire que l'entreprise appartient à tel individu ou à telle société.

En somme, la théorie anglaise du fonds de commerce est fondée exclusivement sur les éléments incorporels. C'est le *goodwill* qui est le support de la notion ; le *trade*

____

(1) GOMBEAUX. Op. cit., p. 293 à 296.

name et le *trademarks*, en sont les accessoires indispensables, et en principe, la cession du *goodwill* emporte celle de ces valeurs, mais, ni le *stock in trade*, c'est-à-dire les marchandises, ni le capital, ne suivent le sort du *goodwill*. En pratique, les ventes portent sur le *goodwill* seul, ou sur les marchandises seules (1).

Le fonds de commerce peut faire l'objet d'une sorte d'hypothèque. Le droit anglais connaît, sous le nom de *mort-gage of personnality*, un gage sans déplacement réalisé au moyen d'une vente pignorative ou *bill of sale*. Le débiteur cède en garantie à son créancier un objet mobilier, à condition qu'il en gardera la possession jusqu'au jour où sa dette sera devenue exigible. La publicité de cette hypothèque résulte de l'enregistrement du *bill of sale*, qui doit, à peine de nullité du contrat, avoir lieu dans les sept jours. Mais le *mort-gage* ne porte pas sur le fonds de commerce, considéré comme ensemble; on peut seulement constituer plusieurs mort-gages distincts sur le goodwill, sur les marchandises, sur le matériel, s'il n'est pas fixé au sol à perpétuelle demeure (2).

On conçoit qu'avec une pareille notion les créances et les dettes ne pessent pas à l'acquéreur. Cependant, une

---

(1) Gombeaux. Op. cit., p. 297.

(2) V. Lehr. *Eléments du droit civil anglais*, p. 386 à 388. — D., suppl. au *Rép.*, art. *Nantissement*, No 9. — Guillouard. *Nantissement*, No 92. — Fuzier-Herman. *Répert.*, art. *Hypothèque*. — Oudin. Lois du 23 août 1878 et du 10 avril 1882, sur les *bills of sale*, *Annuaire de législation étrangère*, 1878, p. 375 et suiv. — Holdheim. *Mort-gage et mortgagebonds*, *Annales de droit commercial*, IX, 1895, p. 126 et suiv. — Gombeaux. Op. cit, p. 298.

convention contraire serait valable, à condition d'être publiée par des circulaires, où l'acheteur annonce qu'il reprend le *goodwill « with alls assets and liabilities »*.

En outre, certains engagements passent par exception, au successeur, comme contractés en faveur de l'établissement, par exemple, les conventions passées avec un employé ou un ancien titulaire du fonds et qui ont pour effet de limiter leur liberté commerciale (engagement de ne pas faire concurrence dans un rayon ou un délai déterminé) (1).

La jurisprudence considère ces engagements comme des accessoires du goodwill et admet que leur bénéfice est acquis de plein droit à l'acquéreur, à moins qu'ils n'aient été consentis exclusivement au profit de l'ancien commerçant (2).

Les principes sont à peu près les mêmes en droit écossais et aux États-Unis.

En somme, la notion du fonds de commerce n'est guère plus précisée dans les législations étrangères qu'en France ; les rares textes qui existent se sont surtout placés sur le terrain des applications pratiques.

---

(1) Gombeaux. Op. cit., p. 299.
(2) Gombeaux. Op. cit., p. 300.

Section II

**Appréciation générale de la loi du 1er mars 1898.
Principaux desiderata législatifs.**

Les avis sont encore très partagés sur le mérite de la réforme opérée par la loi du 1er mars 1898. Tandis que les auteurs la considèrent, en général, comme une loi bienfaisante, les praticiens la jugent sévèrement et la considèrent comme plus néfaste qu'utile. Ils semblent voir dans le nantissement la porte ouverte à toutes les fraudes et l'équivalent d'un dépôt de bilan au profit d'un seul créancier, et quelques-uns vont jusqu'à réclamer l'abrogation pure et simple de la loi de 1898. Ces appréhensions se manifestent notamment dans la note présentée par M. Girard, président du tribunal de commerce de Toulouse, à la conférence qui réunissait à Paris, le 5 juin 1899, tous les présidents de tribunaux de commerce; dans les rapports de MM. Vindry, membre de la chambre de commerce et ancien président du tribunal de commerce de Lyon, Courtin-Rossignol, président du tribunal de commerce d'Orléans, Perdriau, président du tribunal de commerce de Tours.

On reproche surtout à la loi nouvelle de permettre d'englober dans le nantissement les éléments corporels du fonds, tout en les laissant en la possession du débiteur, et on réclame pour ces éléments le maintien de la condition du dessaisissement, tandis que les éléments corporels resteraient soumis seulement à la formalité de l'inscrip-

tion : « Quant au matériel et aux marchandises, dit
» M. Girard, ils demeureraient soumis à la loi commune
» et leur dation en gage ne pourrait être régulière qu'au-
» tant qu'elle serait accompagnée de leur tradition maté-
» rielle entre les mains du créancier, cette tradition
» matérielle devant exister en fait sans pouvoir jamais
» être remplacée par aucune autre formalité. Dès lors,
» tant qu'ils resteraient en la possession du commerçant,
» les créanciers, dont la bonne foi ne pourrait plus être
» surprise, seraient assurés qu'ils continueraient à cons-
» tituer leur gage commun (1). »

Le rapport de M. Vindry à la chambre de commerce
de Lyon contient le même vœu, et M. Villard s'exprimait
ainsi devant la Chambre de commerce de Bourg : « Nous
» demandons que la loi du 1er mars 1898 soit modifiée
» et que le nantissement des fonds de commerce ne puisse
» comprendre que la clientèle, l'achalandage, le droit au
» bail, mais que les marchandises et créances soient tou-
» jours exceptées (2). »

Ces vœux ont trouvé leur expression dans une proposition de loi déposée à la Chambre des députés, le
17 juin 1902, par M. Authier, proposition qui aurait pour
effet de remplacer le paragraphe ajouté par la loi de 1898
à l'article 2075 du Code civil, par les trois paragraphes
suivants (3) :

---

(1) V. Bellom. Op. cit., p. 192.
(2) *Journal des commissaires-priseurs*, septembre 1902.
(3) *Journal officiel*, 1902, déb., parlem., p. 545.

« Dans tout nantissement d'un fonds de commerce il
» devra être distingué entre l'élément incorporel, com-
» prenant la clientèle, l'achalandage, le droit au bail,
» les marques de fabrique, brevets, etc., et l'élément
» corporel, marchandises, matériel, outillage.

» Le nantissement de l'élément incorporel devra, à
» peine de nullité vis-à-vis des tiers et pour toute publi-
» cité, être inscrit sur un registre public tenu au greffe
» du tribunal de commerce dans le ressort duquel le
» fonds est exploité. Un tableau portant, par ordre alpha-
» bétique, le nom et l'adresse des négociants ayant obtenu
» ladite inscription, sera placé, par les soins du greffier,
» à la porte du tribunal de commerce, à l'endroit réservé
» aux publications de même nature. Le nom y restera
» affiché aussi longtemps que durera le nantissement.

» Les choses composant l'élément incorporel ne pour-
» ront être données en gage que par le moyen de la
» dépossession effective telle qu'elle est prévue à l'ar-
» ticle 2076. »

On a proposé aussi de substituer ou d'adjoindre à la
publicité résultant de l'inscription au greffe, une insertion
du nantissement dans les journaux. En outre, M. Perdriau voudrait qu'en cas de survenance de la faillite du
débiteur dans les trois mois de la constitution du nantissement, les créanciers antérieurs soient admis au même
rang que le créancier nanti.

Nous reconnaissons que la loi de 1898 est loin d'être
parfaite, mais ce qu'il faut surtout reprocher à ses auteurs,

c'est d'avoir fait une œuvre inachevée et négligé de fixer de nombreux points de détail. Elle pèche surtout par ses omissions et son principe même nous paraît excellent. Nous avons dit que puisque de nos jours on cherche constamment de nouvelles bases aux applications du crédit, on ne voit pas pourquoi les commerçants ne pourraient utiliser comme garantie une valeur aussi importante que le fonds de commerce. En le rendant susceptible d'hypothèque, la loi de 1898 lui a appliqué le seul procédé d'impignoration qui convienne à sa nature et son innovation la plus heureuse résulte de la nouvelle brèche qu'elle a faite au principe vieilli « meubles n'ont pas de suite par hypothèque ». Malheureusement, en négligeant de s'expliquer sur ce point capital, elle a fait du nantissement des fonds de commerce une institution hybride à laquelle beaucoup de tribunaux appliquent encore les règles du gage. Il faudrait donc avant tout que cette question soit nettement tranchée et que le mot soit inscrit dans la loi, de façon à ce que la nature de l'institution soit à l'abri de toute controverse.

Il serait surtout indispensable d'organiser dans les détails le fonctionnement pratique de cette hypothèque. Le projet du 25 février 1899 règle d'une façon assez satisfaisante un certain nombre de questions passées sous silence par le législateur de 1898. Il confirme l'opinion qui voit dans le droit du créancier un véritable droit d'hypothèque, mais il néglige également de s'expliquer sur ce point.

On peut aussi lui reprocher de ne contenir aucune disposition relative à la purge des inscriptions, de ne pas trancher, dans son texte, la question de savoir jusqu'à quelle époque celles-ci pourront être prises, et surtout de ne pas préciser l'objet de l'hypothèque, en déterminant exactement les valeurs qu'on peut y comprendre.

La vérité, c'est que ce n'est pas seulement dans la matière spéciale du nantissement que la législation actuelle est insuffisante. Il faudrait réserver aux fonds de commerce un cadre spécial dans nos lois, comme pour la propriété immobilière et les navires, et édicter, pour leur transmission et leur mise en gage, des règles spéciales appropriées à leur nature : « La législation d'un peuple » ne peut pas consister en maisonnettes fragiles, en » annexes de raccroc; elle doit se composer de palais » aux fondements solides et aux constructions symé- » triques (1). »

Il serait, avant tout, nécessaire de donner une défini- tion légale du fonds de commerce et d'en déterminer la composition. Faut-il aller plus loin que la loi de 1898 et en faire un véritable patrimoine d'affectation, en admet- tant l'idée d'universalité de droit avec toutes ses consé- quences ? Nous ne le croyons pas; cette conception, qu'on représente souvent comme un progrès, n'est pas nouvelle: nous avons vu qu'elle remontait à l'antiquité (2), et elle

---

(1) Barbier. Op. cit., p. 64.
(2) V. l'introduction historique.

nous paraît appartenir plus au passé qu'à l'avenir. Sans doute, elle supprimerait toute difficulté en matière de cessions, mais on peut se demander si, étant données les habitudes de la pratique française, la transmission de plein droit des dettes et des créances commerciales à l'acquéreur du fonds est désirable. En tout cas cette notion devrait être écartée en matière de nantissements, car, pratiquement, cette idée d'une hypothèque portant sur un patrimoine est inadmissible : ce serait la négation même du privilège du créancier.

La notion juridique du fonds de commerce de l'avenir nous paraît être celle du droit anglais, basée sur le rôle essentiel de l'achalandage qui constituerait à lui seul le fonds proprement dit. Nous venons de voir qu'elle serait conforme aux aspirations de la pratique commerciale. Il faudrait cependant élargir un peu la conception anglaise, et à cet élément principal rattacher, à titre d'accessoire, le matériel d'exploitation. Quant aux marchandises, elles seraient considérées comme étant en dehors du fonds. En matière de cessions, cette solution serait en harmonie avec la pratique généralement suivie ; rien n'empêcherait, du reste, les parties de donner à la vente un objet plus étendu.

C'est surtout en matière de nantissements que l'exclusion des marchandises serait désirable. Sur ce point, les critiques adressées à la loi de 1898, par les praticiens, paraissent fondées. Il est certain que le privilège portant sur tout l'actif du commerçant, qui est actuellement accordé au

créancier nanti, est en contradiction avec les tendances
égalitaires qui se manifestent dans la législation moderne
de la faillite. On pourrait donc retenir la partie de la
proposition de M. Authier, qui a trait aux marchandises
et les laisse soumises au droit commun.

Mais le matériel nous paraît uni à l'achalandage par un
lien trop étroit pour ne pas en être considéré comme l'accessoire ; isolé du fonds, il perd beaucoup de sa valeur
commerciale, et nous ne voyons pas de raison sérieuse pour
l'écarter de l'hypothèque. Puisqu'on ne voit aucun danger
pour les tiers à ce qu'il soit compris dans l'hypothèque
constituée sur l'immeuble qui les renferme, pourquoi y
aurait-il plus d'inconvénients à ce qu'il soit englobé dans
celle qui frappe le fonds de commerce dont-il dépend ?

Il serait préférable, à notre sens, d'organiser l'hypothèque des fonds de commerce sur le modèle de celle des
navires, en en faisant une hypothèque ordinaire et non
privilégiée, comme celle qui existe actuellement. On éviterait ainsi les conflits avec les privilèges du bailleur ou
du vendeur de meubles. Au cas où l'exploitation comprendrait des immeubles, il y aurait intérêt à pouvoir les soumettre au même régime que les éléments mobiliers et à
permettre d'englober l'ensemble dans une même hypothèque, de façon à éviter la dualité de procédure, inévitable aujourd'hui. Ce résultat pourrait être obtenu en
instituant l'immobilisation par destination du fonds proprement dit.

Enfin, l'hypothèque devrait être complétée par l'organisation d'une procédure de purge et d'expropriation forcée ; il suffirait de copier les dispositions relatives à l'hypothèque maritime.

Mais, c'est surtout en matière de publicité que le législateur devrait innover. Il serait indispensable de rendre obligatoire la publication des cessions de fonds de commerce. La loi de 1898 a indiqué la voie à suivre, en créant un centre de publicité. Le plus simple serait d'instituer, comme en matière immobilière, un registre de transcriptions à côté de celui qui constate les inscriptions de nantissement. Mais on pourrait encore perfectionner la publicité en s'inspirant des législations étrangères et en leur empruntant l'institution des registres de commerce, qui sont aux fonds de commerce ce que sont aux immeubles les livres fonciers. Nous avons vu que la publicité édictée par la loi de 1898 avait le défaut, dans certains cas, de ne pas identifier le fonds d'une manière assez précise. Au contraire, avec les registres commerciaux les tiers pourraient le reconnaître et trouver les renseignements nécessaires malgré les changements de titulaire. Peut-être pourrait-on aussi, comme dans certains pays et comme l'ont demandé quelques praticiens, renforcer la publicité des registres par l'insertion dans les journaux des mentions qu'ils renferment. Nous sommes, en effet, en matière commerciale, et la célérité avec laquelle se concluent la plupart des transactions peut rendre insuffisantes des mesures qui donneraient des résultats satisfaisants en matière immobilière.

Mais, quelle que soit la nécessité de protéger les tiers, la proposition de M. Perdriau (1) est inutile en présence des pleins pouvoirs qui appartiennent aux tribunaux pour annuler les nantissements frauduleux et reporter au moment où il leur plaît l'ouverture de la faillite. Quant à l'abrogation de la loi de 1898, ce serait certainement un recul en législation.

En somme, le principal mérite de cette loi c'est d'avoir fait ressortir l'insuffisance de nos codes en matière de fonds de commerce et d'avoir montré la voie au législateur de l'avenir, qui ne devra pas se cantonner dans la question spéciale du nantissement, mais réglementer toute la matière des fonds de commerce et donner à ces derniers la place à laquelle ils ont légitimement droit dans nos lois.

Vu :
Le Président de la thèse,
L. LACOUR.

Vu :
Le Doyen,
ALBERT WAHL.

Vu et permis d'imprimer :
Lille, le 5 février 1903.
Le Recteur de l'Académie de Lille,
J. MARGOTTET.

---

(1) V. *supra*, p. 343.

BIBLIOGRAPHIE GÉNÉRALE

ALAUZET. — Art. *fonds de commerce*, dans le Dictionnaire universel théorique et pratique du commerce et de la navigation, de Guillaumin, 2 vol. in-8°, Paris, 1873.

ANONYMES. — *Critique et histoire de la loi du 1ᵉʳ mars 1898 sur le nantissement des fonds de commerce*, Annales de droit commercial, XII, 1898, p. 330 et suiv.; XIII, 1899, p. 61 et suiv.

— *Sur la loi du 1ᵉʳ mars 1898*, Lois nouvelles, 1898, 1ʳᵉ partie, Nᵒ du 15 mars, p. 165 à 178 ; Nᵒ du 15 avril, p. 215 à 217.

— Revue du Notariat et de l'Enregistrement, juillet 1898, Nᵒ 10119 : Pratique notariale.

AUBRY et RAU. — *Cours de droit civil français*, t. I-III, 5ᵉ édit., (3 vol. in-8°, Paris, 1897-1900) ; t. IV-VIII, 4ᵉ édit. (5 vol. in-8°, Paris, 1871-79), II, § 165, note 31 ; III, § 261 ; IV, § 433 ; V, § 507 ; VII, § 712, note 10.

AUTHIER. — Proposition de loi déposée à la Chambre des Députés le 17 juin 1902, Journal off., 1902, déb. parlem., p. 545.

AVRIL (P.-E.). — *Principes et caractères juridiques de la constitution de gage sur les meubles incorporels*, br. in-8°, Paris, Nᵒ 62 et suiv.

BARBIER (R.). — *De la dation en nantissement des fonds de commerce*, extrait de la *Revue critique des sociétés et de droit commercial*, Paris, 1902.

BAUDRY-LACANTINERIE et CHAUVEAU. — *Des Biens (Traité théorique et pratique de droit civil*, publié sous la direction de M. Baudry-Lacantinerie), 1 vol. in-8°, Paris, 1896, Nᵒ 169, p. 129 ; Nᵒˢ 583, 584, p. 369 à 372.

BAUDRY-LACANTINERIE, LE COURTOIS et SURVILLE. — *Traité du contrat de mariage*, 3 vol. in-8°, Paris, 1897-1900, I, Nᵒ 288 à 290, p. 231 et 232.

Baudry-Lacantinerie et De Loynes. — *Traité du nantissement, des Privilèges et hypothèques et de l'expropriatiou forcée*, 3 vol. in-8°, Paris, 1895-96, N° 81, p. 55 et 56; N° 489, p. 384 385.

Bellom (A.). — *Du nantissement d'un fonds de commerce*, thèse, Paris, 1901.

Bert (E.). — *De la concurrence déloyale*, 1 vol. in-8°, Paris, 1888, N° 77 et suiv.

Blaisot. — *De la mise en possession du créancier dans le contrat de gage*, thèse, Paris, 1897, Nᵒˢ 116 et suiv. p. 118 et suiv.

Boistel. — *Précis de droit commercial*, 2ᵉ édit., 1 vol. in-8°, Paris, 1878, Nᵒˢ 50, 429, 432.

Boutaud (E.). — *Bulletin judiciaire* des Annales de droit commercial, XIII, 1899, p. 301 et suiv.

Bufnoir (R.). — Bulletin judiciaire des Annales de droit commercial, XII, 1898, p. 2.

Catalan (P.). — De *la condition juridique des fonds de commerce*, thèse, Montpellier, 1899.

Cerban. — Etude critique sur *les conditions de constitution en gage des choses incorporelles*, thèse, Paris, 1897, p. 213 et suiv.

Chastenet. — Rapport sur la loi du 18 juillet 1898, Journal officiel, 3 mars 1898, Documents parlementaires, annexe N° 2859, p. 247.

Chesney. — *Note sous la loi du 1ᵉʳ mars 1898*, Pand. franç. périod., 1898, III, 82.

Clos. — De l'*hypothèque des choses incorporelles* (droit romain), thèse, Paris, 1886.

Dalloz. — *Jurisprudence générale*, Répertoire alphabétique et supplément au Répertoire, art. Industrie et Commerce.

Dalloz et Vergé. — *Code de commerce annoté*, 1 vol. in-4°, Paris, 1878, appendice I, Propriété industrielle, p. 941 et suiv. et supplément, 1896, p. 796 et suiv.

Demante et Colmet de Santerre. — *Cours analytique de Code civil.*

Duranton. — *Cours de droit français suivant le Code civil,*

4ᵉ éd., 22 vol., Paris, 1844, IV, Nᵒˢ 164, 165 et 577; XIV, Nᵒ 129; XIX, Nᵒˢ 126 et 325.

DEMOLOMBE. — *Traité de la distinction des Biens*, Paris, 1854, I, Nᵒ 437 et suiv.; II, Nᵒ 307 et suiv.

Dictionnaire des droits d'Enregistrement, 3ᵉ éd., Paris, 1883, art. Fonds de commerce.

DUTRUC (G.). — *Dictionnaire du contentieux commercial et industriel*, 6ᵉ éd., 2 vol., Paris, 1875, art. Fonds de Commerce; II, p. 14 et suiv.

FAUCHILLE (P.). — Note sous Cassation, 13 mars 1888, Annales de droit commercial (jurisprudence); II, 1888, p. 171.

FOUILLEUL (N.). — De *la constitution en gage des fonds de commerce*, thèse, Paris, 1900.

FUZIER-HERMANN. — Répertoire, *article fonds de commerce*.

GARNIER. — *Répertoire général et raisonné de l'Enregistrement*, 7ᵉ éd., 6 vol. in-4ᵒ, Paris, 1890-92, art. fonds de commerce.

GAUDEMET (E.). — *Étude sur le transport des dettes à titre particulier*, 1 vol. in-8ᵒ, Paris, 1898, p. 483 et suiv., 534 et suiv., et les comptes rendus de M. Saleilles, *un nouveau livre sur la cession de dettes*, annales de droit commercial; XIII, 1899, p. 82 et suiv., et de M. Geny, *une théorie française du transport de dettes d'après un livre récent*, Revue critique, nouvelle série; XXVIII, 1899, p. 450 et suiv.

GAUDEMET. — Compte rendu de l'étude de M. Catalan, Annales de droit commercial, XIV, 1900, p. 318 et suiv.

GOMBEAUX. — *La notion juridique du fonds de commerce*, thèse, Caen, 1901.

GOY. — Discours d'installation des nouveaux magistrats consulaires du tribunal de commerce de la Seine, prononcé le 18 janvier 1899; la Loi du 19 janvier 1899.

GROUARD (L.). — *Le nantissement des fonds de commerce*, Revue des tribunaux, 1899, Nᵒˢ I et suiv.

GUILLOUARD. — *Traité de la vente et de l'échange*, 2ᵉ édit., 2 vol. in-8ᵒ, Paris, 1890-91, I, Nᵒˢ 231-234, 329-337, 380-384; II, Nᵒˢ 546, 687, 730, 822.

GUILLOUARD. — *Traité du contrat de mariage*, 3e édit., 4 vol. in-8°, Paris, 1895-96, I, N° 380; II, N° 217; III, Nos 1842 et 1624.

GUILLOUARD. — *Traité du nantissement et du droit de rétention*, 2e édit., 1 vol. in-8°, Paris, 1896.

GUILLOUARD. — *Traité des privilèges et hypothèques*, 4 vol. in-8°. 1896-99, I, p. 301, 380, 400.

HARTMANN (G.). — *Introduction historique* au traité de M. Lèbre (v. Lèbre).

HUC. — *Commentaire théorique et pratique du Code civil*, 13 vol. in-8°, Paris, 1892-1900, IV, Nos 41 et 183; XIII, N° 90.

LAGRÉSILLE. — Art. *fonds de commerce* dans la Grande Encyclopédie, XVIII, p. 720-721.

LAURENT. — *Principes du droit civil français*, 3e édit., 33 vol. in-8°, Paris et Bruxelles, 1878, V, N° 513; VI, Nos 417 et suiv.; XXIV, N° 185; XXIX, N° 474.

LÈBRE (G.). — *Traité pratique et théorique des fonds de commerce*, 1 vol. in-8°, 1887.

LEHR (E.). — *Eléments du droit civil anglais*, 1 vol. in-8°, Paris, 1885, Nos 652-654.

LEPAGE (E.). — *Commentaire de la loi du 1er mars 1898*, Revue du Notariat et de l'Enregistrement, mai 1898, N° 10057.

LEYMARIE (A.). — Art. clientèle, dans le *Dictionnaire universel chronique et pratique du commerce et de la navigation*, de Guillaumin, I, p. 698.

LORDHEREAU. — De *la vente et du nantissement des fonds de commerce*, thèse, Paris, 1900.

LYON-CAEN et RENAULT. — *Traité de droit commercial*, 8 vol. in-8°, Paris, 1899-1900; I, Nos 175-176 bis; III, Nos 237 bis, 255.

LYON-CAEN (Ch.). — Note sous Cassation, 19 février 1894; S, 94; I, 273.

MAGNIER (J.-B.) et PRUVOST (O.). — Du *nantissement constitué sur les fonds de commerce*, 1 vol. in-8°, Paris, 1895.

Magnin. — *Essai sur le nantissement des fonds de commerce et les résultats de la loi du 1er mars 1898*, Annales de droit commercial; XIII, 1899, p. 469 et suiv.; XIV, 1900, p. 28 et suiv.

Maillard. — Art. *fonds de commerce*, dans le Répertoire de M. Labori.

Mazeau et Dietz-Monnin. — Proposition de loi sur la publication des ventes de fonds de commerce, présentée au Sénat le 16 juillet 1885. Exposé des motifs et texte, journal officiel, 1885, documents parlementaires, p. 325 et suiv.

Merlin. — *Répertoire universel et raisouné de jurisprudence*, 4e éd., 17 vol. in-4°, Paris, 1812-1826, art. Usufruit; XIV, p. 381 et suiv.

Mérot. — *Commentaire pratique de la loi du 28 février 1872 sur l'enregistrement des actes de vente et les déclarations de mutation des fonds de commerce*, 1 vol. in-32, Paris, 1877.

Meynial. — Notes sous Cassation, 23 février 1891 et 2 mars 1892; S, 92; I, 73 et 497,

Millerand. — Exposé des motifs et texte de la proposition de loi relative au nantissement des fonds de commerce, Journal Officiel, Chambre des députés, documents parlementaires, séance du 1er mai 1893, p. 663 et suiv.

Millerand. — Rapport devant la Chambre des députés, 5 novembre 1897. Journal Officiel, documents parlementaires, session extraordinaire de 1897, annexe, N° 2771, p. 93; D, 1898; IV, 20.

Montier. — Du *nantissement des fonds de commerce*, commentaire théorique et pratique de la loi du 1er mars 1898, brochure in-8°, Paris, 1900.

Moulin (S.). — *De l'hypothèque des choses incorporelles* (droit romain), thèse, Paris, 1892, p. 145 à 147.

Muscat. — *Observations sur le projet de loi de MM. Mazeau et Dietz-Monnin*, dans *la Loi*, N° du 19 août 1885.

Nantet. — *Les fonds de commerce, leur mise en gage, leur vente*, thèse, Paris, 1899.

Olivier (G.). — *Des cessions volontaires et à titre onéreux de commerce*, thèse, Dijon, 1899.

Oudin (Léonel). — Loi anglaise, du 23 mars 1878, sur les *bills of sale* et loi du 10 août 1882 modifiant la précédente, *annuaire de législation étrangère*, 1878, p. 375 et suiv.

Pandectes françaises. — Répertoires, art. *fonds de commerce*.

Pélissier. — *Des conditions de validité d'une vente de fonds de commerce et du rôle de l'intermédiaire dans cette vente*, 1 vol. in-8°, Paris, 1898.

Planiol (M.). — *Traité élémentaire de droit civil*, t. I et II, 2 vol. in-8°, Paris, 1900, I, N°os 12, 373, 1373, 1720, 2934 ; II, N°os 2414, 2709, 2725.

Pignolet (Arm.). — *Un fonds de commerce peut-il être donné en nantissement ?* Revue du Notariat, 1896, N° 9584.

Poulain de Corbion. — *Le nantissement des fonds de commerce*, dans le Moniteur vinicole, N°os des 16, 19 et 26 mai 1899.

Pouillet. — *Traité des marques de fabrique et de la concurrence déloyale en tous genres*, 2ᵉ édit., Paris, 1883 et 3ᵉ édit., 1892, N°os 548 et suiv.

Projet déposé par le gouvernement, le 25 février 1899. Exposé des motifs et texte ; *Journal officiel*, 1899, documents parlementaires, annexe, N° 759 et Lois nouvelles, N°os des 1ᵉʳ et 15 avril 1899.

Proudhon. — *Traité des droits d'usufruit, d'usage personnel et d'habitation*, 2ᵉ édit., 5 vol. in-8°, Dijon, 1836, II, N°os 1010, 1028 ; III, N°os 1845, 1853.

Revillout (E.). — *La créance et le droit commercial dans l'antiquité*, 1 vol. in-8°, Paris, 1877, p. 143.

Robert. — Note sous divers arrêts ; D. 1901 ; II, 97.

Rossy (G.-E.). — *Des cessions de portefeuille et de réassurances générales*, 1 vol. in-8°, Paris, 1898, N° 95. p. 254 et 257.

Ruben de Couder. — *Dictionnaire de droit commercial*, 3ᵉ édit., 1877-1881 ; art. *fonds de commerce*, p. 355 et suiv. Supplément, 2 vol., 1897-98, même art.

Saleilles (R.). — *De la cession des dettes*, Annales de droit commercial, IV, 1890, p. 1 à 47.

Saleilles (R.). — *Etude sur l'histoire des sociétés en commandite*, même revue, IX, 1895, p. 10 à 77 ; XI, 1897, p. 29 à 47.

Simond (P.-Ch.). — Le fonds de commerce, thèse, Paris, 1898.

Thaller. — *Traité élémentaire de droit commercial*, 1re édit., 1 vol. in-8°, Paris, 1898, Nos 72 et suiv. ; 2e édit., Paris, 1900, Nos 78 et suiv.

Thaller. — Chronique (France) des Annales de droit commercial, III, 1889, p. 221, 222.

Thaller. — *Sur la continuation d'un fonds de commerce par un héritier mineur*, même revue, VIII, 1894, p. 241 et suiv.

Thaller. — *Si les bénéfices de commerce sont ou ne sont pas des fruits*, même revue, X, 1896, p. 194 et suiv.

Thaller. — *Bulletin judiciaire* de la même revue, XI, 1897, p. 102 et suiv.

Thezard. — Rapport au Sénat sur la proposition de loi relative au nantissement des fonds de commerce, 23 décembre 1897, Journal Officiel, session extraordinaire de 1897, documents parlementaires, annexe, N° 94. — V. aussi : *Du nantissement, des Privilèges et hypothèques et de l'expropriation forcée*, 1 vol. in-8°, Paris, 1880, N° 355, p. 458.

Troplong. — *Traité du contrat de Mariage*, 4 vol. in-8°, Paris, 1850 ; I, Nos 417 et 432 ; IV, Nos 3160 et 3163.

Troplong. — *Traité de la Vente*, 5e éd., 2 vol. in-8°, Paris, 1856 ; I, N° 323.

Troplong. — *Des Privilèges et Hypothèques*, 5e éd., 4 vol. in-8°, Paris, 1854 ; I, N° 187.

Valery (J.). — Des contrats par correspondance, 1 vol, in-8°, Paris, 1895, N° 263 bis, p. 243 à 245.

Wahl (A.). — Note sous Paris ; S, 97 ; II, 89.

TABLE DES MATIÈRES

DEUXIÈME PARTIE

Du nantissement des fonds de commerce.

Lille. Imp. Camille Robbe.